परिन्दे

परिन्दे

थारयै वेसोस

अँग्रेज़ी से अनुवाद

तेजी ग्रोवर

(मूल नॉर्वीजी से मिलान इंग्रिड स्टूरहोल्मेन के साथ)

वाणी प्रकाशन

वाणी प्रकाशन
4695, 21-ए, दरियागंज, नयी दिल्ली 110 002
शाखा
अशोक राजपथ, पटना 800 004
फ़ोन: +91 11 23273167 फ़ैक्स: +91 11 23275710
www.vaniprakashan.in
vaniprakashan@gmail.com

PARINDE
Translation of FUGLANE, a Norwegian novel by Tarjei Vesaas
Published by Gyldendal Norsk Forlag A\S 1957
This translation has been published with the financial support of NORLA
Translated from English by Teji Grover

with help from the original by Ingrid Storholmen

ISBN : 978-93-5072-215-2

Novel

प्रथम संस्करण

मूल्य : ₹ 395

Cover: Jitendra Thakur; Cover painting: Japani Shyam

ओम ऑफ़सेट, दिल्ली-110093 में मुद्रित

वाणी प्रकाशन का लोगो मक़बूल फ़िदा हुसेन की कूची से

I'm grateful first and foremost to Norla once again for lending support to this much loved masterpiece of Norwegian fiction and for making it possible for me to visit Tarjei Vesaas' own cottage at Vinje and his ancestral farmhouse. Oliver Møystad gave me the insightful suggestion that *Fuglane* might turn out to be a text most appropriate to my own sensibility as a writer and translator. My friend, the Norwegian poet Ingrid Storholmen, who is herself deeply indebted to the master, sat for several days with me outside her rural cottage at Verdal tallying word for word with the original the wonderful English translation by Torbjørn Støverud and Micahel Barnes. My meeting with Olav Vesaas, who has written a book about his father, was an inspiring event in the course of my work. Guri Vesaas, who along with her brother Olav, takes care of her parents' cottage, helped me hear the voice of the text by letting me into the very air breathed by Tarjei Vesaas, his poet wife Halldis Moren Vesaas, and the children themselves who spent a happy childhood with their writer parents in the breathtaking natural environs of rural Norway. To Ela Vesaas I'm grateful for letting me into the ancestral farmhouse of the author and for keeping alive the three-century old family tradition, including the dyeing of wool with natural colors.

Bhupendra Namdev and Anil Yadav worked hard on the typescript, while my friend Purwa Yagnik Kushwaha's precious advice, and

Rustam's final reading resulted in fine-tuning the text which really did need two more discerning pairs of eyes.

I must not fail to be indebted to the readers of my translations of Scandinavian literature who make me aware, from time to time, of the joy inherent in sharing with fellow Hindi writers and readers my beloved poets and fiction writers from Northern Europe. In particular, I'd like to utter in the bird language I learnt in *Fuglane* an unabashed 'prikk, prikk prikk' for the sake of Himanshu Vyas, Manoj Rupra, Mahesh Verma, Kumar Anupam, Jaishankar, Manisha Kulshreshtha, Madan Soni, Deependra Baghel and Anita Chauhan for making me realize, from time to time, with their reading of these books, the significance of this modest act of translation.

To Giriraj Kiradoo and Rahul Soni I also say the same for publishing, from time to time, excerpts of my translations in the internet journal *Pratilipi*.

Japani Shyam, the young Pardhan painter living in Bhopal, had just the right painting for the cover when I went through her impressive work three years ago. The painting on the cover is made by squeezing white paint, with great skill, from a cone used for the auspicious application of henna to adorn women's hands during a festive occasion in the family. Amit Kohli took high-resolution photographs of the work, always happy to be associated with the production of a good book. Jitendra Thakur, a young painter living in Bhopal, readily agreed to do the cover on account of his interest in reading the book when it's ready.

Eva Lie-Nielsen of Gyldendal Norsk Forlag has been very generous with granting permissions for translating their titles into Hindi. Her correspondence with me about the work in progress and her timely mails about new titles have always afforded me the opportunity to discover new writers.

I also appreciate the passionate interest shown by my publisher Arun Maheshwari in Norwegian drama, fiction and poetry—in modern classics tested by a few generations, as well as those that are getting there on firm footing worldwide.

Teji Grover

'प्रिक्क प्रिक्क प्रिक्क' : *परिन्दे* की भाषा का अनुवाद

हाउक्ली एक्सप्रेस बस के ड्राइवर से मैंने पूछा कि जब विन्ये नाम का गाँव दिखायी देगा, जहाँ थारयै वेसोस का कॉटेज है, क्या आप मुझे बता देंगे? वह बोला, मैं कोशिश करूँगा। ज़ाहिर था वह वेसोस के कॉटेज को अच्छे से जानता था, उस पगडण्डी को भी जो पहाड़ी हाइवे से कॉटेज की ओर उतरती थी। यह दूसरी बार था कि मैं वेसोस के घर को देख रही थी, इस बार मुझे कहीं और आगे जाना था, नॉर्वीजी भाषा के एक और अफ़सानानिगार के घर, जिसकी एक कहानी *गाय* का अनुवाद मैंने कभी किया था। ड्राइवर की विनम्रता से मुझे कोई आश्चर्य नहीं हुआ। मैं सिर्फ़ एक को छोड़ अभी तक ऐसे किसी कलाकार या लेखक से नॉर्वे में नहीं मिली जो अपनी शोहरत को अपने सिर पर ढोता फिर रहा हो। मैं हमेशा से अचरज करती आयी हूँ कि स्कान्दिनेविया के अधिकांश लोग, जिनमें ज़ाहिरा तौर पर कई ख्याति-प्राप्त लेखक-कलाकार भी शामिल हैं, आख़िर इतने हल्के क्यों है? मुझे लगता है इस बात को रेखांकित करना वेसोस को समझने के लिए ज़रूरी भी है, हालाँकि मैं ठीक-ठीक नहीं जानती क्यों।

थारयै वेसोस दूसरे विश्व युद्ध के बाद के समय के सबसे अहम उपन्यासकार माने जाते हैं और *बर्फ़-महल* (IS-SLOTTET) और *परिन्दे* (FUGLANE) उनके सर्वश्रेष्ठ उपन्यास। आधुनिक होते हुए भी वेसोस ने कभी प्रकृति और ग्राम्य जीवन को छोड़ तकनीकी विकास से क्षत-विक्षत होते हुए सूक्ष्म जीवन को अपने लेखन की विषय-वस्तु नहीं बनाया, न ही कभी शहर को। यह तथ्य उन्हें कई आधुनिक लेखकों से अलगाता है।

नॉर्वे में यह चलन था कि कृषि भूमि या फ़ार्म परिवार के सबसे बड़े लड़के को मिलता था और उसी से यह अपेक्षा की जाती थी कि वह उसकी देखभाल करे। टेलिमार्क ज़िले के विन्ये नामक गाँव में स्थित वेसोस का यह पारिवारिक फ़ार्म हाउस कई शताब्दियों से उनके परिवार के पास रहा है। थारयै वेसोस को चूँकि लेखन ही करना था, उन्होंने फ़ार्म का कार्यभार नहीं सम्भाला और इस अपराध-बोध से

सम्भवतः वे अपने लेखन में उबरने की कोशिश करते रहे। 1934 में वे अपने फ़ार्म हाउस तो नहीं उसके बिलकुल क़रीब के अत्यन्त रम्य पहाड़ी इलाके में एक कॉटेज में अपना शेष जीवन बिताने चले आये। यह कॉटेज पहाड़ियों से घिरी हुई एक सुन्दर झील के पास है, और कॉटेज की दीवारों पर कभी-कभी धूप में पानी का अक्स नाच उठता है।

वेसोस के इन दोनों घरों को देखने का अवसर मुझे 2009 में मिला, जब *परिन्दे* का अनुवाद करना मैं शुरू कर चुकी थी। यानि मैं एक प्रवासी परिन्दे की तरह एक बार फिर किसी किताब के तापमान की दिशा में खिंचती चली जा रही थी। और वेसोस के 'बच्चों' से मिलने की सम्भावना अब हक़ीक़त में बदलने जा रही थी। वेसोस के कॉटेज में अब कोई रहता नहीं है। उनकी बेटी गुरी ऑस्लो से आकर देखभाल करती हैं और हर साल एक ज़ोरदार साहित्यिक जमावड़ा होता है यहाँ। बड़े-बूढ़े नॉर्वीजी लेखकों के लिए। शैल्ल आस्किल्दसन की दृष्टि जाती रही है, वे अपने साथ कहानी का उम्दा पाठ करने वाले एक नौजवान को लेकर आते हैं। डॉन किहोटे सरीखे हांस हेरब्योर्नस्रूद भी हर वर्ष आते हैं। गुरी और उसके भाई ऊलाव वेसोस का आतिथ्य और सत्कार पाकर औसतन सात दहाके पार कर चुके ये नॉर्वीजी लेखक वेसोस की कर्म-भूमि पर हर साल एकत्र होते हैं। इस जमावड़े में मेरे कई प्रिय नॉर्वीजी कथाकार आपस में मिलते-जुलते हैं। ज़ाहिर है मैं खिंची चली जाती हूँ...

गुरी मुझे बस-स्टैण्ड पर लेने आयी थीं, वे उन दिनों कॉटेज पर ही थीं, लिहाज़ा ऑस्लो से उनके साथ यात्रा करने से मैं वंचित रही आयी। ढलुआँ पगडण्डी पर जैसे ही गुरी की क़ार उतरी, *परिन्दे* में हेगे और माट्टिस के खूसट से कॉटेज की छवियाँ मुझ पर हावी होने लगीं। कुछ ही क्षण में झील भी दृश्य में उभर आयी, हालाँकि वह कॉटेज से काफ़ी नीचे थी। *परिन्दे* की चौड़े पाट वाली विराट झील यह नहीं थी। कार से उतरकर गुरी और मैं कुछ क्षण उस प्रशान्त दर्पण की ओर देखती खड़ी रही, जिससें पहाड़ों के अक्स थे। बर्गमैन की फ़िल्मों की निस्पन्द और सियाह जलराशि। गुरी अचानक बोल उठीं, 'आप जानतीं हैं कितने सैलानी और पाठक *परिन्दे* के माट्टिस की झील को देखने यहाँ आते हैं? मेरे पिता बड़ी विनम्रता से उन्हें बताया करते थे कि यह वह झील नहीं है जिस में माट्टिस नाव चलाया करता था।' मुझे बरबस स्वीडन के रुनमारो द्वीप पर टोमास ट्रांस्ट्रोमर के नीले घर की याद हो आयी, जिसमें प्रविष्ट होते समय मैं काँप रही थी... क्या मैं उनकी कविता के नीले घर में दाख़िल

होने जा रही थी? और कि यह अनुभव मेरे हिस्से में एकाधिक बार क्यों चला आ रहा था?

कॉटेज में प्रविष्ट होते ही गुरी सैंडविच बनाने रसोई में ले चलीं मुझे। यह अच्छा ही था कि सब्ज़ियाँ काटने में गुरी की मदद करते समय वेसोस के घर में मैं अपने बेतरह धड़कते दिल पर काबू पाने में कुछ सफल हुई थी। 'पहले खाने का इन्तज़ाम कर लें, फिर बात करेंगे,' गुरी बोलीं। क्योंकि बातें इतनी सम्मोहक थीं कि मानो हमारे हाथ भी रुककर सुनने लगते। रसोई के बाहर की पेन्ट्री की दीवार पर थारयै वेसोस और उनकी कवि पत्नि हाल्लदिस की तस्वीर लटक रही थी। 'मेरे माता-पिता बड़े शान्ति-प्रिय लोग थे। हमने अपने बचपन में एक बार भी घर में ऊँची आवाज़ नहीं सुनी।' गुरी मुझे अपने पिता की स्टडी में लिवा लायीं। वेसोस की कार्यशाला थी वह, एक ज़रा सी कोठरी! किताबों से ठुँसी हुई जिनमें उन तमाम भाषाओं में हुए वेसोस के वे अनुवाद भी शामिल थे जिनमें गुरी विश्व-भर के अनुवादकों की मदद करती आयी हैं। गुरी ने बिना पॉलिश की लकड़ी के एक-दो तख्ते खोलकर मुझे दिखाये जिन्हें इधर-उधर करने से वे कभी मेज़, तो कभी बुक-शेल्फ़, और कभी वेसोस के पलंग में बदल जाते थे। ये लेखक की अपनी कारीगरी के नमूने थे। वे अपना काफ़ी समय लकड़ी का काम करने में गुज़ारते थे।

उन दोनों का शयन-कक्ष। पपीते-सा पीला पुता हुआ, गुरी बता रही थीं कि लगभग यही रंग रहा होगा उन दिनों, जो अब दोबारा वैसा ही पोत दिया गया था। गुरी ख़ुद ही बोलीं, 'माँ भी कवि थीं, उनके बहुत से पाठक हैं आज नॉर्वे में, ख़ूब पढ़ी जाती हैं वे।' बचपन में गुरी ने कभी नहीं पूछा, माँ का कमरा क्यों नहीं है घर में। हाल्लदिस शयन-कक्ष में बैठ कर ही काम कर लिया करती थीं, हालाँकि स्टडी का अभाव उन्हें महसूस होता था। वेसोस की मृत्यु के बाद पच्चीस वर्ष तक हाल्लदिस ने बड़ा सक्रिय साहित्यिक जीवन जिया, और थियेटर से जुड़ी रहकर कई महत्त्वपूर्ण नाटकों का अनुवाद भी किया। वे नॉर्वे के आम पाठक-वर्ग की कवि हैं, और अत्यन्त लोकप्रिय भी हैं।

अन्य कई चित्रों के बीच बैठक में हाल्लदिस के जन्म-स्थान को घेरती हुई पर्वत-श्रेणी के एक विराट पर्वत को चित्रित करती एक ऑयल पेंटिंग टंगी थी। उनका प्रिय चित्र था वह, क्योंकि अपने पुराने घर उनका जाना नहीं होता था। उनके किसी अंकल का पोट्रेट भी था। लेकिन सबसे ज़्यादा ध्यान आकृष्ट करने वाला तैल

चित्र माट्टिस का पोट्रेट था। हल्के आसमानी रंगों में सियाह रेखाएँ। माट्टिस विस्फारित आँखों से तूफ़ान की आमद से भयभीत आकाश में टकटकी लगाये देख रहा है। किसी चित्रकार ने *परिन्दे* पढ़कर बनाया था इसे और हाल्लदिस मोरेन वेसोस ने उससे ख़रीद लिया था।

गुरी बचपन में पिता के साथ मुँह-अँधेरे मछली पकड़ने जाती थीं। माँ की नींद दिन-चढ़े ही खुला करती थी, तो बाप-बेटी मछलियाँ लेकर घर लौटा करते थे।

हाँ, वेसोस का एक हँसता हुआ पोट्रेट भी था। गुरी का मानना था कि उनके चेहरे की रेखाएँ हँसी की रेखाएँ थीं और मस्तक की रेखाएँ सोचने की!

सेंडविच खाने के बाद गुरी ने मुझसे पूछा कि तीन सौ साल पुराने वेसोस के पारिवारिक फ़ार्म को देखने मैं चलना चाहूँगी? यह बात तो मेरे ज़ेहन में पहले से ही थी। मेरी वापसी यात्रा में अभी समय था, और तुरन्त पतझड़ की ठण्डी पनीली धूप में गुरी की कार चढ़ाई चढ़ने लगी। ज़्यादा दूरी तय नहीं करनी थी और फ़ार्महाउस तक पहुँचने से ठीक एक मोड़ पहले एक बहुत बड़े पावर-हाउस की बगल से हमें निकलना था। पृथ्वी के उस भव्य पहाड़ी टुकड़े पर वेसोस कुनबे के फ़ार्महाउस के रास्ते में उठ खड़ा हुआ यह बेढब डिठौना!

वेसोस का जन्म स्थान। भूरे-कत्थई रंग का कॉटेज जिसके भीतर परम्परा का वह संवेदनशील निर्वाह और संरक्षण! फ़ार्महाउस का कॉटेज अपनी प्राचीन भव्यता में लगभग जस-का-तस खड़ा था। बिजली की उपस्थिति का अहसास भी नहीं होता था, इतने पुराने करघों, बर्तन-भाँडों और औज़ारों के बीच। वेसोस के छोटे भाई की बहू का चेहरा ठीक वैसा ही था जैसे वाइकिंग काल में कबीलाई औरतों का हुआ करता होगा। वह प्राकृतिक रंगों से ऊन को रँगने का काम करती हैं और उनका पति चाँदी का कारीगर था जो उस घड़ी अपनी वर्कशॉप में नहीं था। घर की महिला का नाम एला था, और ज़ाहिर था वेसोस के फ़ार्म को देखने आने वाले अतिथियों की वे काफ़ी अभ्यस्त थीं। हालाँकि गुरी बहुत कम लोगों को वहाँ ले जाती हैं।

मेरे पास उस समय हाइकु लिखने वाली वह जापानी डायरी मौजूद थी जिसमें मैंने प्राकृतिक रंग बनाने की विधियों को डॉक्यूमेंट किया है। एला अपने ऊनी नमूने दिखाती रहीं जो किसी खुम्भी, छाल, पत्ते, या अन्य वनस्पतियों से रँगे थे। अर्जुन की छाल और अनार के छिलके से रंग बनाने की विधि उन्होंने मेरी डायरी से नोट की। मैंने भी भूर्ज के पत्तों के खौलते हुए काढ़े से कुछ रंग ले अपनी डायरी के एक पन्ने

पर पेंट किया और भूर्ज से रंग बनाने की विधि को नोट किया। ऊन रँगने का यह पारम्परिक ढंग वेसोस परिवार ने तीन शताब्दियों से संजोकर रखा हुआ है। थारयै वेसोस से उस किसान परिवार की पढ़ाई-लिखाई का चलन शुरू हुआ। गुरी और उनके भाई ऊलाव वेसोस अकादमिक और साहित्यिक दोनों ही तरह के काम करते हैं।

XXX

'वन-कुक्कुट' के लिए नॉर्वीजी शब्द है rugde; 'एक तरह से' के लिए liksom; 'गोबर-गणेश' के लिए अँग्रेज़ी अनुवादकों ने Simple Simon इस्तेमाल किया है और नॉर्वीजी शब्द है Tusten; शीर्षक Fuglane का अर्थ तो परिन्दे है ही। अँग्रेज़ी अनुवाद करने वालों में एक नॉर्वीजी भाषी है और दूसरा अँग्रेज़ी। चूँकि पूरी किताब का मूल नॉर्वीजी से मिलान बड़ी बारीक़ी से नॉर्वीजी कवि इंग्रिड स्टूरहोल्मेन के साथ बैठकर मैंने किया है, मैं कह सकती हूँ कि अँग्रेज़ी अनुवाद लगभग त्रुटि-विहीन है। तिस पर अँग्रेज़ी अनुवादकों ने थारयै वेसोस की नयी नॉर्वीजी भाषा (nynorsk) की अप्रत्याशित सूक्ष्मता और रसपूर्णता का भी बख़ूबी निर्वाह किया है। यह भाषा जिसे हम न तो नॉर्वीजी कह सकते हैं न अँग्रेज़ी, एक लेखक के हाथों में किसी भाषा-विशेष से परे जाकर मात्र लेखन की भाषा की आविष्कृति है—जो अँग्रेज़ी में भी उतनी ही उद्दीप्त है जितनी कि मूल में। वाक्य इतने मामूली से जान पड़ते हैं कि आपको यक़ीन नहीं होता कि अन्य मामूली से जान पड़ते वाक्यों के सान्निध्य में, भाषा इस क़दर एक साथ मौन और अदृश्य हो सकती है—जैसे आप मौन ही को सुनने लगे हों या हवा की सरसराहट ही को। माट्टिस को लोग बुद्धू कहें या मन्द-बुद्धि, उसे सीधा-साधा कहें या भोंदू, वास्तव में वह स्वप्नद्रष्टा और कवि की तरह हमें जान पड़ता है और पक्षियों द्वारा लिखे गये सन्देशों का हमारे लिए अनुवाद कर सकता है। पक्षी जो सन्देश माट्टिस के लिए माटी में कुरेदता है वे हमारे लिए भी 'प्रिक्क प्रिक्क प्रिक्क' हैं, अगर हम इन्हें सुन सकते हैं तो। यह लेखन एक तरह से पक्षी और मनुष्य भाषा के बीच एक सेतु की तरह भी पढ़ा जा सकता है और इन दो भाषाओं के बीच पड़े हुए एक झीने आवरण की तरह भी, जिसे हम सरकाना चाहें तो वह चाहने भर से ही सरक जाता है। *परिन्दे* के अन्य पात्र कई बार इस आवरण को सरकाने की कोशिश भी करते हैं, एक क्षणिक प्रवेश वे माट्टिस की सृष्टि में पा भी लेते हैं, लेकिन उनके दुनियावी सरोकार उन्हें पुनः वापिस बहा ले जाते हैं।

xxx

अँग्रेज़ी अनुवाद में कहीं-कहीं मूल नॉर्वीजी की भावमय अभिव्यक्ति को जैसे अँग्रेज़ी के आम मुहावरों में ढाल दिया गया है। 'अनाम सौन्दर्य' को 'अवर्णनीय सौन्दर्य'; 'माट्टिस के भीतर अब कुछ कौंधा' को 'माट्टिस को एक नया विचार सूझा'; 'बहुत समय से मेरी पूरी सोच तुम्हीं के पास है' को 'तुम बहुत समय से मेरी कल्पना में हो'। यह आभास तो होता ही है कि माट्टिस के स्वरचित संसार के भीतर 'कौंध' और 'सोच' जैसी चीज़ों में प्राण बसे हुए हैं, जैसे स्पष्टतया पक्षी की भाषा में।

xxx

जब गुरी मुझे बस पर चढ़ाने जा रही थीं तो मुझे उनसे यह कहते नहीं बना कि मैं खुद भी उसी मर्ज़ की शिकार हूँ जिससे *परिन्दे* के वे तमाम पाठक जो नाविक माट्टिस की झील देखने यहाँ आते हैं। वे लोग गुरी और ऊलाव से यह भी न कह पाते होंगे कि *परिन्दे* को पढ़ने के बाद शायद ही कोई ऐसी झील पृथ्वी पर बची हो जो पहली झलक में माट्टिस की झील में रूपान्तरित न हो उठती हो।

xxx

वे सब लोग जो *परिन्दे* को अञ्जाम देने मेरे साथ रहे हैं—मेरे मित्र ऑलिवेर मोयस्टाड, जिन्हें लगता था कि *परिन्दे* के सन्दर्भ में मैं सुपात्र हूँ; गुरी और ऊलाव वेसोस जिन्होंने दिल खोलकर मुझे अपने पुरखों के जीवन में विचरने की छूट दी; इंग्रिड स्टूरहोल्मेन जो वेसोस को इस दीवानगी से चाहती हैं कि वे अपने सब काम-काज छोड़कर मेरे साथ कई दिन उत्तर-पश्चिमी नॉर्वे में अपने ग्रामीण कॉटेज में बैठी रहीं—हाँ, वे सब लोग जिन्होंने मुझे वह जीती-जागती ज़हरीली लाल खुम्भी दिखायी जो इस उपन्यास में सर्पच्छत्र के नाम से आयी है, वे ऊनी स्वेटर जो माट्टिस की बहन हेगे के बुने हो सकते थे, उस शर्मीले पक्षी rugde, वन-कुक्कुट की छवियाँ भी जिसकी झलक पाना कोई आसान काम नहीं है—वे सब लोग मानो *परिन्दे* की भीतरी तहों से ही निकल कर मेरे साथ हो लिए हों, मुझे भी उसी प्रदेश का बाशिन्दा बना डालते हुए जिसमें प्रिक प्रिक प्रिक बोली जा रही हो।

तेजी ग्रोवर

भाग एक

1

साँझ का समय था। माट्टिस देख रहा था कि भला आसमान साफ़ और निरभ्र था या नहीं। कोई बादल नहीं था। फिर अपनी बहन का मन ख़ुश करने की गर्ज़ से उसने चुहुल की : 'बिजली जैसी हो तुम।'

इस शब्द से उसकी रीढ़ में एक सिहरन-सी दौड़ गयी, लेकिन तब भी वह सुरक्षित महसूस कर रहा था, इतना बढ़िया था आसमान। 'मतलब अपनी सलाइयों के साथ,' उसने बात को आगे बढ़ाते हुए कहा।

हेगे ने अनमनी-सी हामी भरी और अपने बड़े-से स्वेटर को बुनती रही। उसकी सलाइयाँ कौंधने लगी थीं। वह आठ पँखुड़ी वाले एक गुलाब पर काम कर रही थी जो शीघ्र ही किसी पुरुष के कन्धे ढाँपने वाला था।

'हाँ, मालूम है मुझे,' उसने इतना ही कहा।

'लेकिन, हेगे, मैं उन सब चीज़ों के लिए शुक्रगुज़ार हूँ जो तुम करती हो।'

वह अपनी बीच की उँगली से अपने घुटने को टकटकाने लगा—जैसे वह कुछ सोचते समय हमेशा करता ही था। ऊपर और नीचे, नीचे और ऊपर। हेगे कब की थक चुकी थी उसे यह समझाते हुए कि उसे यह आदत छोड़ देनी चाहिए, चिढ़ होती है उसे।

माट्टिस धुन में था : 'पर तुम सिर्फ़ आठ पँखुड़ी वाले गुलाब की ही वजह से बिजली नहीं हो, तुम कुछ भी करो, ऐसी ही लगती हो तुम।'

हेगे ने हाथ हिलाकर उसे टरकाया : 'हाँ, हाँ मालूम है मुझे।'

माट्टिस यह सुनकर सन्तुष्ट था और वह आगे कुछ भी नहीं बोला।

बिजली शब्द का प्रयोग करना उसे लुभा रहा था। जैसे इस शब्द के प्रयोग-मात्र से उसके सिर के भीतर कुछ विचित्र-सी रेखाऐं बनने लगी हों, और उसे लगा कि वह इस शब्द की ओर बस खिंचा चला जा रहा है। उसे आसमान की बिजली से

डर लगता था—और भरी गर्मी में वह इस शब्द का इस्तेमाल ऐसे समय बिलकुल नहीं करता था जब घनघोर घटाएँ छायी हुई हों। लेकिन आज की रात कोई ख़तरा नहीं था। इसी वसन्त में दो तूफ़ान आ चुके थे, वह असली बिजली ही थी जो कड़क कर गिरी थी। हमेशा की ही तरह जब तूफ़ान ज़ोर पकड़ चुका था माट्टिस जाकर सण्डास में छिप गया; क्योंकि उसे किसी ने बता रखा था कि बिजली कभी ऐसी इमारतों पर नहीं गिरती। माट्टिस नहीं जानता था कि यह बात पूरी दुनिया पर लागू होती थी या नहीं, लेकिन जिस जगह वह रहता था ग़नीमत थी कि यह बात हमेशा सही सिद्ध होती आयी थी।

'हाँ, बिजली,' वह आधा ख़ुद से, आधा हेगे से फुसफुसाते हुए बोला, जो आज की रात उसके अचानक शेखी बघारने से तंग आ चुकी थी। लेकिन माट्टिस ने अभी बात ख़त्म कहाँ की थी।

'मेरा मतलब सोचते समय भी,' वह बोला।

यह सुनकर उसने तुरन्त आँख उठाकर देखा, जैसे वह डर गयी हो; क़िसी ख़तरनाक चीज़ का ज़िक्र किया जा चुका था।

'फ़िलहाल इतना ही काफ़ी है,' वह बोली और एक झटके से उसने मुआमला निपटा दिया।

'क्यों क्या हुआ?' उसने पूछा।

'कुछ नहीं, तुम बस चुप बैठे रहो।'

हेगे उस चीज़ को दबाने में सफल हो गयी थी जो फूट कर बाहर निकलने की कोशिश कर रही थी। बात दरअसल यह थी कि उसके सीधे-सादे भाई की त्रासदी उसे अब तक इस क़दर सताती आयी थी कि अब जब भी माट्टिस 'सोचना' शब्द का प्रयोग-भर करता है वह ऐसे उछल पड़ती है मानो उसे डंक लगा हो।

माट्टिस जानता था कुछ गड़बड़ हुई है, लेकिन उसे लगा यह उसकी अन्तरात्मा का दोष है क्योंकि वह औरों की तरह काम नहीं करता था। उसने अपना रटा-रटाया टुकड़ा पेश कर दिया : 'कल मुझे कुछ काम-वाम ढूँढ देना। ऐसा कब तक चलेगा।'

'हाँ,' वह बोली, बिना कुछ सोचे।

'मैं नहीं चाहता ऐसा ही चलता रहे। कितने समय से मैंने कुछ भी नहीं कमाया—'

'न, घर कुछ लाये हुए काफ़ी समय हो गया है तुम्हें,' वह कुछ लापरवाही से कह बैठी, कुछ तल्ख़ी से। कहते ही उसे अफ़सोस हुआ, माट्टिस इस मुद्दे को लेकर काफ़ी

संवेदनशील था, तब वह ख़ुद अपनी निन्दा न कर रहा हो तो।

'ऐसी बात मुझसे नहीं करनी चाहिए तुम्हें,' वह बोला, और उसकी मुखाकृति कुछ विचित्र हो आयी।

शर्म से सुर्ख़ हेगे ने अपना सिर झुका लिया। लेकिन माट्टिस बोलता चला गयाः 'जैसे तुम और लोगों से बात करती हो, वैसे किया करो न मुझसे।'

'हाँ, ठीक है।'

हेगे ने सिर नहीं उठाया। इन परिस्थितियों में वह भला कर भी क्या सकती थी? कभी-कभी वह आपे से बाहर हो जाती थी और तब उसके कहे हुए शब्द कष्ट पैदा करते थे।

2

भाई और बहन उस साधारण-से कॉटेज के सामने बैठे थे जहाँ वे दोनों रहते थे। जून की गुनगुनी, सुहानी शाम थी, और एक दिन की धूप के बाद पुरानी लकड़ी से आलस्य-भरी गन्ध उठ रही थी।

वे बिना कुछ बोले वहाँ काफ़ी समय से बैठे थे—जब तक कि उन्होंने कड़कती बिजली और पैसा कमाने की बात शुरू नहीं की। माट्टिस बैठा़-बैठा पेड़ों की फुनगियों को एकटक देख रहा था। उसका यों बैठना उसकी बहन के लिए भी सामान्य दृश्य था। उसे पता था उसके भाई के पास और कोई चारा नहीं था, नहीं तो निश्चित ही वह उसे ऐसा करने से रोक देती।

वे दोनों ही रहते थे वहाँ—आसपास और कोई घर नहीं था—लेकिन सड़क थी और बड़े-बड़े कई सारे फ़ार्म थे चीड़ों की पंक्ति के पार। दूसरी दिशा से एक चौड़ी झील से रोशनी की किरणें आती थीं, सुदूर किन्हीं जलराशियों के आभास के साथ। झील का विस्तार कॉटेज के ठीक नीचे की ढलान तक आता था और यहीं हेगे और माट्टिस ने अपनी नाव बाँध रखी थी। घर के पास की ख़ाली जगह फ़ेंस से घिरी थी और उन्हीं के कब्ज़े में थी, लेकिन फ़ेंस के पार भाई-बहन की कुछ नहीं चलती थी।

माट्टिस ने सोचा : उसे नहीं पता मैं किस चीज़ को देख रहा हूँ। उसकी इच्छा हुई वह उसे बता दे।

माट्टिस और हेगे—उनके हमशक्ल मौजूद हैं! हेगे को नहीं मालूम।

उसने हेगे को नहीं बताया।

फ़ेंस के ठीक बाहर दो मुरझाये हुए ऐस्प के पेड़ थे, उनकी नग्न, श्वेत फुनगियाँ हरे चीड़ों के बीच से झाँक रही थीं। वे दोनों सटे हुए थे और गाँव के लोगों के बीच *माट्टिस-और-हेगे* कहलाते थे, हालाँकि सरेआम नहीं। वे लगभग एक ही शब्द में समाये हुए थे : माट्टिस-और-हेगे। माट्टिस की जानकारी में आने के बहुत पहले से वे शब्द इस्तेमाल होते चले आ रहे थे।

दो सूखे हुए ऐस्प के पेड़, बड़े होते चीड़ों के बीच से झाँकते हुए।

उसे उन नामों के ख़िलाफ़ एक हलचल-सी महसूस हुई और वह उन पेड़ों से नज़र नहीं हटा पाया। लेकिन हेगे को इस रहस्य का पता नहीं चलना चाहिए, वह तय कर लेता था, जब-जब वे दोनों ऐसे बैठते। वह भड़क उठेगी और बहुत गुस्सा आ जायेगा उसे—और फिर पेड़ों के नाम तो अब पड़ ही चुके थे।

तब भी वे दोनों पेड़ वहाँ थे और उनके होने मात्र से ही मट्टिस को बड़ी राहत महूसस होती थी यों तो वे पेड़ बेकार थे और खड़े-खड़े जगह घेरे हुए थे, लेकिन फिर ज़मीन का मालिक तो उन्हें काटकर आपकी आँखों के सामने आग में झोंक भी तो नहीं रहा था। लेकिन ऐसा करना भी तो काफ़ी भयानक होता, इस जगह, उन लोगों के ठीक सामने जिन्हें नामों की चुभन महसूस होती थी— लगभग हत्या जैसा ही होता यह। और इसीलिए वह ऐसा नहीं करता। मैं किसी दिन उस आदमी से मिलना चाहूँगा, माट्टिस ने सोचा। लेकिन वह यहाँ आता भी तो नहीं है।

माट्टिस सोचता रहा :

मुझे तज्जुब है वह आदमी भीतर से कैसा होगा जिसे उन पेड़ों की फुनगियों के लिए नाम खोज कर ख़ुशी महसूस हुई होगी। आप सिर्फ़ यह कर सकते हैं कि गर्मियों की हर शाम यहाँ इन सीढ़ियों पर बैठे-बैठे यह सब सोचते रहें। लेकिन यह एक आदमी ने किया था। माट्टिस अपने मन में क़तई यह विचार नहीं आने देना चाहता था कि इस सब में किसी औरत की भूमिका रही होगी; उसके मन में औरतों के प्रति सिर्फ़ मैत्री का भाव था। उसे इस बात का गुस्सा भी था कि हेगे की तुलना एक सूखे पेड़ से की जा रही थी, वह बिलकुल भी उस जैसा नहीं था! निश्चित ही हर कोई यह देख सकता था। हेगे, जो इतनी चतुर और बुद्धिमान थी।

आख़िर वह क्या चीज़ है जो मन को इतना आहत कर देती है?

तुम अच्छे से जानते हो, जवाब मिला, एक तरह से निरर्थक, लेकिन एकदम

सटीक।

मुझे पीठ फेर लेनी चाहिए और देखना नहीं चाहिए— बजाय इसके मैं बैठा-बैठा घूरता रहता हूँ इन्हें, सुबह उठते ही सबसे पहले और रात को सोते समय आख़री बार। इससे ज़्यादा मूर्खतापूर्ण और भला क्या हो सकता था।

'माट्टिस?'

एक झटके से उसकी तन्द्रा टूटी।

'क्या दिख रहा है तुम्हें?' उसने पूछा।

वह हेगे के इन सवालों को बख़ूबी जानता था। उसे इस तरह नहीं बैठना चाहिए, यह करना चाहिए, वो नहीं करना चाहिए, उसे और लोगों जैसा होना चाहिए, न कि जैसा उसे लोग कहते थे, जहाँ भी जाकर कुछ काम या कुछ और करना चाहता, बस उसका मखौल उड़ाया जाता। उसने तुरन्त अपनी बहन की ओर अपनी आँखें उठायीं। विचित्र आँखें। सदैव निरुपाय, पक्षियों-सी शर्मीली।

'कोई भी तो नहीं दिखता मुझे,' वह बोला।

'ओ।'

'तुम कितनी विचित्र हो,' वह बोला। 'अगर हर समय मेरे नज़र घुमाने पर मुझे कोई दिखायी देता रहे—तो कैसा होगा यहाँ? सारी जगह भीड़ से भर नहीं जाती भला।'

हेगे ने बस हामी भर दी। वह जैसे-तैसे उसे लौटा लायी थी और अब काम करती रह सकती थी। वह माट्टिस की तरह कभी सीढ़ियों पर ख़ाली नहीं बैठी रहा करती थी, उसके हाथ हमेशा बुनने में व्यस्त रहते, जैसा कि उन्हें होना चाहिए था।

माट्टिस उसके काम की क़दर करता था, इसी तरह उनका घर चलता था, जितना भी वह चल सकता था। वह ख़ुद कमा के नहीं लाता था। कोई नहीं चाहता था उसे। सब लोग उसे गोबर-गणेश कहते थे और जब भी उसका नाम काम के सिलसिले में कोई ले लेता, सब हँसने लगते थे। इन दोनों चीज़ों का कोई मेल नहीं था। शायद गाँव के व्यस्त पड़ोसियों में दर्जनों कहानियाँ प्रचलित थीं गोबर-गणेश के काम करने के प्रयासों के बारे में—हमेशा कुछ गड़बड़ हो जाया करती थी।

तुम मेरी चोंच पत्थर पर टिकी उसने अचानक बैठे-बैठे सोचा—और वह चौंक उठा।

क्या?

लेकिन सब ग़ायब हो गया।

बिम्ब और शब्द उसके भीतर कौंध उठे थे। और फिर उतनी ही फुर्ती से ग़ायब भी हो गये—और बजाय इसके उसे लगा वह एक ख़ाली दीवार को घूर रहा है। उसने जल्दी से अपनी बहन की ओर देखा लेकिन उसका ध्यान कहीं और था। वह बैठी थी वहाँ छोटी-सी और साफ़-सुथरी, लेकिन अब लड़की नहीं रह गयी थी वह, चालीस की थी।

अगर वह इन चीज़ों का ज़िक्र उससे कर दे तो? पत्थर पर टिकी—वह नहीं समझेगी।

हेगे उसके बिलकुल पास बैठी थी इसलिए वह उसके सीधे, गहरे भूरे बालों को अच्छे से देख सकता था। अचानक भूरे बालों के बीच उसे यहाँ-वहाँ कुछ सफ़ेद बाल दीख पड़े। चाँदी के लम्बे धागे।

क्या आज के दिन मेरी आँखें बाज़ जैसी हैं? उसने सुखद आश्चर्य की कौंध में सोचा, मैंने पहले कभी ध्यान नहीं दिया था। बिना सोचे-समझे वह बोल उठाः 'लेकिन हेगे!'

उसने तुरन्त नज़र उठाकर देखा, अपने भाई की आवाज़ के लहजे से आश्वस्त। वह भी तैयार थी साथ देने को : 'क्या बात है?'

'तुम्हारे बाल सफ़ेद हो रहे हैं।'

हेगे ने सिर झुका लिया।

'ऐसा?'

'बहुत सफ़ेद,' वह बोला। 'आज से पहले मैंने ध्यान ही नहीं दिया। तुम्हें मालूम था?'

कोई उत्तर नहीं मिला उसे।

'इतनी जल्दी,' वह बोला। 'तुम चालीस की ही तो हुई हो, और बाल इतने सफ़ेद।'

अचानक उसे लगा कोई उसे कहीं से देख रहा है। हेगे नहीं। किसी और जगह से। एक पैनी नज़र। लेकिन शायद वह हेगे की ओर से ही आ रही थी। वह भयभीत हो उठा और उसे समझ में आया शायद उससे कुछ ग़लती हो गयी है, अनजाने में; वह आख़िर ध्यान से देख ही तो रहा था।

'हेगे।'

अन्ततः उसने नज़र उठाकर देखा।

'अब क्या है?'

न, वह जो कहना चाहता था ग़ायब हो चुका था। अब नज़रें भी नहीं मिलेंगी।

'कोई ख़ास बात नहीं है,' वह बोला। 'तुम बुनती रहो।'

वह मुस्करा दी और बोली : 'ठीक है, माट्टिस।'

'हाँ, और तुम्हें बुरा तो नहीं लगा, बोलो?' उसने मृदु स्वर में पूछा। 'मेरा तुम्हारे सफ़ेद बालों के बारे में बात करना?'

उसने कुछ-कुछ ख़ुशमिजाज़ ज़िद से अपने बालों को झटकारा : 'ख़ास बुरा नहीं लगा मुझे। मुझे पहले ही से पता जो था।'

उसकी चमकती हुई सलाइयाँ इस दौरान व्यस्त रही थीं। वे मानो पूरा दिन अपने-आप ही बुनाई करती रहती हों।

'हाँ, क्या तेज़ दिमाग है तुम्हारा, हेगे, सच में,' वह उस बात की क्षति-पूर्ति करते हुए बोला।

इस बात से उसे एक ऐसे शब्द को इस्तेमाल करने का मौक़ा मिल गया जो उसके सामने झूम रहा था, एक चमकदार और लुभावना शब्द। यह शब्द ऐसे शब्दों में शामिल था जो उसके लिए नहीं बने थे, लेकिन जिन्हें वह फिर भी चोरी-चोरी इस्तेमाल करता रहता था, और जिनका ज़ायका बड़ा मज़ेदार था और जो उसके सिर में खनखनाहट पैदा करते थे। वे ज़रा ख़तरनाक से शब्द थे, सबके सब।

'सुन रही हो, हेगे?'

वह आह भरते हुए बोली, 'हाँ।'

अब और नहीं। ख़ैर, ऐसी ही थी वह। शायद उसका भाई उसकी कुछ अधिक ही प्रशंसा कर बैठा था?

लेकिन सच में, बाल इतनी जल्दी थोड़े ही सफ़ेद होने चाहिए। क्या मेरे भी हैं, सोचूँ ज़रा? इससे पहले कि मैं भूल जाऊँ मुझे देख लेना चाहिए।

'माट्टिस क्या तुम सोने जा रहे हो?'

'नहीं, मैं सिर्फ़—' आईना देखने जा रहा हूँ, वह लगभग बोल ही बैठा, लेकिन उसने अपने आप को रोक लिया और भीतर चला गया।

3

घर में घुसने के बाद ही माट्टिस ने ग़ौर किया कि शाम कितनी सुहानी थी। बड़ी झील किसी तालाब की तरह शान्त थी। उसके पार, पश्चिम में फैली ढलानें कोहरे से ढँकी थीं। पेड़ों के पीछे छिपी सड़क पर कारें सिर्फ़ मज़े के लिए गुनगुनाती हुई प्रतीत होती थीं। आसमान साफ़ था, रात में बिजली भी कड़कने वाली नहीं थी।

सीधे बिजली के आरपार, उसने सोचा, और वह काँप उठा।

सीधा सीधे के आरपार, उसने सोचा।

अगर कोई कर सके।

वह सोच में डूबा हुआ उस बेञ्च के पास खड़ा रहा जो रात के समय खुलकर उसका पलंग बन जाया करती थी।

छुटपन से ही माट्टिस बैठक में रखी इस बेञ्च पर सोता आया था—इसलिए वह इतने अच्छे से जानता था इसे। उसने तय किया कि वह अपने शेष बचे जीवन में भी ऐसा ही करता रहेगा। बेञ्च में कुछ खरोंचें थीं उस वक़्त की जब माट्टिस को एक चाकू दे दिया गया था। बिना पुती लकड़ी पर मोटे और मद्धिम पेन्सिल के निशान भी थे। ये रेखाएँ और विचित्र आकृतियाँ ढक्कन के नीचे थीं, और हर रात सोते समय वह उन्हें देखा करता था, और उन्हें इसलिए पसन्द करता था क्योंकि वे बदलती नहीं थीं। वे वही थीं जो उन्हें होना चाहिए था। उन पर भरोसा किया जा सकता था।

पीछे वाला छोटा कमरा हेगे का था। माट्टिस ख़ुद को खींचकर उसमें प्रविष्ट हुआ, क्योंकि घर का एकमात्र आईना उसी जगह था।

वह हेगे के कमरे में दाख़िल हुआ। बड़ी साफ़-सुथरी गन्ध थी वहाँ, लेकिन ख़ास और कुछ भी नहीं था, उस आईने के सिवा जो उसे चाहिए था।

'हम्म!' वह बोला जैसे ही उसे आईने में अपनी छवि दिखायी दी।

वाक़ई उसे स्वयं को इस तरह आईने में निहारे काफ़ी समय हो गया था। बीच-बीच में दाढ़ी बनाते समय वह उसे यहाँ से ले जाता था। लेकिन फिर वह सिर्फ़ दाढ़ी बनाने पर ही एकाग्र रहता, और तब भी छूट ही जाते थे बाल, ठीक से साफ़ नहीं होते थे।

अब वह जैसे माट्टिस ही को देख रहा था।

ओफ़-ओह! उसके भीतर एक आवाज़ ने कहा। एक नन्ही-सी शान्त पुकार

जिसका ख़ुलासा वह नहीं कर सकता था।

'देखने को कुछ ख़ास है ही नहीं,' वह फुसफुसाया।

'ज़्यादा चर्बी नहीं है,' उसने जोड़ा।

'ज़्यादा माँस भी तो नहीं।'

'दाढ़ी भी ठीक से नहीं बनी,' वह बोला।

उदास करने वाला था यह सब।

'लेकिन फिर भी कुछ तो है,' वह फुर्ती से बोला और देखता रहा।

आईना कुछ ख़ास अच्छा नहीं था, छवि कुछ बिगड़-सी जाती थी—लेकिन वह और हेगे दोनों इतने सालों में इसके आदी हो चुके थे।

माट्टिस ने भीतर अभी ज़्यादा समय नहीं गुज़ारा था और इस साफ़ गन्ध वाले स्त्री-कक्ष में खड़े-खड़े उसका मन भटकने लगा था।

मैं किसी लड़की की तरह खड़े-खड़े ख़ुद को आईने में निहार रहा हूँ, उसने सोचा, और उसका रोम-रोम सुख-सलामती के एहसास से भर उठा।

पता नहीं कितनी लड़कियों ने कपड़े पहनने से पहले इस आईने के घिसे-पिटे काँच में ख़ुद को निहारा होगा।

वह कई सुन्दर, सम्मोहक छवियों की कल्पना करने लगा।

चलो मैं *उनके* बारे में सोचकर तो देखूँ।

लेकिन उसने स्वयं को रोक लिया।

न, सप्ताह के मध्य में लड़कियों के बारे में नहीं सोचना चाहिए। मनाही है। कोई ऐसा नहीं करता।

वह अनिश्चय से घिर गया : मुझे डर है कि मैं तो, बीच-बीच में, ऐसा करता हूँ, उसने स्वीकार किया।

लेकिन किसी को मालूम नहीं।

उसने अपने चेहरे की ओर देखा। ख़ुद से नज़रें मिलायीं। और वे विद्रोह से भर उठीं। मैं बिलकुल कर सकता हूँ, अगर मैं किसी को न बताऊँ तो।

ऐसा ही हूँ मैं।

उसने फिर नज़रें मिलायी। उसकी आँखें फैलकर पूरी ख़ुल गयीं, अपेक्षा से भरी हुईं।

क्या है यह?

ख़ैर मैंने कभी, उसके भीतर की एक आवाज़ ने कहा, अचरज से भरी हुई, फिर भी किसी ख़ास शख़्स से मुखातिब नहीं थी वह। कभी-कभी आपको ऐसी चीज़ें

कहनी पड़ती हैं, लगभग बेवजह, अभी जो वजहें हैं उनसे भी कमतर किसी वजह से।

'लेकिन जो दिख रहा है, वह तो कुछ ख़ास *नहीं ही* है,' वह ऊँचे स्वर में बोला। उसे वे सारी चीज़ें बुहार कर हटा देनी पड़ीं जो उसे जकड़ कर रखे हुए थीं, लेकिन जो उस क्षण से जुड़ी हुई नहीं थीं।

उसके सामने जो चेहरा था वह क्षीण और विचार-मग्न था। ज़र्द, लेकिन एक जोड़ी आँखें उसे खींच रही थीं और छोड़ नहीं रही थीं।

वह अपने सामने वाले व्यक्ति से कहना चाहता था : तुम भला आये कहाँ से हो! क्यों आये हो तुम?

कोई भी जवाब मिलने वाला नहीं था।

लेकिन उन्हीं आँखों में मिलने वाला था उसे वह जवाब—आँखें जो उसकी अपनी नहीं थीं, कहीं दूर से आयी थीं और जिन्होंने दिन और रात के आर-पार देख रखा था। वह और क़रीब सरक आया, रोशनी से भर गया। तब फिर से चला गया वह और सब कुछ सियाह पड़ गया।

उसने तुरन्त सोचा : गोबर-गणेश माट्टिस।

कैसे ठहाका लगाते सब-के-सब अगर वे मुझे यहाँ खड़ा देख लेते, आईने में ख़ुद को निहारते हुए।

आख़िरकार उसे याद आ ही गया वह हेगे के कमरे में क्यों आया था। वह सफ़ेद बालों को देखने आया था।

सामने तो एक भी नहीं था। उसने सिर झुकाया, और ऊपर के बालों में सफ़ेद ढूँढने की गर्ज़ से अपनी आँखों को ऊपर घुमा लिया अपने माथे पर गिरी लट के नीचे। एक भी बाल सफ़ेद नहीं। इसके बाद उसने दोनों कानों के पीछे तक देखा—जहाँ तक उसकी नज़र जा सकती थी। एक बाल भी सफ़ेद नहीं था, कहीं। वह हेगे से सिर्फ़ तीन वर्ष ही तो छोटा थी, और वह चालीस की थी।

न भई, यह तो वह बन्दा है जिसके बाल अभी कुछ समय तक तो उसका साथ देंगे, उसने सोचा।

लेकिन तीन साल में तो मेरी उम्र हेगे जितनी हो जायेगी।

एक भी सफ़ेद बाल नहीं। कसम से, मैं हेगे को ज़रूर बताऊँगा, डरा दूँगा उसे, उसने सोचा, यह भूल जाते हुए कि हेगे को यह विषय बिलकुल पसन्द नहीं आया था।

वह लम्बे डग भरता फिर से बाहर निकल आया। हेगे अब भी सीढ़ियों में बैठी हुई बुनाई कर रही होगी।

वह बाक़ायदा वहीं थी। स्वेटर उसके फुर्तीले हाथों में ख़ुद-ब-ख़ुद बड़ा होता चला जा रहा था। उसके हाथ मौन नृत्य कर रहे थे, जबकि स्वेटर बिना किसी मदद के आकार लेता चला जा रहा था।

'अब क्या है?' हेगे ने उसे फुर्ती से बाहर निकलते देख पूछा।

माट्टिस अपने गुच्छेदार बालों की ओर इशारा करते हुए बोला :

'मेरा एक भी बाल सफ़ेद नहीं है, हेगे। मैं भीतर आईना देखकर आया हूँ।'

हेगे इस विषय पर और कोई बात नहीं करना चाहती थी।

'अच्छा,' वह रुखाई से बोली।

'कितनी अच्छी बात है न?' उसने पूछा।

'बिलकुल अच्छी बात है,' उसने शान्ति से जवाब दिया।

'हाँ, और ख़ुद को देखो तुम,' वह बोला, 'मैं शर्त लगाकर कह सकता हूँ तुम चाहती हो—'

वह ख़ुद को रोक नहीं पायी :

'उफ़, भगवान के लिए!'

वह एकदम रुक गया। हेगे में कुछ ऐसी बात थी कि वह एकदम ठण्डा पड़ जाता था।

'ग़लती हो गयी?' वह सहमते हुए बोला।

आख़िरकार वह उठ खड़ी हुई।

'माट्टिस।'

वह घबराकर हेगे की ओर देखने लगा।

'बोलो न।'

'मुझे नहीं लगता यह कोई मज़े की बात है, तुम तो बस खींचते ही चले जा रहे हो इस बात को आज रात।'

'मज़ा? क्या मज़ा है तुम्हारे या मेरे जीवन में?' उसने उत्तर दिया। कितनी विचित्र बात कर रही है हेगे, उसने सोचा।

हेगे ने उसकी ओर देखा, अचानक भयभीत। जल्दी से कुछ करना पड़ेगा क्योंकि माट्टिस कुछ ऐसा कर गुज़रने की कगार पर था जिसका सामना वह नहीं कर पायेगी।

'तुम्हें जितना लगता है उससे तो *ज़्यादा* ही मज़ा करते हैं हम,' वह दृढ़ता से

बोली ताकि शक की गुंजाइश न रह जाये। 'बात सिर्फ़ इतनी है कि तुम इस बात पर ज़रा भी ग़ौर नहीं करते। हम हर दिन मज़ा करते हैं।'

माट्टिस ने सिर झुका लिया और पूछा : 'कब?'

'कब?' वह रुखाई से बोली।

हेगे ने बात को जारी रखा। रोकना पड़ेगा इस मुआमले को।

'माट्टिस अपने दिमाग़ से काम लो,' वह बोली, बिना उस दंश के जो उसकी बातों में प्रायः हुआ करता था। वह उसके सामने आग्रहपूर्वक तनकर खड़ी थी, हालाँकि वह क़द में उससे छोटी थी।

माट्टिस बोला : 'मैं इतना अधिक सोच रहा हूँ कि लगभग मर ही जाऊँगा।'

'फिर तो तुम्हें याद होगा कितना मज़ा किया है तुमने।'

वह सोचने लगा, बिना कोई जवाब दिये।

हेगे अड़ी रही। इस तथ्य को इतनी दृढ़ता से स्थापित करना पड़ेगा कि हल्के से शक की भी गुंजाइश न बचे।

'हम और लोगों से *ज़्यादा* मज़ा करते हैं।'

'सच में?' वह धीमे से बुदबुदाने लगा, इतना कि लगभग सुनायी ही नहीं दे रहा था।

'हाँ!' वह बोली। 'और तुम्हें कभी इस बात को भूलना नहीं चाहिए।'

उसने बात यहीं छोड़ दी। माट्टिस कुछ तन-सा गया, पर वह प्रतिरोध करने की हिम्मत नहीं जुटा पाया। हेगे होशियार थी और बेशक जानती थी किन चीज़ों में मज़ा है। प्रतिरोध कर ख़ुद को मूरख सिद्ध करने में तो नहीं ही।

हेगे ने उसे क्रोध से देखा।

'मुझे इस बात का एहसास नहीं था,' सिर्फ़ इतना ही कहा उसने।

अचानक उसे एक बढ़िया बात सूझ गयी, और वह ख़ुश आवाज़ में बोला : 'अच्छा किया तुमने मुझे बता दिया।'

'क्या?'

'यह सोचकर कि मुझे मालूम नहीं था।'

वह ख़ुश हो गया, थोड़ा हँस भी दिया।

'क्या तुम अभी से भीतर जा रही हो?' उसने पूछा।

हेगे ने जवाब न देकर थकी हुई-सी हामी भरी, और घर के भीतर चली गयी।

4

उस शाम हेगे समय से पहले सो भी गयी। कम-से-कम वह अपने कमरे में जल्दी चली गयी। माट्टिस वजह पूछने वाला था, लेकिन इससे पहले कि वह यह कर पाता, उसने उसे बेसब्री से रोक दिया : 'ओफ़, कल तक रुक जाओ, माट्टिस! आज और न बढ़ाओ यह बात।'

उसकी बात सुनकर माट्टिस को और सवाल पूछने की इच्छा नहीं हुई। हेगे का मन अच्छा नहीं था, वह जा सकती थी। वह सोचने लगा शायद उससे कुछ ग़लती हो गयी है। निस्सन्देह बालों वाली बात ही होगी, क्या यह इतनी ख़राब बात थी कि उसके बाल सफ़ेद थे और ख़ुद माट्टिस के नहीं थे? आख़िर वह कर ही क्या सकता था इस विषय में।

लेकिन हेगे ही उसे अपने पास रखे थी, इसलिए वह उसकी गिरिफ़्त में था। सबसे अहम बात तो यह थी कि वह समझदार थी, और माट्टिस इसी बात की क़दर करता था।

हेगे बिना कोई और शब्द कहे उसे छोड़कर चली गयी, वह बैठा इस सब के बारे में सोचने लगा।

कल मुझे फ़ार्मों के चक्कर लगाकर देखना चाहिए कि किसी के पास मेरे लिए कोई काम-धन्धा है या नहीं, उसने सोचा, और अभी से उसे दहशत होने लगी।

क्योंकि यही तो है मुसीबत की जड़। हेगे मुझे पूरा साल अपने साथ रखे रहती है। और चालीस साल से वह ऐसा करती आयी है; उसे लगा यह बात जोड़ देनी चाहिए। कम-से-कम फिर यह तो नहीं लगेगा वह सच्चाई को कमतर आँक रहा है।

रखे है मुझे, रखे है मुझे।

इन शब्दों का स्वाद कटु था। ऐस्प के वृक्ष की छाल चबाने जैसा। और चबाना तो उसे पड़ना ही था, साल-दर-साल। अपनी ज़बान पर रखकर चखना था। और कोई चारा था ही नहीं। उसे जो शब्द मालूम थे, उनमें ये शब्द सबसे कटु थे।

कल मैं काम पर जाऊँगा।

अगर कोई चीज़ मुझे रोक न ले तो, उसने बचाव के लिए जल्दी से जोड़ा। उसे उन कई दिनों की धुँधली-सी याद थी जब उसने किसी दूसरे के लिए काम करना शुरू किया था। किसी फ़ार्म या खेत, या जंगल में। हमेशा कुछ-न-कुछ ऐसा घट ही जाता जिससे उसके लिए सब गड़बड़ा जाया करता था, और नतीजतन वह काम

को अञ्जाम नहीं दे पाता था। और फिर उसके बाद वे लोग उसे वहाँ और काम करने को नहीं कहते। समझदार लोग, जिनके पास कुछ था और किसी को देने के लिए जिनके पास काम-धन्धे भी थे, वे उसकी ओर बिना ध्यान दिये उसके पास से निकल जाते थे। सो वह बार-बार हेगे के पास ख़ाली हाथ लौट आया करता। वह भी इस सब की आदी हो चुकी थी और इस बात का अब ज़िक्र तक नहीं करती थी। लेकिन वह माट्टिस को पास रखने के लिए जिद्दोजहद करती रहा करती थी। पता नहीं वह इस सबके बारे में क्या *सोचती* थी भला।

कल के दिन मन को पक्का कर लेना। बहादुरी से सामना करना, फ़ार्मों का चक्कर लगाकर काम-वाम ढूँढ लेना।

'हमेशा के लिए नहीं चलेगा,' वह ख़ाली हवा में भीषण स्वर में बोला। 'मुझे कोई काम *ढूँढना ही है,* हेगे के बाल पक गये हैं।'

उसे इस बात का एहसास होने लगा : 'मेरी ही वजह से पके हैं हेगे के बाल।'

धीरे-धीरे इस बात की पूरी सच्चाई उस पर ज़ाहिर होने लगी। उसे बड़ी शर्मिन्दगी महसूस हुई।

5

रात काफ़ी हो चुकी थी, माट्टिस आम तौर पर इतनी देर तक जगा हुआ नहीं रहता था। फिर भी बिस्तर में लेटने का उसका मन नहीं था, और वह बस खुले में टहलता चला जा रहा था। अगर मन पर कोई बोझ हो तो बिस्तर में लेटकर करवटें बदलते रहना तो और भी बुरा लगता है।

शायद हेगे भी अभी सोयी नहीं है। वह सिर्फ़ मुझसे बचने की गर्ज़ से अपने कमरे में चली गयी होगी।

'और *इस बात* से वाक़िफ़ होने में कोई ख़ास मज़ा नहीं है,' उसने इतने ऊँचे स्वर में कहा कि हेगे ने शायद सुन ही लिया होगा।

वह बहुत थका हुआ महसूस कर रहा था।

अचानक एक विचार से वह चौंक गया :

मुझे छोड़ मत देना! उसने ठण्डी साँस भरी, और उस कमरे की ओर मुड़ गया

जहाँ हेगे लेटी थी। चाहे कुछ भी आन पड़े तुम पर या मुझ पर, तुम छोड़ मत देना मुझे।

यह विचार कोई नया नहीं था, लेकिन हमेशा नया लगता था उसे, और हर बार उतना ही दर्दनाक। हर बार वह इस विचार को बेतुका मानकर मन से हटाने की कोशिश करता था। हेगे ने तो कभी उसे छोड़ने के बारे में एक शब्द तक नहीं कहा था। क्यों वह ख़ुद को इस क़दर परेशान किये बैठा था?

यह दृश्य उसे छोड़ता ही नहीं था। वह देखता था हेगे चलकर दूर होती जा रही है, और-से-और दूर। वह अपनी सारी चीज़ों को पोटली में बाँधे काँख में दबाये चली जा रही है।

क्या तुम जा रही हो?

हाँ, माट्टिस।

बड़े दुःख की बात है, हेगे।

हाँ, माट्टिस।

वह फिर चलना शुरू कर देती।

वह अब उसकी बात सुन भी नहीं रही थी, वह छोटी से और छोटी होती चली जा रही थी, आख़िरकार एक छोटा-सा काला बिन्दु भर ही रह गयी थी वह—और फिर वह यूँ ही बनी रही। इस उदास खेल में पूरी तरह ग़ायब नहीं हो रही थी वह।

इसी क्षण महान घटना घटी।

वह गहरी सोच में डूबा था, हेगे के दूर चली जाने के दृश्य को देखता हुआ, सीढ़ियों पर अपनी सामान्य जगह पर बैठे वह झील के पार पश्चिम में फैली पहाड़ियों को देख रहा था। झील अब सियाह पड़ चुकी थी, और पहाड़ियाँ गहन और अँधेरी। ग्रीष्म की सलोनी साँझ हर तरफ़ फैल रही थी, आकाश में और धरती पर। माट्टिस की नज़र ऐसी चीज़ों को लेकर धुँधली नहीं थी।

उनका कॉटेज एक छोटी-सी दलदली खोह में खड़ा था जो झील से उभरी थी। भूर्ज और ऐस्प शंकुधारी वृक्षों के बीचों-बीच छितराये हुए थे। खोह से एक नन्ही नदी नीचे की ओर बह निकली थी। कभी-कभी माट्टिस सोचता था यही वह जगह है जो सबसे सुन्दर है, उन थोड़ी-सी जगहों में से जो उसने देख रखी हैं।

शायद अब भी उसे ऐसा ही लग रहा था—वह निश्चित ही गहन चिन्तन में डूबा था और साँझ के झुटपुटे को गहराने दे रहा था, अगर आप उसे साँझ का झुटपुटा

कह सकते, जोकि अकथनीय कोमलता भर ही नहीं था।

उसी क्षण कुछ अप्रत्याशित घट गया।

हवा के इस ओर एकदम निस्पन्दता छायी है, वह अभी सोच ही रहा था, ऐस्प के उन दो वृक्षों और साँझ के आकाश को देखते हुए। वृक्षों की फुनगियों में से कुछ छन रहा था, इतना साफ़ कि उसे लगा वह देख सकता है उसे। हवा नहीं, बस कुछ छनकर गुज़रता हुआ—और इस ओर ऐसी निस्पन्दता थी कि ऐस्प के दूसरे वृक्षों का एक भी पत्ता काँप नहीं रहा था।

लेकिन तभी एक नन्ही और हल्की सी आवाज़ हुई : अचानक एक विचित्र-सा कराहता हुआ स्वर और उसी समय उसे अपने ऊपर की हवा में पंखों की तेज़ फड़फड़ाहट सुनायी दी। इसके बाद लाचार पक्षी-भाषा में हल्का-हल्का कराहने की क्रमशः आती हुई ध्वनि।

एकदम पूरे घर में फैल गयी वह।

लेकिन वह ध्वनि माट्टिस के आरपार भी हो गयी। उसका अन्तस एक निःशब्द रोमाञ्च से भर गया; वह वहाँ पूरी तरह सजग और घबराया हुआ बैठा रहा।

कोई तिलिस्म था?

नहीं, इसके अलावा और कुछ भी हो सकता था, लेकिन फिर भी—

एक वन-कुक्कुट था वह जोकि घर के ऊपर फड़फड़ाता चला आ रहा था, और वन-कुक्कुट ऐसी चीज़ संयोग से नहीं किया करते, दिन के इस समय तो नहीं। एक उड़ान उसके घर के ऊपर शुरू हो चुकी थी।

कब शुरू हुई थी?

क्योंकि पहले किसी वसन्त में ऐसा कभी नहीं हुआ था जहाँ तक उसे याद था। वह देर रात तक कई बार बाहर घूमा करता था और अगर ऐसा पहले कभी हुआ होता तो उसने ज़रूर देखा और सुना होता।

लेकिन आज की रात यह परिन्दा बिलकुल उनके सिर के ऊपर से उड़ा चला जा रहा था, हेगे और उसके ख़ुद के ऊपर से, और अब से ऐसा ही होने वाला था, हर सुबह और हर शाम।

माट्टिस ने अपने घर को देखा। अब यह एक बिलकुल अलग घर था, इसे अलग आँखों से देखने की ज़रूरत थी। वन-कुक्कुट हमेशा ऐसी चीज़ प्रतीत होता था जो किन्हीं घाटियों से गुज़र जाया करता था उस सबसे दूर जो मानो उसका अपना था। ऐसी ही कल्पना की थी उसने वन-कुक्कुट की। अब, आज की शाम, वह यहाँ था,

वह बस यहाँ चला आया था। अगर यह महज़ उसका वहम नहीं था—उसे पता था वह वहम का शिकार हो जाया करता है। क्या कभी किसी ने किसी वन-कुक्कुट को अपने सामान्य रास्ते से हटते हुए देखा है? जहाँ तक उसे मालूम है ऐसा कभी नहीं हुआ। और फिर वह यहाँ क्यों चला आया था भला?

माट्टिस लगभग हाँफता हुआ प्रतीक्षा कर रहा था। क्योंकि अगर वह उड़ान सही थी, तो वह पक्षी थोड़ी देर में लौट आयेगा, उसी रास्ते से, बार-बार सान्ध्य-उड़ान की उस छोटी-सी घड़ी में। उसे यह उन अन्य क्षेत्रों से ज्ञात था जहाँ ये उड़ानें भरी जाती हैं। सुबह-सबेरे भी यह पक्षी उसी रास्ते से उड़कर जाया करता था, एक चिड़ीमार ने उसे बताया था। सूखी दलदली ज़मीन में भी उसने कभी-कभी वन-कुक्कुट की चोंचों के निशान देखे थे, उनके महीन पदचिह्नों के एकदम क़रीब।

वह रोमाञ्च से भरा प्रतीक्षा करता रहा। क्षण घिसटते जान पड़ते थे, और उसके शक और पक्के होते जा रहे थे।

लेकिन चुप, यह रहा वह। फड़फड़ाते हुए पंख, बिलकुल उसी पक्षी के, धुँधले-से घर के आरपार हवा को चीरते हुए, विपरीत दिशा में। फिर से ओझल हो गया था वह, सुकोमल साँझ और पेड़ों की सोयी हुई फुनगियों की ओट में।

तब माट्टिस ने दृढ़ स्वर में कहा : 'तो आख़िरकार आ ही गया वन-कुक्कुट।'

उसे नहीं मालूम था उसने यह क्यों और कैसे कहा था। यही वह ज़रा-सी बात थी जो वह कह और कर सकता था—और उसे यह कहते हुए किसी ने सुना भी नहीं था। उसे लगा जैसे कुछ हो गुज़रा हो बस, लम्बे और कठिन समय के बाद।

सबसे पहला विचार उसे यही आया कि वह हेगे को जाकर बतलाये, वह तुरन्त भागकर अन्दर जाना चाहता था। चाहे वह सो रही हो या जगी हुई हो, यह तो उसे सुनना ही पड़ेगा। लेकिन वह रुक गया। *अगर* यह बात सच थी तब तो वह पक्षी तीसरी बार भी लौटकर आयेगा, और माट्टिस को ख़ुद पर कतई भरोसा नहीं था, उसे लगा कि पक्षी की तीसरी झलक मिलने की प्रतीक्षा करनी चाहिए। बैठकर ख़ुशी-ख़ुशी प्रतीक्षा करनी चाहिए।

अगर मैंने तीन बार उसे देख लिया तो हेगे को मेरी बात का विश्वास *करना ही* होगा। हर किसी को करना होगा।

चुप, वह फिर से आ रहा था।

बिलकुल पहले की तरह, फड़फड़ाहट, साँझ में फैली हुई छाया, तीर-सी फुर्तीली—

और फिर एक मद्धिम-सी आवाज़, कोई सुन रहा हो या नहीं। सीधे छत के पार, और दूर ख़ला में फैलती हुई। फिर पुनः बीत गयी साँझ का समय।

लेकिन वह आया तो है। अब मुझे कुछ मालूम है, उसने फ़ैसला किया, मामले की और छानबीन किये बिना। शक की कोई गुंजाइश ही नहीं थी, उसे कुछ अलग ही महसूस होने लगा था।

और हेगे सो रही थी।

अब हेगे को भी कुछ अलग महसूस होगा।

6

सोयी हुई हेगे—हेगे जो आठ पँखुड़ियों के गुलाब वाले स्वेटरों संग बिलकुल बिजली जैसी थी, और जो कठिनाइयों का सामना कर सकती थी—माट्टिस को पता नहीं था उनमें से कौन ज़्यादा अहम शख़्स था। इस क्षण तो उसे लगभग यही इच्छा हुई कि वह ख़ुद को पहल दे।

वह उसके कमरे में प्रविष्ट हुआ, काफ़ी आहट करते हुए।

यह बेवकूफ़ाना बात थी। हेगे को बिस्तर पर लेटे काफ़ी समय बीत चुका था, वह शायद सो भी चुकी थी, इसलिए उसे कष्ट देने की यह घड़ी सही नहीं थी। हेगे की आवाज़ में तुर्शी थी।

'अब क्या बात है?' वह फूट पड़ी, इससे पहले कि वह अपने भावातिरेक को शब्दों में बाँध सकता। वह इस लहजे से बख़ूबी वाक़िफ़ था। ज़ाहिर था कि उसकी आँख अभी-अभी लगी थी, और वह धपधप करता भीतर चला आया था। लेकिन उसे यह भी मालूम था क्या होने वाला है; वह गला साफ़ कर रही थी अपनी पहली प्रतिक्रिया के दुखद प्रभाव को ज़रा कम करने की गर्ज़ से।

'क्या है माट्टिस?' वह थकी हुई-सी बोली, धीमी आवाज़ में जो अब दोस्ताना थी और पछतावे से भरी हुई।

जो ख़बर माट्टिस लेकर आया था वह बड़ी ख़बर थी। वह बमुश्किल ही जानता था उसे शब्दों में कैसे रखा जाये। अन्त में उसने सिर्फ़ इतना कहा : 'एक वन-कुक्कुट है जिसने आज की रात यहाँ उड़ना शुरू किया है!' उसकी आवाज़ सख़्त और कठोर

थी। उसे लगभग ऐसा लगा वह एक अजनबी है जो हेगे के पलंग के पास आन खड़ा हुआ है।

ऐसा लगता था हेगे उसकी आवाज़ के लहजे को पहचान गयी है, विस्मय और भय से सुन्न पड़ी हुई। लेकिन इतनी विचित्र चीज़ें घट रही थीं कि माट्टिस को जल्दी से आकर उसे बताना ही था। ऐसी चीज़ें जो आम तौर पर समझायी जा सकती थीं और फिर विचित्र नहीं लगती थीं। हेगे धीमे से बोली :

'वन-कुक्कुट? अच्छी बात है। अब जाकर सो जाओ, माट्टिस।'

वह समझ नहीं पाया।

'जाओ, सो जाओ, माट्टिस,' उसने नर्मी से कहा, यह देखते हुए कि माट्टिस के चेहरे पर दुःख और तनाव की रेखाएँ हैं।

निराश हो माट्टिस कुनमुनाने लगा।

'तुमने सुना नहीं मैंने क्या कहा है? एक जंगली वन-कुक्कुट है यहाँ। अपनी जगह छोड़कर यहाँ आया है वह। हमारे घर की छत के आरपार उड़ान भर रहा है! अभी! इसी क्षण, तुम्हारे बिस्तर में बैठे-बैठे।'

हेगे वैसे ही बैठी रही, वैसा ही चेहरा लिए।

'हाँ, मैंने सुन लिया। लेकिन तो क्या हुआ? क्या तुम जंगली मुर्गे को अपनी मर्जी से उड़ने नहीं दोगे?'

वह हेगे को समझा नहीं पाया। मानो वह कोई ऐसी भाषा बोल रही हो जिसे वह न समझता हो।

'इसका कुछ मतलब नहीं है तुम्हारे लिए? तुमने कभी सुना है कोई जंगली मुर्गा अपना रास्ता बदलकर तुम्हारे सिर के ठीक ऊपर उड़ने लगे?'

हेगे ने कन्धे उचका दिये।

'मुझसे पूछने का क्या लाभ?'

'नहीं, मैं दावे से कह सकता हूँ तुमने देखा नहीं है, कपड़े पहनो और मेरे साथ बाहर चलो।'

'बाहर? अभी, आधी रात के समय?'

'बिलकुल! तुम्हें देखना चाहिए।'

'नहीं, माट्टिस,' वह बोली।

'तुम्हें देखना चाहिए! वह उड़ रहा है अभी इसी वक़्त। अगर यह इतना ज़रूरी

भी नहीं है, तो—'

हेगे का जवाब सिर्फ़ इतना था कि वह फिर से लेट जाये। नींद से भरी, वह जम्हाई ले रही थी।

'मुझे पता है उसे देखकर तुम्हें मज़ा आया होगा,' वह बोली, 'लेकिन मैं तो किसी और वक़्त भी देख सकती हूँ न उसे। अगर वह यहीं है, फिर वह यहीं तो है न, क्यों?'

माट्टिस मुँह बाये उसे घूरने लगा।

'अगर वह यहीं है, फिर वह यहीं तो है!' उसने ख़ौफ़ज़दा स्वर में दोहराया। 'और कहने को तुम बड़ी समझदार हो?' वह बिना सोचे-समझे बोल गया।

'तुम कहना क्या चाहते हो?' हेगे ने पूछा।

'तब तो तुम कुछ भी नहीं समझतीं,' उसने बात पूरी की।

वह उसके सिरहाने तना था, हताश और निरुपाय।

हेगे ने उसकी बाँह को प्यार से छुआ। उसे लगा यह मैत्री का संकेत है। वह देख नहीं पाया हेगे कितनी बुरी तरह से थकी हुई और दुखी थी। उड़े हुए रंग की अपनी रात की पोशाक पहने वह पड़ी हुई थी, माट्टिस की ओर न देख दीवार की ओर मुँह किये।

'इसके बारे में सुबह बात करेंगे, माट्टिस। जाओ जाकर सो जाओ, सुन रहे हो?'

माट्टिस को लगा यह निरा पागलपन है—ऐसे मौक़े को गँवा देना।

'मैं बता रहा हूँ तुम्हें यह *अभी* हो रहा है, इसी घड़ी। और तुम बाहर चलकर देखना भी नहीं चाहतीं? मैं समझ नहीं पा रहा हूँ तुम्हें। किसी चीज़ का कोई अर्थ नहीं है तुम्हारे लिए?'

आख़िरकार हेगे से रहा न गया। अपना हाथ पलंग के छोर पर पटकते हुए वह बोली : 'तुम्हें पता नहीं तुम कह क्या रहे हो। और यह बात *तुम*, तुम जो—' वह अचानक रुक गयी।

वह भयभीत स्वर में बोला : 'क्या हूँ मैं।'

उसकी ओर पीठ फेरे वह चिल्लायी : 'कृपया मुझे ज़रा चैन ले लेने दो। अगर नहीं तो ऐसा ज़्यादा देर नहीं चलेगा। कृपया जाओ यहाँ से, रात बहुत बीत चुकी है और कुछ नींद भी ले लेनी चाहिए हमें, माट्टिस।'

वह एक झटके से उससे कुछ और दूर हट गयी। माट्टिस ने देखा उसके कन्धे काँप रहे हैं। इस दृश्य का माट्टिस पर गहरा असर हुआ, अपराध-बोध हुआ उसे, भले ही उसने ऐसा कुछ नहीं किया था।

वह एकदम चकरा गया। क्या वह उसके साथ नाइन्साफ़ी कर रहा था? वह तो सिर्फ़ उसे जंगली मुर्गा दिखाकर ख़ुश करना चाहता था। उसे सूझा ही नहीं वह हेगे के लिए इतनी बड़ी घटना नहीं थी जितनी ख़ुद उसके लिए। वह घट रही थी वहाँ बाहर, इसी घड़ी—और हेगे को कोई परवाह ही नहीं थी, वह चिल्ला रही थी उस पर, और ऐसी निरुपायता में पड़ी-पड़ी रो रही थी जो समझ से बाहर थी।

'लेकिन हेगे—मैं किसी को तंग करना नहीं चाहता था, मैं तो सिर्फ़ चाहता था तुम—'

लेकिन अब वह बुरी तरह आपे से बाहर हो रही थी : 'तुमने सुना मैंने क्या कहा है तुमसे,' वह चिल्लायी, और वह तुरन्त उतने कदम पीछे हट गया जितने उसे कमरे से बाहर निकल जाने के लिए चाहिए थे। उसने बड़े हौले से दरवाज़े को बन्द किया जैसे हेगे सो रही हो और उसकी शान्ति भंग नहीं होनी चाहिए।

लोग कितने अलग होते हैं, उसने बाहर निकलकर चकराते हुए सोचा। कम-से-कम हेगे और मैं। मुझे लगता है उसे तो मेरी बात का विश्वास तक नहीं है। लेकिन मैंने तो देखा और सुना था। मैं क़सम खाकर कह सकता हूँ मैंने देखा था। आज रात के लिए उड़ान पूरी हो चुकी है, बस।

और अब चलो एक गाना गाया जाये, उसके भीतर एक आवाज़ ने कहा। ऐसा नहीं हुआ कि उसने गाना शुरू कर दिया हो। 'आज रात के लिए बस' के बाद स्वाभाविक तौर पर। मैंने कई तरह की बैठकों में हिस्सेदारी की है, इसलिए मुझे अच्छे से पता है चीज़ें कैसे होती हैं वहाँ।

आज रात के लिए बस। क्योंकि अब उस पक्षी को अपना सच्चा प्रेम मिल गया है।

जब उसने नज़र उठाकर ऊपर देखा तो वन-कुक्कुट की उड़ान के पथ पर प्रकाश की किरणें थीं। उसके अपने घर के ठीक ऊपर।

ईमानदारी से कहें तो उसे ख़ुद भी पक्का पता नहीं था—लेकिन उसे लगा कि ऊपर कुछ हुआ है, कि कुछ बदल गया है। और कल यह फिर होगा, उतना ही विस्मयकारी जितना कि आज। और हेगे भी इसे देखेगी, भले ही मुझे उसे यहाँ बाहर बाँध कर रखना पड़े।

अब से चीज़ें बिलकुल बदल जाने वाली हैं, उसने सोने से पहले सोचा, अपनी बेञ्च पर किसी बच्चे की तरह सिकुड़े हुए।

मेरे लिए?

मन में ऐसा विचार आते ही उसके पूरे वुजूद में गुनगुनेपन का सैलाब-सा फैल गया।

7

वन-कुक्कुट माट्टिस की नींद में भी चला आया, और इसके लिए जिस किसी का शुक्रिया भी उसे अदा करना था, वह एक ग़ज़ब का सपना देखने लगा।

सबसे पहले एक अच्छा शकुन, इससे पहले कि वाक़ई कुछ नज़र आता :

'हम आ रहे हैं, हम आ रहे हैं,' कोई बोला।

'तुम वहाँ हो न?'

'हाँ, बिलकुल,' वह जवाब दे पाया।

'बहुत समय लग गया है, माट्टिस,' एक दोस्ताना आवाज़ ने कहा, 'लेकिन अब वह सब ख़त्म हो चुका है।'

और वह वाक़ई दिखने लगी। घर के ठीक ऊपर और दोनों ओर एक चमकदार किरणावली ऊँची और नीची, और एक ध्वनि जो बमुश्किल ही सुनायी दे रही थी—जैसे ध्वनियों को होना चाहिए। उसी क्षण घर बदल गया और पूरी तरह नया बन गया।

'लेकिन यह घर नहीं है जो सबसे ज़्यादा ज़रूरी चीज़ है,' वह बोला।

नहीं, और दूसरी चीज़ें भी नहीं, यह वह ख़ुद ही था। किरणें उसके आरपार हो चुकी थीं और वह काफ़ी बदल गया था। जब उसने अपनी दायीं बाज़ू को मोड़कर अपनी माँसपेशियों की जाँच की, तो इतना उभार था कि उसकी आस्तीन का ऊपरी हिस्सा फट गया। उसने अपनी मुलायम, सुडौल माँसपेशी को देखा और हँसने लगा।

'यह बेहतर है,' वह बोला।

'इतनी दमदार कि कुछ भी दब जायेगा,' उसने अपने आसपास एक पैनी नज़र डालते हुए कहा।

'तुम कहाँ हो?' वह चिल्लाया।

वे पेड़ों के झुरमुट में बैठे हँसने लगे।

'हम वहीं हैं जहाँ हम अक़्सर होते हैं।'

उसका घर असल में नया था और वह अपना प्रतिबिम्ब देखने खिड़कियों के पास

चला आया। अँधेरे काँच में दिखता हुआ शख़्स इतना सजीव था कि उसने कभी देखा ही नहीं था। वह स्वयं को हर कोण में देख रहा था, और सब छवियाँ उसे एक-सी भा रही थीं।

वह गर्व से चिल्लाया : 'तुम्हें कुछ दिखता भी है?'

'तुम्हें नहीं लगता हम देख सकते हैं,' झुरमुट से जवाब आया। 'हमें और कुछ तो दिख ही नहीं रहा।'

'ज़रा रुको तो,' वह बोला, लेकिन पूरी-की-पूरी गान-मण्डली जवाब देने लगी : 'रुकें? अब?'

'तुम क्या करने जा रहे हो, माट्टिस?'

'तैयार हो जाओ, माट्टिस!'

'तुम्हें नहीं लगता मैं हो रहा हूँ?' वह उनकी नकल करते हुए बोला।

उसने अपना सिर हिलाया और जैसे ही उसने ऐसा किया उसके भेजे में लड़कियों से कहने के लिए सही शब्द उमड़ आये। पहले की तरह मात्र निरीह-सी चिन्दियाँ नहीं। वह हँसने लगा और अपनी नयी ज़ुबान के साथ खेलने लगा, दो-एक ऐसे शब्द भी जोकि निर्लज्ज थे।

'क्यों! झुरमुट में छिपे हुए लोगो,' वह बोला। 'क्या तुम तैयार हो?'

'हम तैयार हैं,' वे बोले। 'तुम क्या चाहते हो कौन आये?'

'क्या तुम आओगी? तुम, जिसके बारे में मैं सोच रहा हूँ,' वह बोला, कमीज़ को अपनी बाजू पर कस जाने देता हुआ।

बड़े तनाव की घड़ी थी, लेकिन जवाब तुरन्त ही मिल गया : 'यही तो मैं करना चाहती हूँ।'

दूसरी आवाज़ें जैसे ज़मीन में ही दफ़्न हो गयी हों।

वो रही वह, अपने झुरमुट के सामने खड़ी हुई, अब वह छिपी हुई नहीं थी। उसने उसे कई बार अपनी कल्पना में देखा था, लेकिन फिर भी वह अलग ही थी। इसके बावजूद वह उसे पहचान गया था और ज़रा भी डर नहीं रहा था। वह सीधी उसके पास चली आयी, हल्की-सी ख़ुशबू में लिपटी हुई।

अभी नहीं छूना है उसे।

'कुछ करो,' वह बोला।

वह फ़ौरन समझ गयी।

'हाँ,' वह बोली, 'देखो।'

उसने अपनी बाज़ू लहरायी, और चहुँ ओर की हवा पक्षियों के गान से भर गयी।

'हाँ, और तुम वन-कुक्कुट की उड़ान में पैदा हुई थीं,' माट्टिस ने कहना शुरू किया, 'और बहुत समय से मेरी पूरी सोच तुम्हीं के पास है। अगर तुम्हें कुछ कहना है, तो फ़ौरन कह डालो।'

'कह?' वह बोली।

'हाँ।'

'नहीं, मैं और कुछ नहीं कहना चाहती।'

वह सीधे उसकी आँखों में झाँकने लगा। इसके साथ ही उसने अपनी बायीं बाज़ू को मोड़ा, अपनी आस्तीन को हल्की-सी चिरचिराहट से फटने देते हुए।

'चिन्ता की कोई बात नहीं है,' वह शान्ति से बोला। 'मेरे पास बहुत-सी कमीज़ें हैं।'

'और *यह बायीं* बाज़ू है?' उसने बड़ी हैरत से पूछा।

'हाँ,' वह बोला, बात को खारिज करता हुआ, 'दायीं तो कब की फट चुकी।'

वह और कुछ नहीं बोली, जो वह देख रही थी उसके सम्मोहन में शब्द उसका साथ नहीं दे रहे थे। यही तो चाहता था वह। उसकी सब इच्छाएँ पूरी हो रही थीं। और-तो-और वह सभी कुछ सही-सही कह पा रहा था।

'अब तुम वही करो जो तुम चाहती हो,' वह बोला। 'क्या ग़ज़ब हो तुम।'

वह फ़ौरन क़रीब सरक आयी।

'अब मैं ठीक से समझना शुरू कर रहा हूँ मैं इतने लम्बे समय तक प्रतीक्षा क्यों करता रहा,' उसने बात को आगे बढ़ाया।

वह पूरा समय चुप रही—क्योंकि एक राज़ था जिसे वह ज़ाहिर करना चाहती थी। किया उसने बस इतना ही कि वह क़रीब सरक आयी। उसने अपनी बाँह को लहराया भर ही था कि हवा चौतरफ़ पक्षियों के गान से भर उठी—अब वह अपना पूरा जिस्म हिला रही थी और वह उसके जादू से मुग्ध था।

वह पूरे जिस्म को हिला रही थी, और वह बता नहीं पा रहा था कि हो क्या रहा है। कुछ अनाम। वह और क़रीब सरकती चली आ रही थी, बस इतना ही। वह उसके पास थी, वन-कुक्कुट की उड़ान से जन्मी, वह उसी की हो गयी थी।

8

हमेशा की तरह हेगे की ही नींद पहले खुली। माट्टिस अच्छे से जग चुका था लेकिन वह बिस्तर में लेटा-लेटा अपने स्वप्न को पुनः जी रहा था। वह हेगे को अपने कमरे में चलते-फिरते सुन रहा था। फिर वह बाहर निकल आयी। माट्टिस ने तुरन्त दीवार की ओर मुँह फेर लिया सोने का बहाना करते हुए। गयी रात जैसे वे लोग जुदा हुए थे, यही करना सबसे महफ़ूज़ था।

हेगे रसोई में जाने से पहले क्षण भर के लिए उसके पास रुकी। तनावग्रस्त। लेकिन टल गया वह क्षण। वह फिर से चल दी। जल्दी ही उसे सुबह-सुबह की परिचित ध्वनियाँ सुनायी देने लगीं, कपों और चाकू-छुरियों की।

चीज़ें अब बदल जाने वाली हैं, माट्टिस ने सपनाते हुए सोचा। उसने अपने कपड़े ढूँढे और पहन लिये। अभी से उसे अलग महसूस हो रहा था, दो मज़बूत बाँहों का सहारा था उसे—वन-कुक्कुट और स्वप्न, उसके दोनों ओर। वह स्वयं को यह सुनने से रोक नहीं पा रहा था कि आज भी कुछ ख़ास घटने वाला है। कोई अनपेक्षित शब्द या कोई सुखद आश्चर्य उसकी प्रतीक्षा कर रहा हो सकता है—अब जबकि चीज़ें इतनी बदल चुकी थीं।

अभी नहीं। लेकिन आज का दिन अन्य दिनों जैसा नहीं होना चाहिए। उसे ख़ुद ही यह सुनिश्चित करना था।

'भोर की चिड़िया,' उसने हेगे को रसोई की दहलीज से सम्बोधित किया। उसे पुराने मुहावरे की याद हो आयी थी और सुबह की दुआ-सलाम की जगह उसने यही इस्तेमाल किया।

वह असमंजस में था। रात को हेगे की अन्तिम झलक बहुत उदास करने वाली थी। वह केवल यही सोच सकता था कि अगर वह दीवार की ओर मुँह फेरे रो रही है तो उसी से कोई भूल हुई होगी।

और इसके तुरन्त बाद *उसे* सपना आया था।

बहरहाल हेगे रात की नींद के बाद इससे उबर गयी होगी। वह खड़ी थी वहाँ, नन्ही और फुर्तीली, ब्रेड काटती हुई। ऐसा जान पड़ता था कि वह जानबूझ कर बेपरवाह और शान्त दिख रही थी ताकि रात की बातें सुलट जायें। भोर की चिड़िया वाले मुहावरे का उसने जवाब दिया : 'तुम अच्छे मूड में हो, नहीं?'

वह मन-ही-मन हँसा, लेकिन उसने जवाब दिया : 'क्या मतलब तुम्हारा?'

'क्यों, नहीं हो?'

'तुम्हें पता थोड़े ही है क्यों,' वह बोला।

पिछली रात के बारे में वह एक शब्द भी नहीं बोली। और फिर अचानक उसने हद कर दी : 'मुझे लगता है मुझे मालूम है। इसलिए कि तुम आज कुछ बड़ी चीज़ कर गुज़रने वाले हो, जैसा कि हमने कहा था। और मुझे यक़ीन है सुबह जल्दी उठने वाली चिड़िया कीड़ा पकड़ कर ही घर लौटेगी।'

उफ़ नहीं! वह तो भूल ही चुका था उसने जाकर काम ढूँढने का वादा किया था। लेकिन हेगे नहीं भूली थी, यह तो ज़ाहिर ही था। वह इस बात को नकार नहीं सकता था कि उसकी ख़ुशी पर एक साया-सा लहरा गया था।

'न, तुम ग़लत कह रही हो,' वह बोला।

'लेकिन क्या तुम—'

'अब यहाँ एक वन-कुक्कुट है,' उसने उसे टोका। वह कुछ इस तरह बोला मानो सिर्फ़ जानकारी दे रहा हो, बदले हुए हालात का ख़ुलासा करने की गर्ज़ से। ऐसा तो नहीं हो सकता था न कि वह फ़ार्मों के दुखद चक्कर लगाकर काम की पूछता रहे, जबकि इतनी सुखद चीज़ें हो रही थीं।

लेकिन हेगे पर इन बातों का कोई असर न हुआ।

'तो क्या हुआ?' वह बोली। 'इससे क्या फ़र्क पड़ता है कि कोई वन-कुक्कुट यहाँ है या नहीं?'

'मुझे ठीक से पता नहीं। क्या तुम पक्का कह सकती हो, *तुम्हें* भी पता नहीं है?' वह अब ज़्यादा निडर था, लेकिन इसका कोई फ़ायदा नहीं था।

'तुम नाश्ता कर लो,' हेगे बोली।

और उसने कर भी लिया। वह अभी तक अपने सपने में जी रहा था। उसे हेगे को बाद में समझाना पड़ेगा, उस अहम चीज़ के बारे में जो घट चुकी थी, और जिसे वह स्वीकार नहीं करना चाहती थी।

अचानक उसने अपनी चुप्पी तोड़ी : 'हम्म!' वह बोला और उसने अपने जूते के पञ्जे से फ़र्श पर तीन बार ठक-ठक की।

'क्या है?'

'*तुमसे* कुछ वास्ता नहीं है।'

'नहीं है?' हेगे बोली। 'ऐसा लगता है तुम कुछ कहने को मरे जा रहे हो।'

माट्टिस ने बिना कुछ कहे कई बार भोजन मुँह में डाला लेकिन वह स्वयं को रोक नहीं पाया।

'कितना विचित्र है कि लोग कैसी-कैसी बातों के सपने ले सकते हैं, अगर वे

चाहें तो,' वह बोला।

हेगे इस खेल में शामिल होने वाली नहीं थी।

'ओ, तो तुम सपना देखते रहे हो,' वह बोली, मानो पूरी चीज़ की कोई अहमियत ही न हो।

'हम्म!' माट्टिस फिर से बोला।

'तुम बता ही दो मुझे, वर्ना फूट ही पड़ोगे तुम,' उसकी प्रतिक्रिया से स्वप्न और भी स्पष्ट और वास्तविक हो उठा था। लगभग सच जान पड़ रहा था।

'तुम्हें बताऊँ मैंने क्या सपना देखा?'

हेगे ने हामी भरी।

'नहीं बता सकता,' उसने ईमानदारी से कहा और अपनी आँखें पूरी खोलकर हेगे की ओर देखने लगा।

'फिर तो कोई ख़ास सपना नहीं होगा,' हेगे ज़रा तुर्शी से बोली, उसके लिए वही पनीली-सी कॉफ़ी उँडेलती हुई जो वे हमेशा पिया करते थे। वह अभी से उसके पास से हट रही थी।

माट्टिस बोला : 'शालीन लोग उस चीज़ के बारे में बात नहीं करते जिसका सपना मैंने देखा है। तो अब तुम जान गयी हो।'

'ओह?'

'पूछते जाने का क्या फ़ायदा। अब तो तुम अन्दाज़ा लगा सकती हो।'

उसे तनिक भी और जिज्ञासा नहीं हुई, पूरे प्रसंग पर मानो ठण्डा पानी उँडेल दिया हो उसने : 'बहरहाल तुम ख़ुद को इस तथ्य से तसल्ली दे सकते हो कि सपने हमेशा उलट निकलते हैं। जो सपना तुम देखते हो उसका विपरीत ही सच निकलता है।'

'क्या?' वह गरजा। उसके शब्दों से वह काँप उठा था। ऐसा जान पड़ा उसे जैसे वह उसे आहत करना चाहती हो। लेकिन उसे नहीं पता था वह किस चीज़ की बात कर रही है, और बात यही थी। 'तुम्हें शायद ही पता हो तुमने कितनी बुरी बात की है,' वह भयभीत होकर बोला और उसने और खाने से मना कर दिया। वह इतने झटके से उठा कि मेज़ का ऊपरी हिस्सा ही उखड़ गया—इतना कसा बैठा था वह। वह पनीली-सी कॉफ़ी पूरी जगह फैल गयी और एक कप भी फूट गया।

'कितनी गन्दगी फैला दी तुमने, माट्टिस।'

'भला ग़लती किसकी है?'

वह बेशक समझ चुकी होगी कि कैसे उसने सब मज़ा किरकिरा कर दिया है।

'लेकिन मैं तुम्हें अपना मज़ा किरकिरा नहीं करने दूँगा,' वह बोला।

'अब शान्त हो जाओ, माट्टिस।'

उसने ख़ुद को सम्भाला :

'नहीं, कोई फ़र्क नहीं पड़ता क्योंकि अब से चीज़ें बिलकुल बदल जाने वाली हैं। कल रात से ही शुरुआत हुई है।'

हेगे को याद आया वह रात में कितनी गुस्सा गयी थी और उसे इस बात का अफ़सोस हुआ।

'मैं किसी शाम *आऊँगी* तुम्हारे साथ वन-कुक्कुट को देखने। बस तुम इस बात को दोहराते मत रहना।'

'जैसा पहली बार हुआ था वैसा तो कभी नहीं होगा।'

हेगे ने बात को आगे नहीं बढ़ाया, मेज़ से चीज़ें हटाकर और अधूरे स्वेटर को उठा लिया। इस बीच वह माट्टिस पर नज़र रखे रही यह देखने के लिए कि वह क्या करने वाला है। माट्टिस को उसकी नज़र महसूस हो रही थी और उसने चिढ़ी हुई आवाज़ में पूछा : 'तो अब क्या है?'

'मैं देखना चाहती हूँ कि तुम किसी फ़ार्म पर जा भी रहे हो या नहीं, जैसा कि तुमने कहा था।'

ज़रा भी रहम नहीं था उसमें।

'लेकिन वन-कुक्कुट—'

हेगे ने सख़्ती से काम लिया।

'वन-कुक्कुट, परिन्दे, भला यह कहाँ का बहाना हुआ? तुमने कहा था तुम जाओगे, और अब तुम्हें जाना ही चाहिए।'

माट्टिस एकदम डर गया। इस बार हेगे ने ज़रूर पक्का फ़ैसला कर लिया होगा, ज़िद्दी जो ठहरी वह। क्या वह अब भी समझ नहीं पा रही थी इस बात से कितना कष्ट हो रहा था उसे। अपनी कुर्सी की सुरक्षा से उठकर वह बेचैनी से पूछने लगाः 'वन-कुक्कुट के बाद क्या चीज़ें यहाँ ऐसी होने जा रही हैं?'

'हमें कभी हार नहीं माननी चाहिए,' हेगे बोली, 'मैंने हज़ार बार कहा है तुमसे।'

'तुम्हारे लिए बात करना आसान है।'

वह सोच में पड़ गया, कुछ देर के लिए।

'मेरी माँसपेशियाँ इतनी बड़ी क्यों नहीं हैं कि मेरी कमीज़ को फाड़ दें?' वह बोला और उसकी आवाज़ बुलन्द और कर्कश थी।

हेगे ने कोई जवाब नहीं दिया।

'तुम तो कभी पूछती भी नहीं मुझसे!' वह रोमाञ्च से भरा बोलता रहा।

'किस चीज़ के बारे में?'

'जिन चीज़ों के बारे में लोग *बात नहीं* किया करते।'

हेगे की आवाज़ तल्ख़ थी : 'बस करो अब।'

वे दोनों ऐसे प्रसंगों को छेड़ बैठे थे जो उन दोनों के लिए असहज थे।

'क्या मैं कल तक रुक सकता हूँ?' उसने पूछा, उन अपमानजनक चक्करों का हवाला देते हुए जो उसे किसी फ़ार्म पर काम ढूँढने की गर्ज़ से लगाने पड़ते थे। वह अक्सर उसके लिए अच्छी बहन साबित होती थी—लेकिन अब उसे ज़्यादा आसानी से ग़ुस्सा आ जाता है।

'आज *आज* है, तुम जानती हो।'

'अच्छा ठीक है, तो सौदा पक्का रहा,' हेगे बोली।

9

आज आज था।

माट्टिस इधर-उधर टहल रहा था।

सपने में तीन चीज़ें थीं, उसने मन-ही-मन सोचा।

मैं तीन तरह से अलग था।

गर्मी की इस सुहानी सुबह के गुनगुनेपन में वह टहल रहा था। हेगे शायद अन्दर बैठी कुढ़ रही थी क्योंकि उसने जाकर काम ढूँढने से मना कर दिया था। बहरहाल माट्टिस के पास कोई चारा नहीं था। हाल की घटनाएँ बहुत क़रीब थीं और बहुत अहम। वह प्यारी सुगन्धों और ताज़ा मन्द बयारों से घिरा हुआ था।

तीन बड़े बदलाव। आज की सुबह वे फिर ग़ायब थे, इसमें कोई शक ही नहीं था। उसके पास इस सब की स्मृति-भर शेष थी, उसके नीचे सारंगी के तारों-सी काँपती हुई। कुछ ऐसा था मानो नीचे की ज़मीन पर पड़ी तारों में से किसी एक पर पाँव पड़ गया हो उसका, और एक ध्वनि फूट निकली हो, जादुई, वास्तविक और सच।

तीन अलग-अलग तरह से अलग—लेकिन आज आज था। कितना अजीब था कि हेगे इतना कम समझती थी, उसने सोचा, और वह उतर कर झील की ओर चल पड़ा।

वहाँ खड़ा-खड़ा वह झील में पत्थर फेंकने लगा किसी बच्चे की तरह। झील एकदम निस्पन्द थी, मछलियाँ पकड़ने की कोशिश करना बेकार था, इसलिए वह अपनी पुरानी खूसट नाव को आराम से वहीं पड़ी रहने दे सकता था।

तीन चीज़ें। वे उसके आसपास ही कहीं थीं, कल रात तक वह उनसे एकाकार था। वे सभी चीज़ें जो उसे ख़ुद में अलग चाहिए थीं, बाक़ायदा अलग थीं।

वह वहाँ खड़ा-खड़ा झील में पत्थर फेंकता रहा, आँखों में कुछ चमकीला और कहीं दूर देखता हुआ भाव लिए, भारी पत्थर छप-छप करते गिर रहे थे।

'माट्टिस! खाना!' हेगे ने उसे कॉटेज से आवाज़ लगायी। घर में रहती औरत की धीरज बँधाती हुई आवाज़।

वे तीनों चीज़ें चौंक गयीं।

हेगे को चिल्लाकर कहने की क़तई ज़रूरत नहीं थी 'जल्दी आओ!' माट्टिस खाने के लिए पहुँचने में देरी कहाँ करता था। वह फुर्ती से ढलान पार करता हुआ खाने की मेज़ पर आ बैठा।

'जब तक खा सकते हो तुम, बेहतर है खाते रहो,' हेगे बोली, थाली को उसकी ओर सरकाती हुई। माट्टिस अच्छे से जानता था उसके इस लहजे का सम्बन्ध इस बात से था कि माट्टिस ने काम पर जाने से मना कर दिया था। इसीलिए वह उससे इस ढंग से बात कर रही थी।

'अगर कोई तीन तरह से बदल चुका हो,' वह खाना खाते हुए बोला।

'तीन तरह से कैसे?'

'उस सिलसिले में जिसका ज़िक्र मैंने तुमसे नहीं किया। और लड़कियों के साथ और—'

'ठीक है, लेकिन खाना ख़त्म करो।'

'तुम हमेशा वैसी ही रहती हो जैसी तुम हो,' वह झगड़ालू स्वर में बोला। 'तुम ज़रा भी नहीं समझतीं।'

'हाँ,' हेगे बोली, 'पर तुम कल तो चक्कर लगाओगे न?'

वह कितनी विचित्र और अड़ियल है, उसने सोचा, लेकिन फिर खाना तो इसी तरह मिलने वाला था।

'अगर मैंने कहा है मैं करूँगा ही,' उसने जवाब दिया, बेसहारा रह जाने की सोच से काँपता हुआ, कार्य-कुशल कामगार लोगों की नज़रों के सामने।

हेगे अपना स्वेटर बुन रही थी, सो बुनती रही। माट्टिस ने लगभग याचना करते हुए पूछा : 'जब शाम के समय वह पक्षी लौटकर आयेगा, तुम देखोगी? आज सुबह तो तुमने कहा था तुम कभी देखोगी।'

'आज शाम नहीं, बहुत देर तक जगना पड़ता है।'

'लेकिन तुमने तो कहा था—'

'इससे बेहतर है मैं कुछ नींद ले लूँ,' हेगे ने दृढ़ स्वर में कहा।

'लेकिन मान लो तुम कभी सोकर उठो ही न!' माट्टिस कर्कश आवाज़ में बोला। 'फिर तो तुम्हें बड़ा अफ़सोस होगा।'

वह चौंक गयी। उसके शब्दों का कुछ ऐसा प्रभाव पड़ा कि वह समझ ही नहीं पाया था।

'बस करो, माट्टिस,' वह चिल्लायी।

वह भाग खड़ा हुआ। उसने हेगे को पीछे से कुछ कहते हुए सुना, लेकिन वह सहमा हुआ चुपचाप दरवाज़े से बाहर निकल गया।

उस शाम वह सीढ़ियों पर बैठा रहा, बेचैन, घबराहट में अपनी उंगलियाँ चटकाता हुआ। हेगे जोखिम उठाकर सोने चली गयी थी।

पक्षी के आने का समय हो चुका था।

उसकी पुकार, और फिर पंख भी आये, असहाय फड़फड़ाते तेज़-तेज़ बजते हुए।

पंख रात की सुकोमल हवा में बहुत ऊपर थे, लेकिन मानो इसके साथ-साथ उन्होंने माट्टिस के हृदय को बीचों-बीच जाकर छू लिया हो। अज्ञेय अनुभूति का मृदुल, अँधकारमय स्पर्श। उसके पूरे वुजूद में फैल गया वह। मैं और वन-कुक्कुट, एक तरह से, उसके विचारों की धुँधली शृँखला प्रवाह में आ गयी।

अपनी ख़ुशी में उसने वादा किया : कल मैं चला जाऊँगा जैसी हेगे की मर्ज़ी है, बशर्ते बिजली न कड़के। बिजली तो बिजली है। तब मैं नहीं जाऊँगा—बहरहाल वह जानती ही है।

वह चाहता था वन-कुक्कुट दो बार और उड़ान भरे इससे पहले कि वह अपने कमरे में फैले हुए ग्रीष्म-रात्रि के गुनगुनेपन और अर्ध-प्रकाश में सोने चला जाये। लेकिन अगर वह यह उम्मीद लगाये बैठा था कि *स्वप्न* दोबारा आयेगा, तो वह निराश

होने वाला था। लड़कियों से भरे हुए झुरमुट का तो नामो-निशान तक नहीं था।

10

ऐस्प के वे दो वृक्ष, माट्टिस और हेगे, सुबह के सूर्य और गहरे नीले आसमान की ओर इशारा किये खड़े थे। माट्टिस उनके पास से होता हुआ सड़क पर निकल आया। वह अपने ओंठों को सख़्ती से भींचे हुए चल रहा था। वन-कुक्कुट आया ही क्यों था भला अगर सभी कुछ पहले जैसा ही रहने वाला था? क्या सबसे अच्छा यही नहीं था कि वह प्रतीक्षा करे, देखे कि कुछ होता भी है भला? न, हेगे ने कहा था।

अब वह इतना उत्सुक भी नहीं था जितना कल रात पक्षी से साक्षात्कार के बाद।

अगर हेगे अलग तरह की शख़्स होती तो वह उसे इस व्यर्थ के चक्कर में न डालती, वह जान जाती उसे यह नहीं करना चाहिए। लेकिन हेगे कभी नहीं बदलेगी। शायद ज़रूरत भी नहीं है, एक तरह से।

वह चलता चला गया।

जैसे ही वह जंगल से निकला फ़ार्मों का एक बड़ा-सा समूह उसके सामने पसरा था। लगभग हरेक फ़ार्म से उसकी असफलता की एक स्मृति जुड़ी हुई थी।

सड़क पर अभी से आवाजाही शुरू हो चुकी थी। हमेशा की तरह कारें लोगों को किनारे किये दे रही थीं। किनारे हवा में उछली धूल से धूसर पड़ चुके थे।

माट्टिस कभी-कभी इस सड़क पर चलता रहा करता, तब भी जब वह काम की तलाश में नहीं होता था। कभी-कभी हेगे उसे कुछ पैसा देकर पंसारी से कुछ खाने का सामान लाने या फिर उसके हाथ अपना पूरा किया कोई स्वेटर देकर भेज दिया करती।

फ़ार्मों पर लोग दिन का काम बस शुरू ही कर रहे थे। माट्टिस ने उन्हें अपने चारों तरफ़ पाया। गर्मी के पहले-पहले काम-काज, ज़्यादातर खरपतवार की निंदाई। वे हट्टे-कट्टे और कुशल दिखायी दे रहे थे, काम में ऐसे जुटे थे मानो यह सब जीने और साँस लेने जैसा सहज हो। कुछ सुबह-सुबह की पाइप सुड़क रहे थे, दूसरे अपने मुँह का उपयोग सीटी बजाने के लिए कर रहे थे, और कुछ लोग बस अपनी बाँहें भर झुला रहा थे।

क्या वह सीधा जाकर उनसे पूछ ले? सबसे पास वाले फ़ार्म पर? बेहतर होगा

वह ऐसा न करे। वे यह बहाना बनाकर शर्मिन्दा महसूस करेंगे कि आज काम देना सुविधाजनक नहीं होगा। वह बिना रुके एक से दूसरे फ़ार्म की ओर चलता रहा। वह कल्पना कर रहा था कि लोग उसे आगे निकलते और उसकी पीठ ओझल होती हुई देखकर चैन की साँस ले रहे हैं।

लेकिन उन्हें तो ऐसा सपना नहीं आया होगा न जैसा मुझे। और इस विचार से वह खिल उठा।

उसे कई शर्मनाक घटनाएँ याद आ रही थीं, जो कुछ दूसरी घटनाओं से अधिक ही शर्मनाक थीं। जिन आदमियों के पास से वह गुज़र रहा था वही लोग थे जिनके साथ उसने कभी काम करने की कोशिश की थी और इसकी स्मृति-मात्र से वह अपनी आँखें ज़मीन पर गड़ाये चल रहा था। जिनसे भी वह मिलता वे तेज़ी से खिसक जाते—मानो उनकी अन्तिम मुलाक़ात दोनों ही भूलना चाहते हों।

आज भी वैसा ही होने जा रहा है। हेगे अच्छे से जानती है, और मैं भी। मैं यहीं से मुड़कर वापिस चला जाता हूँ, उसने सोचा। मैं इन फ़ार्मों में जा ही नहीं सकता जहाँ सब लोग मुझे पहले से जानते हैं।

लेकिन अजीब बात तो यह थी कि जैसे ही उसे यह ख़याल आया उसने ठीक इससे उलट किया। वह बड़ी सड़क छोड़कर सीधे एक फ़ार्म में चला आया। उसे क्या हो गया था? उसके मन में एक स्मृति कौंध आयी थी। एक छोटी-सी घटना याद हो आयी जिसकी परिणति शर्मनाक नहीं थी, जो इसी फ़ार्म पर घटी थी।

क्या पता यहाँ आज भी उसे कुछ ऐसा करने को मिल जाये जिससे उसका कुछ हौसला बुलन्द हो।

माट्टिस को उस फ़ार्म का मालिक घर के कोने पर ही मिल गया। वह एक युवक और एक लड़की के साथ था और वे सब अपने-अपने हाथ में एक हल्की-सी खुरपी लिये खड़े थे, शलग़म के खेत की ओर निकलने को तैयार। माट्टिस ने उनकी ओर तब तक नहीं देखा जब तक कि वह उनके बहुत पास नहीं आ गया, और तब उसका चेहरा उनके सामने अचानक कुछ इस तरह प्रकट हुआ जैसे वह किसी शून्य से उभर आया हो।

'गुड-मॉर्निंग—क्या कुछ काम-वाम की गुंजाइश है यहाँ?' उसने फ़ौरन पूछ लिया, और उसकी चिन्तातुर आँखें किसान के चेहरे का मुआयना करने लगीं। वह

किसी भी सूरत में ख़ुद को दोबारा सोचने का मौका नहीं देना चाहता था। उसने अपने लिए कुछ यूँ सरकते हुए रास्ता बनाया कि दोनों नौजवान लोग उसकी पीठ पीछे छिप गये।

उसे आश्चर्य हुआ कि किसान का जवाब भी तपाक से आया; उसे भी दोबारा सोचने का मौका नहीं मिला था।

'हाँ, अगर तुम शलग़मों की छंटाई कर सकते हो तो।'

माट्टिस का मुँह हल्का-सा खुला, फिर उसकी बाछें खिल गयीं।

'जैसा मैंने सोचा था,' वह बोला। 'अगर चीज़ें पहले से भिन्न हैं, वे ऐसे ही तो होंगी।'

'क्या मतलब तुम्हारा?'

'ओह कुछ भी तो,' माट्टिस ने कहा। 'कुछ ऐसा जो आज के दिन मेरे लिए बिलकुल अलग है। लेकिन यह कुछ ऐसा है जिसके बारे में आप कुछ नहीं जानते।'

लड़की और युवक भी सरक कर आगे आ चुके थे, और माट्टिस अब उनके पीछे था। वे आपस में कुछ इस तरह निगाहें मिलाने लगे कि माट्टिस अच्छे से समझ रहा था, और जो उसके ख़ुद के लिए कोई अच्छा संकेत नहीं था।

'इसका वास्ता एक वन-कुक्कुट की उड़ान से है,' माट्टिस ने घबराकर जल्दी से जवाब दिया।

'वन-कुक्कुट की उड़ान?'

'हाँ, क्या आप नहीं जानते वह क्या चीज़ है?' माट्टिस ने बेहतर महसूस करते हुए पूछा।

अब निश्चित ही वह किसान समझ चुका था उसके सामने खड़ा शख़्स कौन है, लेकिन अब बहुत देर हो चुकी थी, वह अपना वादा तोड़ नहीं सकता था।

'मैंने वन-कुक्कुटों के बारे में सुन रखा है,' वह बोला। 'लेकिन तुम तो शलग़मों के खेत को आज़माना चाहते थे न? हम तुम्हारे लिए भी एक खुरपी ढूँढ लेते हैं—तब हम देखेंगे कौन सबसे जल्दी बीनकर लाता है शलग़म।'

किसान को लगा उसे यह आख़िरी बात जोड़ ही देनी चाहिए, वह शायद ख़ुद को रोक नहीं पाया।

माट्टिस संवेदनशील था, और उस पर इस बात का असर हुआ।

'हाँ, शायद हम यह भी देख सकते हैं कि कौन सबसे ज़्यादा तेज़ दौड़ता है,' उसने फीकी हँसी हँसते हुए कहा। लगभग इसे सचमुच की हँसी जैसा स्वर देने में

उसे सफलता भी मिली।

किसान थोड़ा हैरान हुआ, पर फ़ौरन हँसी में शामिल हो गया।

'तुम्हारा मतलब है हम यह देखें कि कौन सबसे पहले शलग़मों के पास पहुँचता है?'

वे दोनों हँस रहे थे, एक-दूसरे को मात देने की कोशिश में।

'लेकिन मुझे उम्मीद है, शुरू करने से पहले तुम कुछ खाना पसन्द करोगे?' किसान ने मज़ाक बन्द करते हुए पूछा।

माट्टिस ने सिर हिला दिया।

'हमारे घर में खाने को बहुत है, शुक्रिया।'

कितना अच्छा है कि वह ऐसी चीज़ कह सकता है, उसे लगा।

काम करने का समय हो चुका था। माट्टिस को भी एक खुरपी पकड़ा दी गयी और वे सब-के-सब शलग़मों के खेत की ओर चलने लगे। भयंकर बड़ा खेत था वह, माट्टिस ने सोचा, दूसरा छोर दिख तक नहीं रहा था, एक वनैले टुकड़े से होता हुआ वह आँख से ओझल हो रहा था।

माट्टिस किसान की ओर मुड़कर रूठे हुए स्वर में बोला : 'इतने शलग़म उगाने का क्या फ़ायदा?'

वह वहाँ खड़ा रहा रोष और असमंजस से भरा।

'क्या, अभी से? अभी तो हमने काम शुरू भी नहीं किया?' किसान बोला। ये शब्द एकदम बेमानी थे, लेकिन माट्टिस के लिए एकदम स्पष्ट, और उसने अपना सिर झुका लिया।

'क्या मैं ये वाले करूँ?' उसने जल्दी से विषय बदलते हुए पूछा। उसने अपने पाँव के सामने वाली शलग़म की कतार की ओर इशारा किया।

किसान ने हामी भरी।

'मुझे लगता है तुम पहले भी यह काम कर चुके हो, माट्टिस, इसलिए मुझे उम्मीद है तुम्हें मालूम है पौधों के बीच कितनी जगह छोड़नी है ताकि वे ठीक से उग सकें।'

किसान को बेशक ऐसा लगा होगा कि उसे यह बात कह ही देनी चाहिए क्योंकि पौधों में ठीक फ़ासला रखना एक अहम काम था जिससे पैदावार प्रभावित होगी, और उसे अपनी मेहनत का फल मिलेगा।

'क्या ऐसा हो सकता है मैं चालीस का होने वाला होऊँ और ऐसी चीज़ मुझे मालूम न हो?' माट्टिस बोला। 'केवल तीन साल की कसर है,' उसने बात आगे बढ़ायी। ऐसी परिस्थिति में आपको दृढ़ता से काम लेना होता है। उसे अपने जवाब

पर फ़ख्र महसूस हुआ।

'सो तो ठीक है,' किसान ने जवाब दिया, 'लेकिन मेरा सवाल था कि *तुम्हें* क्या बताया गया है कितनी जगह छोड़नी चाहिए। क्या तुम मुझे दिखाना चाहोगे?'

माट्टिस ने जैसा बन पड़ा, आनन-फानन में इशारा करके बताया।

'नहीं,' किसान बोला, 'तुमने किसी ऐसे व्यक्ति से सीखा होगा जिसे इस चीज़ की कोई ख़ास जानकारी नहीं है। देखो, *ऐसे* करना है यह।'

माट्टिस ने एक बार फिर सिर झुका लिया।

युवक और लड़की ने नज़रें मिलायीं। उन्होंने कुछ ऐसा इन्तज़ाम किया था कि वे दोनों साथ-साथ काम कर सकें। माट्टिस को किसान और लड़की के बीच की दो कतारें मिलीं, जिससे उसे बहुत सन्तोष हुआ।

'एक दो तीन, शुरू करो!' नौजवान चिल्लाया। 'दूसरे छोर पर कौन सबसे पहले पहुँचेगा?'

उसने लड़की की ओर देखा और हँस दिया। उन दोनों को एक-दूसरे की ओर देखकर मुस्कराना अच्छा लगता था, और एक-दूसरे की आँखों में झाँकना। माट्टिस ने जैसे ही इस बात पर ग़ौर किया, उसे शक हो गया।

लेकिन अब तो बस शुरू करने की देरी भर थी। माट्टिस ने दूसरों की नकल करने की कोशिश की, और वह उनकी तरह ही फुर्ती से हाथ चलाना चाहता था। हर जगह खरपतवार थी, हलरेखा के दोनों ओर और ऊपर के शलग़मों के बीच। अब उन्हें उखाड़कर सूरज की मार के सहारे छोड़ देना था। शलग़म भी सटकर लगे हुए थे, इसलिए बहुतों को उखाड़ना ज़रूरी था। माट्टिस को यह सब फुर्ती और सफ़ाई से करना था, खुरपी के साथ, और जहाँ उन तक पहुँचना कठिन था, अपने हाथों से खोद निकालना था।

वह घबरा गया था। उससे बना ही नहीं।

जल्दी ही वही पुरानी कहानी दोहरायी जाने वाली थी, काम करते-करते उसके विचारों पर उसका कोई बस नहीं रहता और उसकी कार्य-क्षमता मन्द पड़ जाती।

जैसे ही उसने इस सब के बारे में सोचा वही सब हो गुज़रा; उसकी उँगलियाँ गड़बड़ा गयीं, जो वह करना चाहता था उससे उलट होने लगा, और उसकी गति धीमी पड़ने लगी।

उसके बायीं ओर किसी ने अपना गला साफ़ किया। किसान ख़ुद था, नन्हे शलग़मों पर झुका हुआ, बड़े प्यार से छंटनी करता हुआ।

माट्टिस तुरन्त सम्भल गया। ज़रूरी नहीं कुछ मतलब रहा हो। कभी-कभी लोग बेवजह भी अपना गला साफ़ करते हैं।

लेकिन माट्टिस की घबराहट बढ़ती गयी, उसकी उँगलियाँ पौधों में उलटी-सीधी पड़ रही थीं और उससे ग़लत पौधे उखड़ते चले जा रहे थे। खुरपी उसके हाथ में सही काम नहीं कर रही थी, बड़ी सख़्त थी।

'मुझे इस खुरपी की आदत नहीं है,' उसने किसान से कहा, 'हैंडल बहुत लम्बा है।'

'मैं तो फिर रहने देता इसे,' किसान बोला, 'बेहतर है तुम अपनी उँगलियों से ही करो। उँगलियों से तुम काम भी अच्छे से कर पाओगे।'

'कितना अच्छा बता दिया आपने,' माट्टिस ने दिल से महसूस करते हुए कहा। उसे किसान के शब्दों से दोस्ताना सहारा मिला, सहारा जो उसे दो नौजवानों से टकराने के लिए ज़रूरी लगता था।

पहले कुछ गज़ तो वह युवक और लड़की के बराबर काम कर पा रहा था। उसके पास छँटाई करने के लिए दस उँगलियाँ जो थीं। वे दोनों एक-सी रफ़्तार बनाये रखने में दक्ष थे। वे तो कड़ी मेहनत के बावजूद मज़ा भी ले रहे थे। माट्टिस को कुछ देर पहले ही एहसास हुआ था कि वे दोनों एक-दूसरे से प्रेम करते थे। दुःख की बात थी, लेकिन देखने में मज़ा भी था, और रोमाञ्च भी। माट्टिस को याद नहीं पड़ता था इससे पहले वह किसी जोड़े के इतने क़रीब रहा हो।

लड़की उचक कर माट्टिस को ख़ुशी-भरी आँखों से देख रही थी। माट्टिस को तो *उससे घबराने की कोई ज़रूरत ही नहीं थी* । उसकी निगाहें तो अपने पास वाले युवक के लिए प्रेम से छलक रही थीं। वह तो उसकी हर बात पर हँस रही थी। आख़िरकार वह माट्टिस की ओर मुड़ी जो बड़ी चिन्ता से प्रतीक्षा कर रहा था। वह एक ऐसे सुख से भर उठा जिसके लिए कोई शब्द नहीं थे। एक लड़की का गोल, हँसता हुआ चेहरा उसकी ओर देखता हुआ ख़ुशी से दमक रहा था।

'कितना अच्छा हुआ तुम भी चले आये,' वह बोली, 'इस नामुराद खेत से निपटने कुछ तो ज़्यादा लोग हुए।' ऐसा लगता था यह बात वह मन से कह रही थी। और माट्टिस उसके कहे हर शब्द पर विश्वास करना चाहता था। हिम्मत बटोरने की गर्ज़ से। उसका डर जाता रहा, और उस लड़की का शुक्रिया अदा करने और उसे ख़ुश कर देने की कोशिश में उसने तुरुप का पत्ता चल दिया : 'क्या तुमने कभी वन-कुक्कुट की उड़ान के बारे में सुना है?' उसने लड़की से पूछा। जिन कतारों में वे थे वे इतनी सटी हुई थीं कि वह चुपचाप, गोपनीय ढंग से अपनी बात कह पाया।

उसने फ़ौरन और बिना सोचे हुए जवाब दिया : 'बिलकुल सुना है। लेकिन बात क्या है?'

'ओह, कुछ नहीं।'

जो विचार माट्टिस के मन में सबसे अधिक घर कर गया था वह यह था : मैं एक लड़की से बात कर रहा हूँ। और शायद यह सिर्फ़ शुरुआत है।

'लेकिन मुझे नहीं लगता कि कभी *तुम्हारे* घर के ठीक ऊपर से कोई वन-कुक्कुट उड़कर गया होगा?' एक बार उसके पाँव के नीचे की ज़मीन पक्की हुई कि वह बोलता चला गया।

लड़की ने सिर हिला दिया। साथ-साथ वह निंदाई भी करती चली जा रही थी, एक बार में मुट्ठी-भर उखाड़ जलते सूरज़ की मार में मुरझाने को फेंक देती हुई। माट्टिस से जितना अच्छा बन पड़ रहा था, वह काम कर रहा था, लड़की की कतार के पास वाली कतार में। बीच-बीच में वे लोग बात कर रहे थे।

'मुझे नहीं लगता कि वन-कुक्कुट कभी तुम्हारे घर के ठीक ऊपर से भी उड़ा होगा,' वह मासूमियत से बोली।

'कौन जाने,' माट्टिस बोला।

मन-ही-मन वह रोमाञ्च से भर उठा था।

'बहरहाल,' लड़की लापरवाही से बोली, उसका ध्यान निंदाई और अपने दूसरी ओर काम कर रहे नौजवान के बीच बंट गया।

इसके बाद इस बारे में और कोई बात नहीं हुई। माट्टिस को लगा वह इस बात का ज़िक्र बड़ी चतुराई से करने में सफल हुआ है। उसे यह लड़की पसन्द थी—लेकिन वह अपने प्रेमी के साथ थी, इसलिए उसे उससे ज़्यादा बात नहीं करनी चाहिए। उसे मालूम था ऐसी चीज़ों के नियम काफ़ी कड़े हुआ करते हैं। बस दो-एक शब्द ही और, तब बस कर देगा वह।

'मैं—' उसने शुरू किया, लेकिन वह उससे सम्पर्क नहीं बना पाया। अब वह नौजवान हाज़िर था, और उसकी नंगी टाँग पर चिकोटी काट रहा था। माट्टिस से तो वह फ़ौरन छिन ही चुकी थी। मानो उसके इस ओर कोई हो ही नहीं।

बहरहाल, सपने से तो कुछ अलग ही निकला सब, उसने ख़ुद से कहा। लेकिन अच्छा ही है इससे कुछ निकला-विकला नहीं, हालात तो जैसे थे, सो थे।

सबसे बुरी बात तो यह थी कि यह सब सोचने में उसका काफ़ी वक्त बर्बाद हुआ। युवा दम्पति अब उससे आगे निकल चुका था। कुछ ही समय में वे लोग उससे

काफ़ी आगे निकल गये, बस उनकी पीठ-भर ही दिख रही थी उसे। वह फिर चौंका : किसान *तीन* कतारें कर रहा था। शुरू-शुरू में वह नौजवान लोगों की तरह ही तो कर रहा था।

'आप तीन कतारें कैसे कर पा रहे हैं?' माट्टिस ने बरबस पूछ लिया।

'ऐसा है,' किसान संकोच में बोला, 'इस तरह हमारे लिए साथ-साथ रह पाना ज़्यादा आसान है—कम-से-कम यह *एक* तरीक़ा है ऐसा करने का,' वह बोला, बिच्छू-बूटियों के और ढेर उखाड़ता हुआ।

माट्टिस ने मामले पर और अधिक ग़ौर नहीं किया, लेकिन वह किसान के पास सरक आया और लगभग फुसफुसा कर पूछने लगा : 'मुझे लगता है वे दोनों प्रेम करते हैं एक-दूसरे से। कम-से-कम ऐसा लगता है।'

किसान ने हामी भरी।

'शायद आप पहले से ही जानते हैं?'

'हाँ,' किसान बोला, 'इसीलिए तो मैं उन्हें लाया था,' उसने आँख मारते हुए माट्टिस को समझाया। उसने भी अपनी आवाज़ धीमी कर ली : 'शलग़मों की छंटनी के लिए सबसे अच्छे लोग वही हैं। उन्हें इस बात का ध्यान नहीं है कि यह काम कितना उबाऊ और बोझिल है। तुम और मुझ जैसे लोगों की बात और है।'

कितना समझदार आदमी था वह। माट्टिस को उसके पास रहने में लगभग डर लगने लगा—हालाँकि उसे एहसास था कि आज के दिन किसान उसके प्रति दयालु था, और पूरा समय दोस्ताना बर्ताव कर रहा था। न, वह डरा हुआ नहीं था, वह इस आदमी से बात कर सकता था, और अच्छे-से समझता था कि वह काम कितना उबाऊ और बोझिल महसूस हो सकता है।

'हाँ,' वह बोला, '*हम* जानते हैं कि शलग़मों की छंटनी करने का सही अर्थ क्या है।'

'अभी तो नहीं जानते,' किसान ने सख़्ती से कहा। 'ऐसा तो नहीं है न कि हम अभी से थक गये हों? अभी-अभी शुरू करके?'

एक बार फिर माट्टिस को अपना सिर झुका लेना पड़ा।

'नहीं, बिलकुल नहीं,' वह बोला।

हालाँकि किसान तीन-तीन कतारें कर रहा था वह जल्दी ही आगे बढ़ गया। फिर उसने दोबारा दो-दो कतारें करना शुरू कर दीं जोकि ठीक ही था। इसके बाद माट्टिस से दूर निकल जाने में उसे ज़्यादा वक़्त नहीं लगा।

माट्टिस ने लाचार होकर, हाँक लगायी : 'क्या आप मुझे पीछे छोड़े दे रहे हैं?'

'शायद मुझे ऐसा करना ही पड़ेगा,' किसान बोला। 'जितनी जल्दी हो सके, तुम्हें फ़ासला कम करने की कोशिश करनी होगी।'

'लेकिन आप देख ही रहे हैं मैं कितनी मेहनत कर रहा हूँ।'

'हम्म,' किसान एक जंगली बूटी पर झुकते हुए बोला।

और माट्टिस अकेला पड़ गया। हम्म, यही अन्तिम बात कही थी किसान ने। वह इसका क्या अर्थ लगाता? माट्टिस एक बार फिर घबरा गया, विचार और क्रिया में जो गड़बड़-झाला रहा करता था, वह और बढ़ गया था। उसकी कतारें पिछड़ती चली गयीं जैसे कोई लम्बी दुम। आलसी दुम, जैसे उसने लोगों को कहते हुए सुना था। यह आलसी दुम नहीं है, वह ख़ुद से बोला, इससे तेज़ मैं काम कर ही नहीं सकता।

लेकिन दुम तो बराबर लटक रही थी, और माट्टिस जैसे शख़्स के लिए जो हर चीज़ को लेकर इस क़दर संवेदनशील था, यह बेइज़्ज़ती दर्दनाक ढंग से ज़ाहिर हो चुकी थी। उसकी कतारें चमकती हुई हरी खरपतवार से ढँकी हुई थीं, लेकिन दोनों ओर की कतारें एकदम साफ़ थीं, भूरी कतारें, जिनके ऊपर सलीक़े से शलग़म बिछे थे।

अगर किसी भी तरह से दूसरों को रोक सकने की संभावना होती तो वह इतना पिछड़ नहीं जाता। चीज़ें बिलकुल गड़बड़ा गयी थीं। किसान काफ़ी हिम्मत वाला आदमी था, वह युवा जोड़े को पीछे छोड़ चुका था, और अब जल्दी ही वे तीनों छोटे से वन के टुकड़े को पार कर दूसरी ओर की ढलान से उतरते हुए ओझल हो जाने वाले थे।

वे चले गये।

माट्टिस पीछे छूट गया। जैसे वह खेत में अकेला खड़ा रह गया हो। अकेला और पसीने से तर-ब-तर। धूप बहुत तेज़ थी और उसकी कमीज़ उसकी पीठ के साथ चिपक गयी थी, उसे कष्ट देती हुई।

उफ़, इतने सारे शलग़म, उसने ह़िक़ारत से सोचा। इन सबका क्या फ़ायदा? जैसे दुनिया में शलग़मों के अलावा कुछ न हो!

बहुत समय से माट्टिस ने अब झुककर काम करना बन्द कर दिया था, वह घुटनों के बल आगे रेंग रहा था। उसकी उँगलियाँ वह सब नहीं कर पा रही थीं जैसा उन्हें बताया गया था, वे उसके विचारों को ग़लत समझ रही थीं और बार-बार उसके काम को रोके दे रही थीं।

यह सब वह अपने पिछले अनुभवों से अच्छे से पहचान रहा था, इस सबकी अपेक्षा कर रहा था वह। जितना उससे बन पड़ रहा था वह सब अच्छे से कर रहा था लेकिन उसके विचार हर दिशा में भाग रहे थे। कुछ समय बाद उसने ग़ौर किया

कि वह खरपतवार उखाड़ने की जगह शलग़म उखाड़ रहा था। वह चौंक गया, अपने पैरों पर खड़ा हो गया और काँपने लगा।

क्या मैं—

नहीं, नहीं।

किसान और युवा दम्पति टीले के उस ओर से लौट रहे थे, दोनों नयी कतारें करने में व्यस्त थे। वे जैसे ही क़रीब आये लड़की ने हल्का-सा सिर उठाया और हाथ हिलाकर माट्टिस का अभिवादन किया जो वहाँ अकेला और बेसहारा खड़ा था। खरपतवार उखाड़ते समय बस ज़रा हाथ ही हिलाया था उसने। लेकिन माट्टिस के लिए यह कोई कम बात नहीं थी।

मैं ज़रूर उसका शुक्रिया अदा करूँगा, उसने मन-ही-मन फ़ैसला किया, और यह किसी नियम का उल्लंघन नहीं होगा। वे लोग कुछ ही समय में फिर मिलेंगे और उसका प्रेमी साथ हो या न हो, वह उसे ज़रूर बतायेगा।

कुछ समय तो उसके हाथों ने वही किया जिसकी उनसे अपेक्षा थी उसे। वह घुटनों के बल आगे की ओर सरका, इस बार शलग़मों की बजाय खरपतवार उखाड़ते हुए। अब क्योंकि वे एक-दूसरे की ओर बढ़ रहे थे, ऐसा लग रहा था कि माट्टिस कुछ तेज़ी से काम कर पा रहा है; उनके बीच की दूरी तेज़ी से कम हो रही थी। लेकिन फिर माट्टिस एकदम रुक गया; वह युवा दम्पति को देखने में मग्न हो गया।

वे सचमुच प्रेमी थे, शक की कोई गुँजाइश ही नहीं थी।

इसमें हैरानी की कोई बात नहीं थी कि किसान उनसे ख़ुश था, और समय-समय पर उनकी ओर देखकर हल्का-सा मुस्करा देता था। वह सिर्फ़ काम के बारे में नहीं सोच रहा था—खेत में सबके लिए सुखद था उनका वहाँ होना। वे हँसते और बातें करते, और पूरा समय ठीक से काम भी करते रहते। बीच-बीच में वे एक-दूसरे के बहुत क़रीब आ जाते, और माट्टिस बड़े ग़ौर से देखता कि वे एक-दूसरे के संग कई छोटी-छोटी चीज़ें करते, जिन्हें जानना उसके लिए फ़ायदेमन्द हो सकता था।

तो ऐसे होते हैं सचमुच के आशिक़। ख़ुशकिस्मत किसान उनके संग-संग ही रहता, अपनी कतारें करते समय। उन तीनों और माट्टिस के बीच ज़मीन का एक सियाह टुकड़ा था जिसकी सतह से खरपतवार उखड़ चुकी थी। उसकी अपनी दोनों कतारें उसके सामने पसरी थीं, बदसूरत और अनछुई।

पर यह उसके बस में नहीं था : उसे इस दमकते हुए जोड़े को देखते रहना था और उनकी बातें सुनने को बाध्य था वह, उनकी उफ़नती हुई ख़ुशी; उनकी विचित्र

आँखें। वे दोनों अब उसके ठीक सामने थे। लहराती हुई हँसी, उस सारी मेहनत-मशक़्क़त के बीचों-बीच से रास्ता बनाती हुई।

माट्टिस उठ खड़ा हुआ।

'तुम लोग कितने भी आशिक़ क्यों न हो, मैं चाहता हूँ—' वह बदहवासी में बोला, ख़ूबसूरत लड़की को सीधे देखते हुए। लेकिन फिर वह अटक गया।

वे दोनों हैरान होकर इन्तज़ार करने लगे, लड़की भी और नौजवान भी। वे हँस भी नहीं रहे थे। हालाँकि उसे ख़ुद ही समझ में नहीं आया, माट्टिस के ख़ुद के चेहरे और आवाज़ में जो प्रेम उमड़ रहा था, उसी की वजह से वे लोग ठिठक गये थे।

किसान भी वहीं रुक गया जहाँ वह था।

वे सब यूँ ही इन्तज़ार करते रहे। आख़िरकार किसान ने बड़ी कोमलता से कहा : कहो माट्टिस, क्या कह रहे थे तुम?

न लड़की कुछ बोली, न ही नौजवान, हैरान हो वे दोनों इन्तज़ार कर रहे थे।

वे यू हीं इन्तज़ार करते रहे, वे सब। माट्टिस ने और कुछ नहीं कहा इसके बाद—लेकिन फिर भी कुछ यूँ था जैसे वह कुछ सम्पर्क स्थापित कर पाया हो। अब ऐसा नहीं था जैसे उसे जूझने के लिए बिलकुल अकेले छोड़ दिया गया हो। कहने को और बहुत कुछ था उसके पास, और बिलकुल अलग तरह से, लेकिन हमेशा की तरह वह चूक गया था, और वे बातें और कई चीज़ों के साथ गड्डमड्ड हो चुकी थीं।

'क्योंकि तुम हो, नहीं क्या?' वह आख़िरकार बोला, बात पूरी करते हुए।

'हाँ', लड़की ने जवाब दिया, 'हम हैं।'

'हाँ, हम सबके लिए ऐसा ही होना चाहिए,' बिना सोचे-समझे बोल गया वह।

'ऐसा तो किया ही जा सकता है, बिलकुल', लड़की ने बस यूँ ही लेकिन सिर हिलाते हुए कहा।

मैं इस लड़की को शुरू से अन्त तक अपने सपने के बारे में बता सकता था, उसने सोचा।

'बस और कुछ नहीं कहना था मुझे,' वह अचकचा कर फुसफुसाया। 'मेरा मतलब है मैं और कुछ नहीं कहना चाहता था।'

'अफ़सोस की बात है,' लड़की बोली।

'चलो, चलो काम करें,' युवक उन दोनों को अपनी उपस्थिति का एहसास दिलाते हुए बोला, इस बात का भी कि खरपतवार उखाड़ने की होड़ चल रही है।

उनके पीछे ख़ुशकिस्मत किसान हँस रहा था जिसके पास यह दो शानदार लोग

थे। ज़ाहिर था कि गोबर-गणेश से उसे कुछ लेना-देना नहीं था, किसी को भी नहीं था।

'ठीक है, ठीक है,' लड़की ने उत्तर दिया। 'सुनायी दे रहा है मुझे।'

धत्, माट्टिस के भीतर एक चुपीती आवाज़ ने युवक से कहा जिसकी उँगलियों के जोड़ों पर जाकर यह ध्वनि लगी।

उन सबने दोबारा काम करना शुरू कर दिया।

सूरज और-से-और तपने लगा था। हल रेखाओं में निरीह, उखड़े हुए पौधे पड़े-पड़े मुरझा और सूख रहे थे। ज़मीन से एक गुनगुनी-सी ख़ुशबू उठ रही थी।

माट्टिस ने पीछे मुड़कर किसान को देखा। क्या वह थक कर ऊब गया था? शायद ही हो ऐसा, उस बलवान, चतुर आदमी के साथ। माट्टिस थक गया था और अब तक प्यास भी लग आयी थी उसे, अपनी उँगलियों पर उसका कोई नियन्त्रण नहीं बचा था। लड़की ने उसके गिरते हुए मनोबल को उठा ज़रूर दिया था, लेकिन ऐसा काम जो उससे बन नहीं रहा था, उसे फिर से धराशायी किये दे रहा था। और अब वे तीनों फिर से दूर होते जा रहे थे, उसके पीछे ग़ायब हो चुके थे, उस पूरी जगह पर एक उदास और सूना आलम छा रहा था। कुछ ही समय में बार-बार उसके विचार गड़बड़ा जाते, और वह पाता कि वह घास-फूस की जगह शलग़म उखाड़े फेंक रहा है, लिहाज़ा उसे लगा उसे रुक जाना चाहिए।

आख़िरकार टीले तक पहुँचने पर उसे ढलान की निंदाई करते उस ओर उतरना था, इस स्थिति में वह और भी अकेला महसूस करने लगा। लगता था बाक़ी लोग हमेशा के लिए ग़ायब हो चुके थे।

उसकी चमकती हरी कतारें चुनौती की तरह पसरी हुई थीं। वह खोदते हुए सोच रहा था : कम-से-कम मुझे अपना भोजन तो कमा ही लेना चाहिए। इसके बाद वह कुछ देर सुस्ताने बैठ गया। उसे कोई देख नहीं रहा था, और जो ऊहापोह उसके मन को मथ रही थी उसके हाथों की हर क्रिया को गड़बड़ा रही थी। फिर थक कर बैठ जाना कितना अच्छा भी तो लगता है।

जब उसने उन तीनों को टीले तक पहुँचते हुए देखा, वह चौंक गया। अभी से! वह घबराकर हाथ चलाने लगा, शलग़मों को बरबाद करते हुए। फिर भी, यह अच्छा ही था कि कोई आ रहा था। टीले के इस ओर बहुत अकेलापन था। युवा जोड़ा अब पहले की तरह बहुत चहक नहीं रहा था, पर फिर भी। और किसान थका हुआ भी नहीं लगता था। जब आप इतने बड़े खेत के मालिक हों आप थकते नहीं हैं, आप

काम में लगे रहते हैं।

एक विचित्र-सी आवाज़ ने उन सबको चौंका दिया : यह माट्टिस था।

'कृपया रुक जाइए आप सब!' उसने गुहार लगायी। एक चीख थी जो अपना रास्ता खोज रही थी।

किसान तुरन्त सीधा हो गया, माथे के पसीने को मिट्टी सने हाथों से पोंछते हुए। वाक़ई उसे बहुत पसीना आ रहा था।

'क्या बात है, माट्टिस?'

माट्टिस की हालत ख़राब थी। उसने खेत का एक भी चक्कर पूरा नहीं किया था, पर वह थक कर चूर हो चुका था। धूल ने उसकी नाक के नीचे एक हल्की-सी मूँछ बना डाली थी। बाक़ी लोगों के चेहरे भी वैसे ही थे लेकिन उन्हें कोई फ़र्क नहीं पड़ रहा था। बड़े संकोच से माट्टिस किसान के पास आया।

'क्या आप देख नहीं रहे मैं पीछे छूटा जा रहा हूँ?'

'तो, इसमें क्या है?' किसान ने अनमनेपन से जवाब दिया।

'आपको एहसास है?'

'हाँ, हाँ,' किसान ने इस बात को हवा में उड़ा दिया।

'मुझे लगता है मुझे इतना उलझा हुआ काम करना पसन्द नहीं है,' माट्टिस ने गम्भीर स्वर में कहा।

'नहीं, शायद नहीं,' किसान ने जवाब दिया, शलग़मों पर झुकते हुए।

माट्टिस को इच्छा हुई वह पूछे : आप चाहते हैं मैं बस करूँ? लेकिन उसने नहीं पूछा। किसान कुछ फुसफुसाया। युवा जोड़े ने अन्तराल का लाभ उठाते हुए एक-दूसरे की चुटकी ली।

अचानक किसान ने सीधे ही पूछ लिया : 'क्या तुम चाहते हो हम तुम्हारी कतारें भी कर लें?'

उसकी आँखों के सामने एक धूसर-सा बादल तैर आया। उसके पुराने जीवन से कुछ-कुछ उसे याद दिलाता हुआ, जो वन-कुक्कुट के आने से पहले जैसा था।

'अभी तो नहीं,' उसने सख़्ती से जवाब दिया।

'ठीक है फिर।'

किसान अपनी खुरपी पर झुका।

माट्टिस उस जगह वापिस जाने को हुआ जहाँ वह काम कर रहा था, लेकिन रास्ते में उसने लड़की को एक नज़र देखा, ऐसी नज़र से जिसमें वह उससे याचना कर रहा था कि वह उसकी मदद करे, उसे धीरज बँधाए—आख़िर वह इतनी जवान थी

और ख़ुश थी, और उसका प्रेमी भी था एक।

उसने गला साफ़ किया, यह संकेत देने के लिए कि उसे जल्दी ही मदद की ज़रूरत थी।

वह जैसे समझ रही थी। वह माट्टिस की ओर देखकर मुस्करायी मानो उसे याद दिला रही हो : ये रहे हम, तुम और मैं, खेत में एक-दूसरे की ओर हाथ हिलाते हुए।

उसे बस यही तो चाहिए था। और-तो-और उसे यह सब इतना साफ़ सुनायी पड़ा कि उसने शब्दों में रखकर इस बात को दोहराया।

'हाँ, ये रहे हम, तुम और मैं, खेत में एक-दूसरे की ओर हाथ हिलाते हुए।'

'हाँ, हैं तो सही हम,' लड़की बोली।

बात बिलकुल सही थी। वह खड़ी-खड़ी उसे देख रही थी, जैसा भी सकपकाया हुआ और बेसहारा वह था। वह मन्त्रगुग्ध थी।

'एक दो तीन, चलो!' नौजवान बोला, लड़की की टाँग पर चुटकी काटता हुआ—यही उसका प्रिय खेल प्रतीत होता था—और तुरन्त लड़की फिर से अपने प्रेमी में मग्न हो गयी।

'हाँ,' किसान भी बोला।

बड़े खेत का मालिक। उन दोनों ने उसकी ओर देखा और वे समझ गये वह क्या कहना चाहता था; चलें हम!

एक बार फिर वे तीनों माट्टिस को पीछे छोड़ते हुए निकल गये। उसने उन तीनों को पार जाते हुए देखा। उनमें वे सभी चीज़ें थीं जिनकी वह इच्छा करता था : तीन चीज़ें। वे लोग उन तीन चीज़ों के सिवा *कुछ* भी नहीं थे। वे उन चीज़ों से लबरेज़ थे और तब भी वे उन चीज़ों के बारे में सोचते नहीं रहते थे, उन्हें एहसास भी नहीं था, जितना कि माट्टिस समझ पा रहा था। वे कैसे शलग़म के खेत की निंदाई इतनी शान्ति से करते चले जा रहे थे?

वह अपने पेट पर सपाट लेटा हुआ था घास-फूस उख़ाड़ता हुआ, उसके विचार बेचैनी से भटक रहे थे। मदद करो मेरी, उसने सोचा।

लेकिन उसके विचार पहले की तरह भटकते रहे। हालाँकि वह खरपतवार उखाड़ना चाहता था, उससे शलग़म उखड़ते चले जा रहे थे।

कोई मेरी मदद नहीं करना *चाहता*, यही समस्या है, उसने सोचा, और उसके सामने कई रंगों ने नाचना शुरू कर दिया।

कीमती शलग़मों से वह आग-बबूला हो रहा था। वे निरीह से पड़े थे वहाँ धागों

की तरह घास-फूस से सटे हुए जिसे वह उखाड़ने की कोशिश कर रहा था। माट्टिस अपनी यातना में शलग़मों को गाली बकना चाहता था, उन्हें मरियल, मनहूस पिद्दी-सी चीज़ें कहना चाहता था, कोई मतलब नहीं था उनके यहाँ पड़े रहने का, इतना दुख सहने का। उसके विचार भटकते रहे। यही हश्र होता था हमेशा जब वह काम करने की कोशिश करता था—कुछ भी नहीं बदला था। और *यही* था जो आज उसे सच में परेशान कर रहा था : कोई बदलाव नहीं था, वही पुराना ढर्रा।

शुक्र है! टीले के दूसरी ओर से आवाज़ आयी। 'माट्टिस!'

किसान ख़ुद था यह, बुद्धिमान शख़्स। न ख़ूबसूरत और न ताक़तवर शख़्स ने कुछ बोला, लेकिन वे थे तो। तीनों चीज़ें थीं।

'खाने का समय हो चुका है?' माट्टिस वापिस चिल्लाया, बिजली की फुर्ती से।

'हाँ, हाँ, आ जाओ यहाँ!' अभी तक दृश्य से ओझल किसान ने आवाज़ लगायी। यह सुखद आवाज़ टीले के आरपार गूँज गयी। माट्टिस चल चुका था।

माट्टिस की दो कतारों में अभी थोड़ा-बहुत काम बचा था। लेकिन इतना तो था कि अन्त नज़र आ रहा था, इससे बदतर स्थिति भी हो सकती थी, उसने सोचा, और अच्छा खाना खाने को जाते हुए वह अब थोड़ा बेहतर महसूस कर रहा था।

उन लोगों ने उसके बेकार के काम को लेकर एक शब्द भी नहीं कहा जब वे सब उसके साथ खेत से निकल रहे थे। एक शब्द भी नहीं बोला उन्होंने। लेकिन माट्टिस अच्छे से जानता था कि वे सिवा इसके और कुछ भी नहीं सोच रहे थे। उसने कुछ समय के लिए सब कुछ भीतर ही दबा लिया लेकिन आख़िरकार उससे रहा न गया : 'आप लोग बोल क्यों नहीं देते आप क्या सोच रहे हैं!' गन्दे हाथ झरने में धोते हुए उसने कहा!

'तो हम लोग क्या सोच रहे हैं भला?' युवक ने पूछा। यह पहली बार था कि उसने माट्टिस से बात की थी।

'मुझे तो पता है,' माट्टिस बहुत बेचैनी की हालत में था और ख़ुद को यातना दिये चला जा रहा था।

'अच्छा भाई,' किसान बोला, 'चलो घर चलें और कुछ खा-पी लें। थोड़ा सुस्ता लें और—'

उन सब ने खेत के किनारे बहती हुई साफ़-सुथरी पानी की धारा में अपने हाथ धोये। लड़की ने उसी जगह अपने हाथ धोये जहाँ माट्टिस के हाथ थे। नीचे पानी में जहाँ कीचड़ था उनके हाथ पल भर के लिए छू गये। एक झटका लगा उसके पूरे शरीर में। धीरे-धीरे जैसे ही साफ़ पानी पोखर में आया उनके हाथ साफ़ धुल गये। लेकिन अब माट्टिस यह जुर्रत नहीं कर सकता था कि उसके पास जाये।

लड़की ने उसे देखा, और उसके पास सोचने का समय ही नहीं बचा।

'बिजली की फ़ेंस को छूने जैसा था यह,' उसके मुँह से निकल गया।

बाद में उसने सोचा कि उसने अच्छी बात कही थी, लेकिन उस लड़की ने परे हट जाने के सिवा कुछ नहीं किया। वह उसका मज़ाक तो नहीं उड़ा रही थी न? उसका प्रेमी भी पास ही में हाथ धो रहा था और ऐसा कर लेने के बाद उसने अपनी बाँहों से लड़की को घेर लिया मानो यह दुनिया की सबसे सहज चीज़ हो—और इस तरह वे फ़ार्म तक पहुँच गये जहाँ भोजन उनका इन्तज़ार कर रहा था। माट्टिस ने नौजवान की कमीज़ के भीतर उभरी हुई उसकी बाज़ू के बारे में सोचा—कि उसने पूरी-की-पूरी बाज़ू से लड़की की कमर को घेर लिया था। ऐसा ही होना चाहिए न।

'हैलो माट्टिस।'

यह किसान की पत्नी थी। उसने माट्टिस का आत्मीयता से स्वागत किया। उसका खाना बढ़िया था और माट्टिस ने खूब अच्छे से खाया। मानना पड़ेगा, माट्टिस ने सोचा। भरपेट खाने से थक कर उसे नींद आने लगी थी, सो वह घास पर लेट गया। उसने ध्यान नहीं दिया युवा दम्पति का क्या हुआ। वह सो चुका था।

11

जब माट्टिस भरी दोपहर में सोकर उठा तो उसकी चमड़ी जल रही थी। जब उसका सिर ज़रा हल्का हुआ तो जो पहली चीज़ उसे दिखायी दी वह थी उस मनहूस खेत में निंदाई करते हुए तीन लोग। बहुत दूर वे तीनों शलग़मों की क़तारों पर झुके हुए थे। वे काफ़ी देर से वहाँ थे, उनका किया हुआ काम देखकर यह ज़ाहिर था।

वे उसे बिना जगाये चले गये थे। इसी शर्मिन्दगी का हक़दार वह था। खड़े-खड़े जब वह स्थिति का सामना करने की कोशिश कर रहा था किसान की पत्नी घर से

बाहर निकली। वह बिना किसी संकोच के माट्टिस के पास आकर बोली : 'मैंने ही उनसे कहा था वे तुम्हें न जगायें। वह तुम्हें झिंझोड़कर जगाना चाहता था, लेकिन तुम इतनी गहरी नींद में थे। मैंने सोचा तुम्हें सोने देना चाहिए। उन्हें काम पर निकले दो घण्टे हो चुके हैं।'

माट्टिस ने पलकें झपकायीं, वह क्या कह सकता था। औरत दोस्ताना ढंग से पेश आ रही थी। और अब वह समझ गया सुबह के वक्त वह सड़क छोड़ अचानक यहाँ क्यों चला आया था। इस औरत का चेहरा उसकी स्मृति में पहले की किसी स्मृति से गड़बड़ा गया था। उसने एक बार पहले भी देख रखा था उसे।

'शायद तुम कल रात ठीक से सोये नहीं होगे?' औरत ने पूछा, उसे एक अच्छा बहाना सुझाते हुए।

'नहीं, मैं नहीं सोया!' वह बोला, 'मैं दो रात से नहीं सोया। एक वन-कुक्कुट हमारे घर के ऊपर से अपनी उड़ान शुरू कर रहा था।'

उसके लहजे से वह चौंक गयी, लेकिन पल-भर के लिए ही, जब तक उसे याद नहीं आया वह किसके साथ बात कर रही है। माट्टिस को भाँपते हुए देर नहीं लगी।

'मुझे पता नहीं था,' वह धीरे से बोली। 'कोई हैरानी की बात नहीं कि तुम्हें नींद की ज़रूरत है। कैसे शुरू हुई थी उड़ान?' उसने धीरज से पूछा।

माट्टिस का चेहरा खिल उठा।

'बस आ गया वह। शाम ढल चुकी थी। तब से मुझे अजीब सपने भी आ रहे हैं।'

'ऐसा? फिर भी सपने बिलकुल निजी मुआमला है, तुम्हें नहीं लगता, हम उनकी बात नहीं करेंगे,' औरत ने कहा, जिसे और भी कई काम करने थे।

वह औरत बुद्धिमान थी, यह तो वह देख रहा था। बेचैन होकर माट्टिस ने खेत में कड़ी मेहनत से निंदाई करते हुए लोगों को देखा। औरत समझ गयी वह क्यों परेशान था।

'अब बोलो क्या करना चाहते हो तुम,' वह बोली, 'दूसरों के संग खेत में काम करना चाहते हो या मेरे साथ कॉफ़ी पिओगे?'

'ओह, कॉफ़ी पीना पसन्द करूँगा, मुझे लगता है,' वह ख़ुश होते हुए बोला।

'मुझे लगता है तुमने समझदारी से चुनाव किया है,' औरत बोली।

'लेकिन युवा प्रेमियों को देखना भी मज़ेदार काम है,' माट्टिस ईमानदारी से बोला।

'हाँ, ठीक है, लेकिन हम प्रेमियों को अपना काम करने दें, नहीं क्या, और चलकर अपनी कॉफ़ी पिएँ।'

'ऐसा है तो ऐसा ही सही।'

'औरतों को ऐसा होना चाहिए,' वह उसके पीछे-पीछे रसोई में जाते हुए सोच रहा था।

उन लोगों ने अच्छी कॉफ़ी पी। औरत ने पूछा उसकी बहन क्या कर रही है।

'ओह, वह तो हमेशा की तरह स्वेटर बुनती बैठी रहती है।'

इसके बाद वे लोग ख़ामोश बैठे रहे। माट्टिस को बुरा लग रहा था यह सोचकर कि हेगे को उसे रखना पड़ रहा है।

'मैं खाता भी तो बहुत हूँ,' वह बोला। इस औरत के साथ उसे झूठ नहीं बोलना चाहिए। 'वह जो भी कमाती है मैं खा-पी जाता हूँ,' वह बोला।

औरत कुछ नहीं बोली। बस उसका कप भरती रही।

'अब तो उसके बाल भी सफ़ेद होने लगे हैं।'

औरत चुप बैठी रही।

'मुझे रखना आसान नहीं है।'

इस पर वह औरत उठ खड़ी हुई, लगभग रुखाई से बोलती हुई : 'अब इस बारे में बात करना बन्द करो, माट्टिस।'

बन्द करूँ? लेकिन वह तो ख़ुद के बारे में और अपनी समस्याओं के बारे में बात करते रहना चाहता था। ऐसा मौक़ा ज़्यादा नहीं मिलता था कि आप बैठकर अच्छी कॉफ़ी पीते हुए किसी महिला के सामने दिल खोल कर बात कर सकें।

'अच्छी बात है, अगर मैं बात नहीं कर सकता तो शायद नहीं ही कर सकता,' वह बोला।

उसकी आवाज़ काँप रही थी।

औरत को पास वाले कमरे में जाने का बहाना मिल गया, ताकि माट्टिस अकेला बैठ सके। जब वह लौटी तो माट्टिस बमुश्किल ही अपनी जगह से हिला था; वह समस्याओं से घबराया बैठा था वहाँ, एक ज़रूरी सवाल पूछने की प्रतीक्षा करता हुआ। उसने बोलना शुरू किया : 'लेकिन मैं आपसे कुछ *पूछ* तो सकता हूँ न?'

औरत ने सिर हिलाया लेकिन ज़्यादा उत्साह से नहीं।

'हाँ, तुम पूछ सकते हो। लेकिन हमें देखना पड़ेगा मैं जवाब दूँगी या नहीं। अगर मैं दे सकी तो।'

माट्टिस ने पूछा : '*चीज़ें वैसी क्यों है जैसी वे हैं?*'

औरत ने सिर हिला दिया। और कुछ नहीं। माट्टिस की हिम्मत नहीं हुई वह दोबारा सवाल पूछे। वह धीरज से प्रतीक्षा करने लगा। ऊपर से देखने पर वह धीरज

से बैठा था, लेकिन भीतर-ही-भीतर वह अधैर्य से पगलाया हुआ था। वह एक बार फिर उसकी ओर मुड़ा। एक बार फिर उसने सिर हिला दिया।

'और कॉफ़ी चाहिए?' वह बोली।

वह समझ गया और फिर भी नहीं समझा। उसे कँपकँपी महसूस हुई। वह पहेलियों की खोह में घूरने लगा।

'क्यों नहीं,' वह बोला, कॉफ़ी के बारे में।

'लेकिन अब वन-कुक्कुट यहाँ है?' उसने बोलना जारी रखा जैसे सवाल पूछ रहा हो।

'हाँ, यह एक ऐसी चीज़ है जो हमारे घर के ऊपर से कभी उड़कर नहीं गयी,' औरत जल्दी से बोली, ऐसी किसी चीज़ के बारे में बात करने का शुक्र मनाती हुई। 'अब तुम यहीं बैठे रहो,' वह बोली, और उसने कुछ समय के लिए माट्टिस को अकेला छोड़ दिया, ताकि उसका विचलित करने वाला सवाल उन गहराइयों में लौट जाये जहाँ से वह उभर कर आया था।

समय बीत रहा था। माट्टिस जहाँ बैठा था, वहीं बैठा रहा।

'वे ज़रूर पसीना बहा रहे होंगे,' वह औरत से बोला।

वह अगले भोजन की तैयारी कर रही थी, समय हो रहा था।

'आपको लगता है मुझे जाकर मदद करनी चाहिए?'

'अब तो देर हो चुकी है, वे लोग आते ही होंगे। तुम बैठे रहो,' वह बोली। वह देख रही थी माट्टिस को समझ में नहीं आ रहा था वह क्या करे। 'वे भी नहीं चाहेंगे तुम अब पहुँचो उनके पास।'

औरत की आवाज़ और उसके चेहरे के हाव-भाव में रौब की झलक थी। और लोगों से मिलने के विचार-मात्र से ही माट्टिस को ख़ौफ महसूस हुआ और वह अपनी कुर्सी में कसमसाने लगा। कुछ देर बाद महिला ने बाहर आँगन में निकल बाक़ी लोगों को घर बुला लिया। कितनी हसरत थी माट्टिस के मन में कि वह उन्हीं के साथ वहाँ होता और छोटी-सी तलैया में हाथ धो रहा होता।

वे आन पहुँचे थे। दरवाज़ा खुला था। वे कुछ समय बाहर घूमते रहे। माट्टिस कान लगाकर सुनने की कोशिश कर रहा था कि उसे कोई गोबर-गणेश तो नहीं कह रहा था। बिलकुल यही बात थी। माट्टिस ने और कुछ नहीं सुना। वे तीनों अन्दर आ

चुके थे। माट्टिस दुश्चिन्ता से घिरा बैठा था। शर्मसार होकर वह किसान की ओर देखने लगा : 'मैं चाहता था मैं वापिस जाकर अपनी दो कतारें पूरी करूँ, लेकिन मुझे कॉफ़ी के लिए भीतर बुला लिया गया।'

किसान ने रुखाई से हामी भरी। उसकी पीठ थकी हुई थी, और वह सुबह की तरह दोस्ताना मूड में नहीं था।

'हम लोग तुम्हारा छोड़ा हुआ काम तो कब का पूरा कर चुके,' उसने जवाब दिया। 'अधूरा तो छोड़ नहीं सकते थे न ऐसे काम को।'

प्रेमी-जोड़ा माट्टिस के पास से ऐसे गुज़र गया मानो वह वहाँ हो ही नहीं। उन्हें अटपटा-सा महसूस हो रहा था।

'आओ न, माट्टिस, कुछ खा भी लो,' किसान मुआमले को रफ़ा-दफ़ा करते हुए बोला।

'हाँ, भूख तो जमकर लगी है मुझे,' माट्टिस बोला। लेकिन यह कहते समय वह मन-ही-मन कराहने लगा था।

फिर भी युवा जोड़े ने खाने की मेज़ पर उसकी मदद की। वे इतनी कम उम्र के थे कि उसे लगा वे एक-दूसरे को कनखियों से देखेंगे, मन्द-मन्द मुस्कराएँगे। निस्सन्देह महिला उन्हें समझा चुकी थी कि उन्हें कैसे पेश आना चाहिए। उसने ख़ूब देख रखा था यह सब। मुझे कोई फ़र्क नहीं पड़ता, इसकी जो भी वजह हो, उसने मन-ही-मन सोचा, तुरन्त अपनी दुश्चिन्ता को आनन्द में बदल देते हुए।

फिर भी दुःख की बात थी कि नौजवान जोड़ा इतना थका हुआ था कि वे प्रेम का वह इज़हार नहीं कर पा रहे थे जैसा दिन में उनसे बन रहा था। कितने अफ़सोस की बात थी! उसने सोचा। उसे बड़ी इच्छा हुई वह लड़की से इसके बारे में बात करे, अब जबकि वे एक-दूसरे के सामने बैठे थे। माट्टिस ने अपनी निगाह उस पर टिका दी। लड़की के ताज़ा धुले हाथ मेज़ पर टिके थे। उसकी उपस्थिति सुखद और आत्मीय थी।

'क्या तुम थक गयी हो?' माट्टिस ने शुरू किया। वह जोखिम उठाने का फ़ैसला कर चुका था। अजाने ही उसने यह सवाल बड़ी नर्मी से पूछा था, माँ की तरह, और मेज़ के गिर्द बैठे सभी लोग उसे अचरज से देखने लगे। लड़की शर्म से लाल-सुर्ख़ हो आयी और उससे कुछ कहते नहीं बना।

'हाँ,' उसने फ़ौरन धीमे स्वर में कहा, उस भली-सी हमदर्दी को भाँपते हुए, और जिससे वह अभिभूत हो उठी थी।

वे सब चाहते थे माट्टिस बात को जारी रखे, और उसने ऐसा किया भी : 'आप थके हुए हों तो प्रेमी बने रहना कितना दयनीय होता है न!' वह बोला। उसे लगा कि चीज़ें बिगड़ कर गड्डमड्ड हो रही हैं। लेकिन वह यही तो कहना चाहता था।

वे सब लोग खुल कर हँसने की स्थिति में आ गये और खाना खाते रहे। माट्टिस को भी हँसना पड़ा। क्या वह अन्ततः अपनी समझदारी का सबूत दे पाया था? उसकी हँसी घोड़े की धीमी हिनहिनाहट जैसी थी, और इससे दूसरों को भी हँसी आ रही थी। इसके बाद शान्ति छा गयी, जैसे अचानक किसी धमाके के पश्चात। क्या था वह? किसी को मालूम नहीं था।

वे मेज़ से उठ गये। दिन का काम निपट चुका था, और किसान ने युवा जोड़े से पूछा कि क्या अगली सुबह वे लोग काम पर आयेंगे?

'लगता तो है,' वे बोले और उठकर चल दिये। माट्टिस की निगाह उनका पीछा करती रही। वह ख़ुद तो अगले दिन आने वाला नहीं था, इसलिए वह काम करते समय उन्हें देखने का आनन्द नहीं ले पायेगा।

'कल आपको *मेरी* ज़रूरत तो नहीं होगी न?' वह बोला। उसने ख़ुद से ज़बरदस्ती करते हुए पूछा। दिन के दौरान जो हो गुज़रा था ऐसा सवाल करना लगभग गुस्ताख़ी करने जैसा था।

किसान को भी कुछ असहजता महसूस हुई।

'शायद कोई तुक नहीं है इसमें, क्यों?' वह बोला। बात को यूँ रखने के सिवा उसके पास कोई चारा नहीं था। 'लेकिन तुम्हें ख़ुद को क्या लगता है? बहरहाल, आज का हिसाब तो कर ही लेना चाहिए।'

'नहीं। मैंने तो कोई काम ही नहीं किया, आप जानते है मैंने कुछ नहीं किया।'

'ओह! लेकिन पगार तो मिलनी चाहिए तुम्हें।'

'ठीक है, तो दो कतारों के लिए दे दीजिए,' माट्टिस लगभग बदहवासी में बोला। 'लेकिन इससे ज़्यादा नहीं। देख लीजिए कितना बनता है।'

यह क्षण दोनों के लिए कठिन था। माट्टिस ने ग़ौर किया कि औरत ने उड़ती नज़र से अपने पति को देखा था। किसान बोला : 'ठीक है, इसी बात पर ख़त्म करते हैं। दो कतारें। अब हिसाब बराबर है!'

किसान ने भुगतान किया और धन्यवाद स्वरूप कुछ वाक्य कहे।

'हम्म!' माट्टिस ने हौले से अपने आप से कहा।

'कुछ हुआ क्या?'

'नहीं। बस हिसाब बराबर है।'

'हिसाब बराबर है,' माट्टिस ने हौले से अपने आप से कहा। इन दो शानदार शब्दों से उसके भीतर एक गर्माइश दौड़ गयी। ऐसे बात करते हैं मर्द मर्दों से।

उसने अपनी टोपी उठायी।

'अच्छा, तो चलूँ मैं,' माट्टिस ने दरवाज़े पर रुकते हुए कहा। किसान और उसकी पत्नी ने कुछ संकोच बरतते हुए उसकी ओर देखा।

12

घर पर हेगे अपना काम लेकर बैठी हुई थी। वह ऐसी जगह चुनकर बैठी थी कि बड़ी सड़क से ऊपर की ओर आते हुए पथ को देख सके। जैसे ही माट्टिस झुरमुटों से निकला उसने हेगे को देख लिया। उसे लगा वह ऊन के गोले की तरह नामालूम थी।

वह जहाँ था वह नन्ही-सी नज़र आ रही थी। उकड़ूँ बैठी हुई। कुछ भी तो नहीं थी वह।

क्या पता उसके *भीतर* कैसा है, उसने सोचा। कितनी होशियार थी वह। वह उसके प्रति आदर से भर गया। हो सकता है ज्वालामुखी की तरह हो, क्या पता।

माट्टिस से उम्र में छोटी होना चाहिए था उसे—तब वह उसे देखता मानो वह नन्ही-सी जीव हो, और वह उसे चम्मच से खाना खिलाता और देखता कि खाना कैसे उसके ओंठों के कोने से टपकता है। हाँ, उलट जाता सब फिर यूँ।

पेड़ों से गिरती हुई छायाएँ लम्बी होती चली जा रही थीं। साँझ घिरने को थी और ठण्डक होने लगी थी। दिन की गर्मी और हड़बड़ी में से निकल कर आते हुए सुखद और सुहावनी।

उसके पहुँचने पर हेगे उठ खड़ी हुई।

'खाना तो खाकर आये होगे न तुम?' उसने स्वागत करते हुए कहा।

'और नहीं तो क्या,' माट्टिस ने ज़ोर देते हुए जवाब दिया, इस बात से ख़ुश कि वह आज कुछ ठीक करके आया है। 'जहाँ मैं गया था भोजन की कोई कमी नहीं थी,' उसने बात आगे बढ़ायी।

हेगे पूछने लगी, वह कहाँ गया था और क्या काम किया है उसने, कैसे गुज़ारा

उसने अपना दिन। उसे बताने के सिवा माट्टिस के पास कोई उपाय नहीं था।

'और अभी तक मैं फ़ार्म पर ही था।'

'अच्छा।'

काश वह अधबुने स्वेटर पर पूरे दिन की पगार रख पाता।

'लेकिन हिसाब बराबर रहा,' उसने फुर्ती से कहा, 'फ़ौरन भुगतान किया उन लोगों ने।'

'तो क्या लेकर आये हो?'

ऐसी चीज़ों को लेकर असम्भव थी वह।

'दो कतारों की पगार, और क्या! अगर हिसाब देखा जाये तो। नहीं तो सब गड़बड़ हो जाता।'

'तो यह बात है,' हेगे बोली।

'क्यों, तुम जानती तो हो हिसाब बराबर होने का क्या अर्थ है? इतने स्वेटर जो बुनती हो।'

वह उत्तेजित होकर काँपने लगा था। वह जल्दी से हेगे को युवा प्रेमियों के बारे में बताने लगा।

'और फिर मैंने किसान की पत्नी से ऐसे सवाल पूछे जिनके उसके पास कोई जवाब नहीं थे,' वह अन्त में बोला।

हेगे ने चिढ़ते हुए पूछा : 'फिर से? और सवाल?'

'हाँ न, वह ऐसी ही थी,' माट्टिस बोला।

'कोई फ़र्क नहीं पड़ता, एक दिन तुम्हें बन्द करना होगा यह सब,' उसकी बहन ने रुखाई से कहा।

'क्यों?'

'क्योंकि यह सब बेवकूफ़ाना है,' हेगे कड़ुवाहट से भरी हुई बोली।

अपने में सिमट कर वह चुप हो गया। उसने इस बात का कोई ज़िक्र नहीं किया कि उसने किसान की पत्नी से क्या पूछा था। हेगे को पहले से ही मालूम था।

लेकिन उसी शाम बाद में हेगे बोली कि वह उसके वन-कुक्कुट को देखने के लिए आयेगी। माट्टिस को लगा कि उसके दुखद और कठिन दिन का मुआवज़ा देने की यह तरक़ीब थी हेगे की। वह वन-कुक्कुट को क़रीबन अपनी ही रचना समझ रहा

था। हेगे उसके पीछे-पीछे बाहर निकल आयी।

'कितनी अच्छी बात है तुम होश में आ गयीं,' वह बोला।

बाहर एकदम शान्त था, मौसम बिलकुल सही। माट्टिस ने कौतूहल से चहुँ ओर देखा और सुनने लगा, पूरी उम्मीद लगाये।

पक्षी आ रहा था, अपने साथ ऐसी चीज़ें लाता हुआ जिनके लिए कोई शब्द नहीं थे। हेगे को भी ऐसा ही लगा। रोशनी की एक झलक, भीतर कहीं पंख का स्पर्श, और फिर सब आँख से ओझल।

हेगे कुछ नहीं बोली, लेकिन उसका रुख़ कम-से-कम दोस्ताना तो था ही। भीतर तक पक्षी का स्पर्श महसूस करते हुए माट्टिस बोला : 'और वह बार-बार आ रहा है।'

अब वे सो सकते थे, हेगे बोली, लेकिन माट्टिस को यक़ीन था उस पर गहरा असर हुआ है।

उसने अपना हाथ हेगे की बाँह पर रख दिया। वह उसे बताना चाहता था कि उनका घर अब बिलकुल अलग है, दूसरे घरों से बेहतर, कि उसका रूपान्तरण हो चुका है। यह समझाना उसके लिए कठिन था कि उसका आशय क्या है, लेकिन कम-से-कम वह उसकी बाँह पर हाथ तो रख ही सकता था।

'अब तो तुमने देख लिया न,' केवल इतना ही कहा उसने। वह चाहता तो नहीं था लेकिन उसके स्वर से ऐसा जान पड़ता था मानो वह पक्षी उसका अपना हो। हेगे स्वयं को भूलते हुए बोली : 'क्यों, तुम तो उसे यहाँ लेकर नहीं आये न? कोई सुने तो यही सोचेगा वह।'

चेहरे पर तमाचा। वह भयभीत हो उसे घूरने लगा। इसी क्षण उसे ऐसी बात करना थी। उसके भीतर क्रोध की लहर उठी।

'कैसी शख़्स हो तुम! हमेशा बात बिगाड़ देती हो।'

'अब चुप रहो तुम।'

वह चुप कैसे रहता भला, वह कुछ ऐसा ढूँढने लगा जिसे वह हेगे के ख़िलाफ इस्तेमाल कर सके। जिस पहली चीज़ पर उसकी निगाह पड़ी वे थे दो सूख चुके ऐस्प के वृक्ष। अच्छा व्यवहार करने के अपने किये हुए तमाम वादे भूल पेड़ों की ओर इशारा करते हुए वह कहने लगा : 'तुम देख रही हो न उन्हें? मैं बताता हूँ तुम्हें : वे हम दोनों के नाम से जाने जाते हैं। लोग उन्हें और किसी नाम से नहीं पुकारते! अब तुम्हें पता चल गया है। सिर्फ़ मेरा ही नहीं, तुम्हारा नाम भी इस्तेमाल किया गया है।'

वह उम्मीद कर रहा था हेगे यह सुनकर मुरझा जायेगी। लेकिन ऐसा कुछ नहीं हुआ। बिना किसी शिकन के वह बोली : 'ओह, तो तुम्हें मालूम है?'

वह घूरने लगा।

'मैं सोच रही थी सिर्फ़ मैं ही जानती हूँ,' माट्टिस की बाँह सहलाते हुए वह बोली।

वह खड़ी थी वहाँ, उसकी पहचान का सबसे घमण्डी शख़्स। उसमें अचानक एक बदलाव आ रहा था। वह मुरझाये हुए पेड़ों की बात करने लगी : 'हमारा क्या बिगाड़ रहे हैं वे? कुछ भी तो नहीं। लड़कपन का मूर्खतापूर्ण खेल। बचकाना है बस, और कुछ नहीं।'

उसका यह विराट स्वरूप! और माट्टिस भी बड़ा हो गया क्योंकि वह उसके पास खड़ा था और उसका भाई था, और क्योंकि एक पेड़ की सूख चुकी फुनगियाँ उसकी थीं और उसका कुछ भी नहीं बिगाड़ सकती थीं।

फिर भी वह हेगे से पूरी तरह सहमत नहीं हो पाया। हेगे के लिए ऐसी चीज़ें कहना आसान था। लेकिन उसकी बात सुनने से राहत मिल रही थी उसे, और उसको देखने भर से ताक़त। हेगे ने माट्टिस की आँखों में सीधा देखते हुए दृढ़ आवाज़ में कहा : 'और अब तुम इस बात का ज़िक्र कभी नहीं करोगे। पेड़ों को वहाँ रहने दो जितनी देर वे रहना चाहें। हमारा कोई वास्ता नहीं है उनसे।'

'ठीक है, अगर तुम्हें उनके बारे में ऐसा लगता है तो,' माट्टिस बोला। उसके पास और कहने को कुछ नहीं बचा था।

13

दो दिन बाद हेगे ने कहा :

'माट्टिस, मुझे लगता है तुम्हें अब फिर से कोशिश करनी चाहिए।'

लगभग आदेश का स्वर था यह।

'बाहर जाकर काम करूँ?'

'कम-से-कम काम के बारे में पूछो तो। पिछली बार कितने अच्छे से काम किया था तुमने।'

'अब स्थिति कुछ अलग होने जा रही है,' उसने जवाब दिया, और अपनी बहन

की बात मान जाने का कोई संकेत नहीं दिया।

हेगे तल्ख़ी से बोली : 'तो *ऐसा* होने की प्रतीक्षा में तुम किसी जगह जा भी नहीं सकते भला?'

अभी दिन चढ़ा ही था और ऐसा लगता था कि मौसम ख़ुशगवार होने जा रहा है। दो दिन से माट्टिस तट पर बैठा रहा था, कंकर फेंकते हुए सोच में डूबा हुआ। नाव को कुछ समय खेकर मछली पकड़ने की कुछ कोशिश भी कर देखी थी उसने, लेकिन जैसा कि अक्सर होता आया था उसके साथ, उसके हाथ कुछ नहीं लगा। हेगे सिर्फ़ इतना चाहती थी कि वह उसे वहाँ बैठे-बैठे फ़िज़ूल में कंकर फेंकता न दिखता रहे। काम की ख़ातिर नहीं ज़ोर दे रही थी—*वह* तो होना ही न था।

उसके स्वर की तल्ख़ी से बात का फ़ैसला हो भी गया।

'लेकिन शलग़मों की निंदाई नहीं!' उसने याचना की।

'इससे मुझे कुछ फ़र्क नहीं पड़ता, तुम कुछ कमाकर घर लौटते हो तो,' हेगे के स्वर में ज़रा भी करुणा नहीं थी।

'सिर्फ़ मेरे विचारों पर निर्भर है यह,' माट्टिस बोला, 'तय तो आख़िर उन्हीं से होता है। उफ़, कितनी कठोर हो न तुम सच में?' उसने ख़ुद को यह जोड़ने की छूट दे डाली।

'मुझे यक़ीन है सब ठीक ही होगा,' हेगे बोली। 'आसपास के इलाक़े में कई छोटे-बड़े काम हैं जो उस हर व्यक्ति को मिल सकते हैं जो उन्हें करना चाहता हो।'

कितनी उत्सुक थी वह माट्टिस से पीछा छुड़ाने को। वह पहले से भी ज़्यादा अड़ियल हो चुकी थी, ज़्यादा बेसब्र, वह ख़ुद से कह रहा था, चुपचाप उसे दोषी ठहराते हुए।

वह कहाँ जाता? हेगे ने कह दिया और वह चल पड़ा था। पिछली बार जिस फ़ार्म पर वह गया था उसका तो सवाल ही नहीं था, वहाँ उसका मुआमला निपट चुका था। बेशक वे लोग अब भी उसी काम में व्यस्त होंगे। वह टहलता हुआ उनकी ओर निकल गया। हाँ, वे थे वहाँ, वे तीनों। बड़े खेत में थे बाहर वे। थोड़ा-सा काम अभी बाक़ी था। बड़ी सड़क पर से उनके क़रीब से निकलते हुए उसे बड़ा अटपटा लग रहा था, उस दिन से वह उन्हें इतने अच्छे से जानता था, कितना कुछ साझा कर चुका था उनसे। युवा प्रेमी सुबह के उल्लास से भरे हुए जान पड़ते थे।

क्या वे उसे सड़क से गुज़रते हुए देख रहे थे?

नहीं।

भई हाथ हिलाकर अभिवादन तो कर दो ज़रा, उसने याचना की। कई वर्षों तक उसकी स्मृति में सँजोकर रखी रहती यह बात। लड़की तो करे। वह नहीं चाहता था पुरुष उसका अभिवादन करें, उसे शर्मिन्दगी महसूस होती। लेकिन लड़की। न, वह तो चुटकियों के सिवा किसी चीज़ की ओर ध्यान नहीं दे रही थी।

आगे कुछ ही दूरी पर सड़क के एक ओर दो लड़कियाँ घास में बैठी थीं। फ़ेंस के उस ओर, सुरक्षित, वे अपने खिलौने लिये बैठी थीं, अपने गुड्डे-गुड़िया से बतियातीं, इतनी नन्ही कि पाप से एकदम अछूती थीं वे। वे एक-दूसरे से चपड़-चपड़ करने में व्यस्त थीं, तो भी उनमें से एक ने समय निकाल अपनी नीली आँखें उस पर टिकाये, गीत-भरी आवाज़ में उससे पूछ ही लिया : 'कहाँ चले, गोबर-गणेश?'

गीत से भरा और बिना किसी उत्सुकता के, सिर्फ़ पूछने के लिए पूछा गया सवाल। बेशक बच्चे अपने निकट के पड़ोसियों को जानते थे, सड़क के उतने ही क़रीब रहते हुए जितने कि ख़ुद वे लोग। तो माट्टिस भी उनका देखा हुआ एक परिचित शख़्स था।

तैश में मत आओ, उसने ख़ुद से कहा, ये बच्चियाँ इतनी छोटी हैं कि नहीं जानतीं क्या कह रही हैं।

'किसी ख़ास जगह नहीं,' उसने उत्तर दिया।

उन्होंने और कोई सवाल नहीं किया, उन्हें क्या पड़ी थी यह जानने की कि वह कहाँ जा रहा है।

फिर भी वह जल्दी ही खिसक लिया। चमकती हुई तेज़ भागती कारों को अपने पास से गुज़रता देख उसकी हिम्मत लौट आयी। कारों से मिलना इतना आसान था आप नहीं जानते थे। उनमें बैठे लोगों में से कोई नहीं जानता था वह गोबर-गणेश है। वह भीतर बैठे लोगों की ओर सीधा ताकने लगा—शायद वे लोग यही सोचें कि वह ख़ुद उनकी तरह का होशियार आदमी था।

वह एक से दूसरे फ़ार्म के चक्कर लगाता रहा, बाहर-बाहर से ही। अब तक तो उसे काम शुरू कर चुके होना चाहिए था। लेकिन जब वह किसी फाटक पर पहुँचता वह रुक कर देख लेता उसकी टाँगों को कैसा महसूस हो रहा है : ऐसी असहाय परिस्थिति में पहले भी किसी मौक़े पर उसने यह कसौटी गढ़ी थी।

'अगर तुम वहाँ घुसना चाहते हो, तो मुझे यक़ीन है मुझे एक झटका महसूस

होगा,' उसने अपनी टाँगों से कहा, और प्रतीक्षा करने लगा।

न, इस फ़ार्म के लिए कोई झटका नहीं, उसकी टाँगें ज़्यादा समझदार थीं। इस सुबह उसने बार-बार कोशिश की लेकिन हर नये फाटक पर वैसी ही विफलता।

लेकिन मेरे इस तरह भटकते रहने को लेकर हेगे क्या सोचेगी भला, मैं सोचकर देखूँ तो?

बात दरअसल यह थी कि हेगे को टाँग-प्रयोग के बारे में कोई ख़बर नहीं थी, यह राज़ की बात थी। ऐसी चीज़ों को स्वीकारने में कठिनाई थी उसे।

अन्ततः वह दुकान तक पहुँच गया—और पूरा समय यही उसके मन में था। यहाँ टाँग वाला प्रयोग करने की कोई ज़रूरत नहीं थी, क्योंकि दुकान तो सड़क के किनारे पर थी, हर राहगीर को फन्दे में फँसाने के लिए। झील के पास भी थी, जेट्टी जैसी किसी चीज़ के सामने फैली हुई।

भीतर उबली हुई मीठी चीज़ें बिकने को रखी थीं। दुकानदार माट्टिस की निरुपायता पर कभी हँसा भी नहीं था।

दिन के इस समय माट्टिस को अपनी जान-पहचान का कोई व्यक्ति दुकान में दिखायी नहीं दिया, केवल कुछ साइकिल-सवार, छुट्टी मनाते कई नौजवान, शिकंजी पीते हुए। माट्टिस जानता था कि उन्हें देर तक घूरना ठीक नहीं है। उसने स्वयं को ज़बरदस्ती रोका। उसने अपनी जेब को टटोला और उसे पचास ओरे का वह सिक्का मिल गया जोकि वह जानता था उसकी जेब में है।

'उबली गोलियों का एक पैकेट,' उसने इतनी लापरवाही से कहा मानो वह सप्ताह में कई बार ऐसा करता आया हो।

दुकानदार ने भी ऐसे ही पूछा जैसे यह रोज़मर्रा की बात हो : 'कर्पूर की बूँदें?'

दुकानदार को माट्टिस की आदत का पता था। कितना अच्छा था कि दुकान में खड़े अजनबी सुन रहे थे। माट्टिस इस छोटे-से, सुरक्षित संवाद को लेकर कृतज्ञ था।

'हाँ, जो अक्सर आप देते हैं,' वह बोला। बहरहाल आज के दिन उसके पास और भी अहम सवाल था।

'आप जानते हैं कैसे कोई वन-कुक्कुट अपना रास्ता बदल कर उस घर के पार जा सकता है जहाँ वह पहले कभी नहीं गया?' उसने पूछा। यह एक जटिल सवाल था जो वह रास्ते भर रटता आया था।

'वन-कुक्कुट अपना रास्ता कभी नहीं बदलते, बदलते हैं क्या?' दुकानदार बोला। 'अगर नयी जगह कोई उड़ान शुरू हो रही हो तो ज़्यादा सम्भावना इसी बात की है कि पिछले साल का कोई नन्हा चूज़ा अपने आप शुरू हो गया हो, मुझे लगता है।'

बात करते समय दुकानदार एक-छोटे से फावड़े को कर्पूर की बूँदों वाले कनस्तर में हिला-डुला रहा था। एक सुखद-सी पीली रोशनी कनस्तर की चमकीली दीवारों में भरी थी।

'क्या आपको ऐसा लगता है?' माट्टिस ने हताश होकर पूछा।

'इसमें कुछ गड़बड़ बात तो नहीं है, क्यों? तुमने हाल ही में ऐसा होते देखा है?'

'ओह, नहीं—जो अर्थ आप दे रहे हैं, वैसा नहीं है। आप जो बात कह रहे हैं उसमें कुछ विशेष नहीं है। जब कुछ चीज़ों का अधिक महत्त्व होता है आपको उन्हें कम नहीं आँकना चाहिए!'

उसने अपनी पहली गोली खा ली।

तभी एक साइकिल सवार ने कहा :

'सत्यानाश, बादलों को तो देखो! जल्दी ही तूफ़ान आने वाला है, पक्की बात है।'

माट्टिस चौंक गया और अपनी गोली को लगभग निगल लिया उसने। खिड़की से बाहर देखते हुए वह भी काले बादलों के झुण्ड को ढलान के ऊपर से गुज़रते हुए देख रहा था। सूरज अब भी चमक रहा था।

'क्या बिजली भी कड़केगी ज़ोर से?' उसने भयभीत होकर पूछा। उसके शब्द सीधे उस साइकिल सवार से कहे गये थे जिसकी धूप में झुलसी हुई चमड़ी पर घने बाल थे।

उसकी ओर तनिक आश्चर्य से देखते हुए अजनबी ने माट्टिस की बजाय अपनी ख़ूबसूरत साथी से बात करते हुए काफ़ी कड़ुवाहट भरा जवाब दिया : 'हाँ भयानक बिजली कड़केगी। और हम लोग ख़ूब मज़ा करेंगे।'

अब दुकान में माट्टिस की किसी भी चीज़ में रुचि नहीं बची थी। भयानक बिजली कड़कने वाली है, घर, घर, केवल यही एक विचार था माट्टिस के मन में। उसकी छिपने की जगह काफ़ी दूर थी, और उसे वहीं पहुँचना था।

वह दुकान से बाहर खिसक लिया। अधखुले दरवाज़े से उसे दुकानदार की आवाज़ आयी जो साइकिल-सवार के किसी सवाल के उत्तर में कुछ कह रहा था। एक बार फिर उसके तेज़ कानों का सही अनुमान नहीं लगा पाया कोई। वह जो दीवारों के पार से सुन सकता था और दूसरे लोगों की अपेक्षा ज़्यादा फ़ासले से—

उस सारे अभ्यास के साथ जिससे वह वो सब सुन सकता था जो उसके सुनने लायक नहीं था।

'वह ज़रा सीधा आदमी है,' दुकानदार भीतर कह रहा था।

दुकानदार भी? माट्टिस को कभी यक़ीन नहीं होता। लेकिन क्यों नहीं? उसे ख़ुद से फ़ौरन पूछना था। वह सच ही तो कह रहा था। वह ज़रा सीधा आदमी है। ठीक है। और एक क्षण बाद उसने सुना : 'लेकिन उसकी बहन बड़ी हिम्मत वाली है, तभी तो गुज़ारा चलता है उनका।'

ख़ुशकिस्मती से दरवाज़ा ज़ोर से बन्द हो गया, इसलिए उसे बाक़ी बातचीत नहीं सुनना पड़ी। शायद केवल इतनी ही बात हुई थी। रत्ती भर भी काम नहीं करता, यह बन्दा। शायद उन्होंने यह भी कहा हो।

बहरहाल, फ़िलहाल यह सब तो काले बादलों और बिजली की कड़क से कहीं कम महत्त्वपूर्ण था। अब अहम बात थी कि वह घर पहुँच कोई सुरक्षित जगह ढूँढकर छिप जाये। वह मीठी गोलियों का पैकेट दबाये, जितनी जल्दी उससे बन पड़ता था, चल रहा था। सूरज अब भी तेज़ चमक रहा था, जैसा कि तूफ़ान की आमद से पहले होता है।

उसके ठीक पीछे एक कार गुस्से से हार्न बजा रही थी और उसने स्वयं को सड़क के किनारे यूँ फेंक लिया जैसे वह चीथड़ों की पोटली हो। कार ने कस कर ब्रेक मारी और जैसे ही वह फिसलती हुई उसके पास से गुज़री कोई खुली खिड़की से चिल्लाया : 'सड़क के बीचों-बीच मत चलो, बेवकूफ़ आदमी।'

वह क्रुद्ध और भयभीत आवाज़ थी। माट्टिस ने देखा कि खिड़की से क्रोध-भरी आँखों की एक जोड़ी उसे देख रही है। बिलकुल अजनबी शख़्स।

'बस टकराने ही वाली थी,' काँपती हुई आवाज़ खिड़की से झाँक कर बोली। 'तुम आसानी से कुचले जा सकते थे, जैसे डाँवाडोल तुम चल रहे थे।' फिर खिड़की का काँच चढ़ा लिया गया, और माट्टिस की ओर ज़हरीला धुँआ उलीचती हुई कार तेज़ी से निकल गयी।

धुएँ के बड़े-बड़े घूँट निगलता हुआ माट्टिस लड़खड़ाता हुआ चलता रहा, सड़क के किनारे किनारे। वह समझ गया कि कार में बैठा आदमी किसी से भी यही बातें कहता। वह डर कर चिल्लाया था। वह बिलकुल अजनबी आदमी था और उसे कोई ख़बर नहीं थी वह किससे बात कर रहा था। माट्टिस बार-बार ख़ुद से यह कहता

चला जा रहा था, और ऐसा करते हुए अचानक उसे यह बात सूझी की वह लाखों-लाख लोगों से इसलिए बचा हुआ था क्योंकि वे उसके बारे में कुछ नहीं जानते थे। जैसे एक दोस्ताना धुँध उनके बीच लरज़ रही हो। सुकून देने वाली सोच थी यहः बेशुमार लोग नहीं जानते थे कि वह गोबर-गणेश था।

लेकिन अब वह तूफ़ान से बचते हुए भाग रहा था। उसने कई कड़कते हुए तूफ़ान देख रखे थे। कुछ तो अचानक आ धमकते थे, कुछ और थे जिन्हें समय लगता था और ख़तरनाक हो उठने से पहले जो बहुत कड़कड़ाया करते थे। कुछ और तूफ़ान ऐसे थे जो दूर-दूर ही बने रहते थे, वे किसी और जगह का रुख़ किये रहते थे। पक्के नियम किसी के भी नहीं थे। आज के बादल धीरे-धीरे क़रीब आ रहे थे। माट्टिस को लगभग यक़ीन था वह समय से घर पहुँच जायेगा।

जिस बच्चे ने उसे पुकारा था, वह कहीं भी नहीं था। लेकिन खेत में काम करते हुए तीनों लोग अभी तक खरपतवार उखाड़ने में जुटे थे।

'क्या वह अपना हाथ हिलायेगी?'

नहीं।

वह थकी होगी।

लेकिन मैं इसके बारे में नहीं सोचूँगा। अन्धड़-तूफ़ान सिर पर है, और तुम्हें इस तरह की चीज़ों के बारे में नहीं सोचना चाहिए। मन भी नहीं करता सोचने का। ऐसी होती है तूफ़ान की आमद।

अचानक उसकी टक्कर एक ऐसे आदमी से हो गयी जिससे वह थोड़ा-बहुत वाक़िफ़ था। कम-से-कम मिलने पर वह उससे बात ज़रूर कर लिया करता था और उसके साथ वह बेचैन भी महसूस नहीं करता था। उस आदमी ने अपना हाथ कुछ यूँ ऊपर उठाया मानो माट्टिस कोई बस हो जिसे वह रोकने की कोशिश कर रहा हो।

'पल भर रुको तो! तुम जल्दी में हो, नहीं माट्टिस?'

'आप देख ही रहे हैं तूफ़ान आने वाला है, नहीं?' माट्टिस गम्भीरता से बोला।

'कैसा तूफ़ान?'

'अभी कड़कड़ाती हुई बिजली चमकेगी, देख नहीं रहे आप? और घर ही सबसे अच्छी जगह होगी तब।'

ऐसा लगता था कि वह आदमी बख़ूबी जानता है कि माट्टिस को कड़कती बिजली से क्या महसूस होता है। उसने सिर उठाकर बादलों की ओर देखा : 'मुझे नहीं लगता तुम्हें चिन्ता करनी चाहिए। तूफ़ानी बादल नहीं हैं ये, देखो अभी

से छँट रहे हैं।'

माट्टिस ने सिर हिलाया और उसे विश्वास नहीं हुआ। शायद उसे दिलासा देने के लिए कहा गया था। भयानक बिजली और तूफ़ान, यही तो कहा था दुकान में खड़े साइकिल-सवार ने, और बेशक क़रीब-क़रीब सच ही तो थी उसकी बात।

'क्या कहा था मैंने? उधर तो देखो, माट्टिस!'

उनके वहाँ खड़े-खड़े ही बादल छँट गये और पहाड़ों के ऊपर आसमान का एक नीला-सा टुकड़ा उभर आया। तूफ़ान का संकट पूरी तरह से टल चुका था, और वे तूफ़ानी बादल थे भी नहीं।

'लो देख लो,' वह आदमी बोला, 'हल्के बादल हैं और इसका अर्थ है कि मौसम सुहाना होगा, लो अब पूरे छँट गये हैं बादल।'

माट्टिस ने चैन की एक लम्बी साँस भरी।

'मीठी गोली खाँएगे?' माट्टिस शुक्रिया अदा करते हुए बोला।

और वह आदमी गोली चूसता हुआ अपने रास्ते चल दिया।

माट्टिस की चाल अब सहज और धीमी थी। लेकिन इतनी देर हो चुकी थी कि अब काम ढूँढ़ने का कोई लाभ नहीं था, उसने फ़ैसला किया। वह इस बात से पूरी तरह ख़ुश तो नहीं था कि उसे घर पहुँच कर काम करने के अपने प्रयत्नों का ब्यौरा हेगे को देना पड़ेगा। तूफ़ान का ख़तरा जैसे ही टला उसे अपनी पुरानी, परिचित, कचोटती हुई अन्तरात्मा का सामना करना पड़ रहा था।

वह अपने नन्हे-से घर की ओर जाती हुई पगडण्डी तक पहुँच चुका था। पेड़ों की सूखी फुनगियाँ हवा में फैली हुई थीं। उसने उनकी ओर देखा तक नहीं।

नहीं, उसने उनकी ओर नहीं देखा। कुछ ऐसी असाधारण चीज़ हो गुज़री थी कि वह सब कुछ भूल-भाल गया। पगडण्डी से नीचे आते-आते—उसे क्या दिखायी दिया भला :

एक पक्षी।

रास्ते के बीचों-बीच एक बड़ी-सी चमकती हुई चिड़िया खड़ी थी।

अपरिचित चिड़िया। सिर उठा हुआ और ढलान से उतरते हुए माट्टिस की ओर मुड़ा था।

कौन है यह? उसने सम्मोहित होते हुए पूछा।

उसे अपने भीतर एकदम विचित्र और ख़ाली-सा महसूस हुआ। वह एकदम निश्चल खड़ा हो गया—पक्षी भी निश्चल खड़ा था वहाँ। *यह मैं क्या देख रहा हूँ?*

पक्षी खड़ा था वहाँ, लेकिन अब और खड़ा नहीं रह सकता था अब जबकि उसे देख लिया गया था—वह उठ रहा था। ख़ामोश पंखों पर वह पेड़ों के झुरमुट में ओझल हो गया। वन-कुक्कुट नहीं था वह, उससे कहीं बड़ा पक्षी था, और बहुत अलग भी था, वन-कुक्कुट से एकदम भिन्न। वह क्या कर रहा था यहाँ?

क्या हो रहा है? उसने सोचा। क्या हेगे पर कुछ बीत गयी है! बस वह इतना ही सोच पा रहा था। वह ढलती पगडण्डी पर भागने लगा, पता करने।

नहीं। हेगे दिख गयी उसे, ठीक उसी जगह जहाँ बैठकर वह उसका इन्तज़ार किया करती थी, जब भी वह कहीं जाता। वह सीढ़ियों पर पड़ी नन्ही-सी गठरी की तरह लग रही थी। उसकी उँगलियाँ तेज़ी से हिलने में व्यस्त थी। जहाँ वह था इस सब को देखने की बजाय, एहसास भर हो रहा था उसे।

माट्टिस नीचे उतरकर हेगे के पास पहुँचा और फटी हुई आँखों से पूछने लगा : 'वहाँ ऊपर कौन है?'

उसने माट्टिस की ओर जल्दी से देखा, वह कुछ समझ नहीं पायी।

'क्या हुआ है तुम्हें?'

'वहाँ ऊपर एक विचित्र-सी चिड़िया है,' वह हकलाया।

हेगे अपना काम करती रही। माट्टिस मानो उसकी सलाइयों को बन्द करना चाहता हो, थोड़ी देर के लिए ही सही, पूर्णतया अभिभूत होते हुए वह बोला : 'मैंने एक शानदार विशाल पक्षी को देखा है! वह ऊपर पगडण्डी पर टहल रहा था।'

'सच में,' हेगे कुछ ज़्यादा ही रुखाई से बोली। फिर भी उसका लहजा इतना सख़्त नहीं था जितना अक्सर हुआ करता था। माट्टिस के स्वर में ज़रूर कुछ ऐसा रहा होगा जिससे हेगे को पक्षी के बहुत सुन्दर होने का एहसास मिला होगा। इस बात का भी कि उनके अपने घर में किसी की नज़र में वह पक्षी सुन्दर था। कुछ क्षण चुप्पी छायी रही। जिसकी अपेक्षा नहीं थी। कुछ ऐसा जिसका कोई नाम नहीं था।

माट्टिस ने ख़ुलासा किया :

'इससे पहले कि मैं उसे देख पाता वह पक्षी उड़ चुका था।'

अब इस प्रश्न के लिए उसे और अधिक प्रतीक्षा नहीं करनी पड़ती कि वह इतनी जल्दी घर क्यों कर लौट आया था जबकि उसे काम कर रहे होना था। वह पहले से

ही नहले पर दहला बिठा देना चाहता था।

'मैं वापिस लौट आया क्योंकि लगता है मेरे लायक कोई काम नहीं था। मुझे तो ख़ैर पता ही था। फिर किसी ने वहाँ कह दिया कि भयंकर तूफ़ान आने वाला है। लेकिन यह बात भी ठीक नहीं निकली।'

'नहीं,' हेगे बोली।

'लेकिन मेरी पहचान की एक लड़की ने मेरी ओर देखकर हाथ हिलाया,' वह बोला। उसने अपनी इच्छा को उसी समय हक़ीक़त में बदल दिया। हक़ीक़ी तो वह *थी* ही, ऐसा महसूस किया उसने।

'सच में,' हेगे बोली।

वह गुस्से में नहीं थी, विचित्र महसूस हो रहा था उसे। चमकदार चिड़िया कितनी ख़ूबसूरती से माट्टिस की मुखाकृति में झलक आयी थी।

14

सुबह उमंग से भरा वह सोच रहा था।

आज का दिन केवल वन-कुक्कुट और मैं।

वह समझा नहीं पा रहा था कैसे। न ही उसे किसी ख़ुलासे की ज़रूरत थी। आख़िर घर के ऊपर की हवा में रेखाएँ थीं—वन-कुक्कुट की उड़ान की, जबकि वह ख़ुद सो रहा था, पिछली रात और अब तो हर रात। सोना लगभग किसी बुराई के पर्याय जैसा महसूस होता था।

माट्टिस वन-कुक्कुट के बारे में जितना सोच रहा था, उसे यक़ीन होने लगा था कि कुछ अच्छा हो गुज़रने वाला है। कुछ अलग। इसीलिए तो वन-कुक्कुट दिन-रात इस घर के ऊपर से उड़कर जाता है, लेकिन उसी समय जब घर के लोग भीतर छिपे हुए होते हैं।

बात तो यह समझ में आती थी, उसे महसूस हुआ। वह हेगे को बार-बार बताने का लोभ-संवरण नहीं कर पा रहा था। हेगे सुन-सुनकर थक चुकी थी, लेकिन उसे लगा कि वह अपने शब्दों को तोड़-मरोड़ सकता था ताकि उसे पता ही न चले वह किस चीज़ की बात कर रहा था, और फिर भी अपने मन के उद्‌गार व्यक्त कर पाये।

सुबह जब हेगे उसके लिए नाश्ता लेकर आयी वह उससे बोला : 'वह दूर भी है और अब वापिस मेरे पास लौट भी आया है।'

'क्या मतलब है तुम्हारा?' हेगे ने सब्र से पूछा।

'इस तरह।'

अपनी उँगलियों से उसने अपने ऊपर की हवा में रेखाएँ खींचीं, वन-कुक्कुट की उड़ान की दिशा में।

हेगे अभी से अपने अगले काम में जुट चुकी थी। हर वक्त लगी रहती थी वह। माट्टिस को बहुत अच्छा लगता अगर वह अपने हृदय में उठते भाव और मन में आते हुए विचारों को हेगे के संग साझा कर सकता लेकिन हेगे अन्धी थी, देख नहीं पा रही थी वह।

'रुको, हेगे, अभी तो *बहुत कुछ* है।'

'तो जल्दी बोलो,' वह बोली।

'तुम कितना कम जानती हो कुछ चीज़ों के बारे में।'

उसने बड़े दोस्ताना ढंग से कही थी यह बात, कुछ-कुछ डरे हुए, आख़िर वह एक होशियार शख़्स से बात कर रहा था।

'हाँ, तुम ऐसा ही कहते हो,' हेगे ने उत्तर दिया।

'यहाँ-वहाँ खिंचती हुई लकीरें,' वह बोला।

'और जब आप सोये हुए होते हो,' वह बोला।

'हरेक रात,' वह बोला, पूरी बात को अञ्जाम देते हुए।

वह उसे अब एक व्यस्क की तरह देख रही थी, और फिर वह कुछ बोली : 'तुम ख़ुशकिस्मत हो जो चीज़ों को इस दृष्टि से देखते हो, मैं तो नहीं देख सकती, मैं बता रही हूँ तुम्हें।'

वह रुकी हुई थी, अपने आठ पंखुड़ी के गुलाबों की ओर भागी नहीं चली जा रही थी। आज एक बार फिर उसे माट्टिस की आवाज़ में वह स्वर सुनायी पड़ा जो उसे रुकने पर मजबूर कर दिया करता था।

'तो फिर तुम कैसे देखती हो चीज़ों को?' वह बेख़ुदी में पूछने लगा। वह उस क्षण का मज़ा किरकिरा कर बैठा था। वह चौंक गयी, जबकि ग़लती हेगे की ही थी।

लेकिन भीतर-ही-भीतर माट्टिस एक गीत से लबालब भर आया था : वह और

वन-कुक्कुट। उसकी इच्छा हुई वह नन्हे जंगल में ठीक उन अदृश्य धारियों के नीचे से गुज़र जाये। वही उसका मार्ग था, उल्लास से भरा हुआ मार्ग। इस बार भी वह निराश नहीं हुआ था। कुछ समय बाद उसे रुकना पड़ा।

तुम तुम हो, उसके भीतर कोई आवाज़ कहती हुई जान पड़ती थी, कम-से-कम वह तो यही सुन रहा था।

पक्षियों की भाषा में कही गयी थी वह बात। उनकी लिखावट में लिखी।

वह वन-कुक्कुट के मार्ग के नीचे दलदल के एक सूख चुके टुकड़े पर खड़ा था, सम्मोहित खड़ा हुआ था वह, उस सन्देश या वैसी ही किसी चीज़ को पढ़ता हुआ जो उसके लिए वहाँ छोड़ी गयी थी।

दलदली मिट्टी की भूरी मुलायम सतह पर एक पक्षी के पैरों के निशान थे। बहुत-से नन्हे, गहरे छेद भी खुदे हुए थे। वन-कुक्कुट आया था वहाँ। छिद्र वन-कुक्कुट की चोंच से खुद आये थे, जिसे वह ज़मीन में गड़ा कर भोजन के टुकड़े या कभी-कभी सन्देशों को कुरेद कर बाहर निकालता था।

माट्टिस झुका और जो लिखा हुआ था उसे पढ़ने लगा। नाचते हुए ख़ूबसूरत पग चिह्नों को। इतना सौम्य और सुन्दर होता है कोई पक्षी, उसने सोचा। दलदल पर इस क़दर ख़ूबसूरती से चलता है मेरा परिन्दा, जब वह आसमान से थक जाता है।

तुम तुम हो, यह लिखा था वहाँ।

कितना शानदार अभिवादन है।

उसे एक टहनी मिल गयी जिससे उसने भूरी सतह की एक ख़ाली जगह पर अपना उत्तर कुरेद दिया। उसने आम अक्षरों को इस्तेमाल नहीं किया; वन-कुक्कुट के लिए सन्देश था वह, इसलिए उसने ऐसे ही लिखा जैसे पक्षी लिखते हैं।

अगली बार जब वन-कुक्कुट यहाँ आयेगा तो ज़रूर इसे देख लेगा। यहाँ केवल मैं ही आता हूँ और अकेला मैं ही तो हूँ जो लिखता हूँ।

वह एक शान्त और ख़ूब बढ़िया छिपी हुई जगह थी। कल्पना करना असम्भव था कि मिलन के लिए इससे बेहतर कोई जगह हो सकती थी। दलदल के छोटे से टुकड़े के गिर्द लम्बे पेड़ खड़े थे, और एक छोटी-सी साफ़ जगह पर धूप अपने लिए रास्ता बना रही थी, दलदली ज़मीन पर गाढ़ी और गर्म चमकती हुई वह उसे सुखाने में लगी थी ताकि सुन्दर, शर्मीले जीव उस पर नाच सकें।

क्या उसे बाक़ी का दिन और शाम यहीं गुज़ारना चाहिए, और पक्षी के आने की प्रतीक्षा करनी चाहिए और क्या पता वह नीचे ठीक उसी के पास उतर आये?

यह विचार उसे लुभा रहा था, लेकिन उसने उसे दृढ़ता से अपने मन से निकाल दिया। उसकी हिम्मत नहीं हुई। आख़िर पक्षी डर भी तो सकता था—और इससे कुछ बिगाड़ पैदा हो सकता था जो दुनिया की किसी भी चीज़ के बदले में पैदा नहीं होना चाहिए था।

यहाँ, इस क्षण, यह अभिवादन है। इतना ही काफ़ी होना चाहिए।

कल वह वापिस आकर देखेगा कि वन-कुक्कुट उसके सन्देश को कैसे पढ़ पाया है। वह सीटी बजाते हुए घर की ओर चल दिया, बोला कुछ भी नहीं—हेगे नहीं समझ पाती इस तरह की कोई चीज़।

15

अगले दिन रोमाञ्च से भरा वह चल पड़ा, और उसे निराश भी नहीं होना पड़ा। उसके अपने लिखे हुए से कुछ ही दूरी पर पक्षी ने चोंच से एक पैग़ाम लिख रखा था।

मात्टिस को इसी बात की अपेक्षा थी, लेकिन उस पर असर इतना हुआ कि उसे एक पत्थर पर बैठ जाना पड़ा।

सचमुच उनके बीच कुछ हो गुज़रा था।

और अपनी गज़ब क़ी भाषा में पक्षी क्या कह गया था?

मात्टिस के मन में ज़रा भी सन्देह नहीं था। वह पैग़ाम एक महान दोस्ती के बारे में था। प्रिक्क प्रिक्क प्रिक्क। शाश्वत दोस्ती, यही अर्थ था उसका।

उसने टहनी निकाली और कुरेद कर लिख दिया कि उसे भी ऐसा ही लगता है।

पक्षी-भाषा में ख़ुद को व्यक्त करना आसान था। कितना कुछ था जो वे एक-दूसरे को बताने वाले थे। अब यहाँ पैरों के निशान और भी ज़्यादा थे। मात्टिस को यह नृत्य जैसा कुछ आभास दे रहा था।

लेकिन मुझे यहाँ जासूसी करते नहीं रुके रहना चाहिए।

मात्टिस ने चहुँ ओर देखा और ऊँचे स्वर में बोला : 'महान घटनाएँ।'

उसने सामान्य मनुष्य की वाणी का उपयोग किया। बड़ी खुरदुरी और मामूली जान पड़ी यह भाषा। उसकी इच्छा थी कि वह सदा के लिए पक्षी-भाषा का उपयोग शुरू कर दे—हेगे के पास घर लौटकर और किसी भी तरह बात न करे। तब कहीं

जाकर वह शायद कुछ ऐसी चीज़ों को समझना शुरू करेगी जो फ़िलहाल उससे छिपी हुई हैं।

लेकिन उसकी जुर्रत नहीं थी, वह अच्छी तरह जानता था कि इसका क्या अञ्जाम होगा। ज़्यादा सम्भावना तो यह थी कि उसे कमरे में बन्द कर दिया जायेगा। वे दुनिया भर की सारी भाषाओं से अधिक सुन्दर एक भाषा से सम्बन्ध रखने से इनकार कर देंगे, वे मज़ाक उड़ायेंगे उसका।

लेकिन अपने भीतर उमड़ते हुए उल्लास के साथ वह नीचे झुका और ज़मीन को खुरच कर कुछ और लिख दिया उसने। इस क्षण वह पूरे टुकड़े को भर सकता था, लेकिन उसे हरगिज़ ऐसा नहीं करना चाहिए था क्योंकि वन-कुक्कुट के लिए भी तो जगह छोड़नी थी उसे। हर दिन वे यहाँ हल्के-फुल्के नाचते कदमों से फुदकते फिरेंगे और मिट्टी को खुरच-खुरच कर अपने हृदय की बात कहेंगे।

इस खोज के तीसरे दिन बाद भी वैसा ही हुआ, और चौथे दिन भी। हेगे ने उससे पूछा वह जंगल में इतनी बार क्या करने जाता है।

'हम्म,' वह बोला।

हेगे ने बात आगे नहीं बढ़ायी।

माट्टिस की यह इच्छा और प्रबल होती गयी कि वह पक्षी के आने की प्रतीक्षा करे, लेकिन उसने इस इच्छा पर काबू पा लिया। वह हर नये दिन की प्रतीक्षा बेसब्री से करने लगा।

पाँचवे दिन उसके लिए कोई ताज़ा पैग़ाम नहीं था। क्या हो गुज़रा था? और क्या जंगल पहले की तुलना में कुछ ज़्यादा ही ख़ामोश नहीं था?

उसके भीतर ये शब्द कष्ट में आकार ले रहे थे : वन-कुक्कुट मर चुका है।

नहीं! नहीं!

चार दिन लिखित सन्देशों के आदान-प्रदान में वह इतना मग्न था कि जैसे ही वह देखता कि दलदल में नया सन्देश नहीं है वह भयानक हादसों की कल्पना करने लगता। फिर भी घर जाने से पहले उसने खुरच कर अपना सन्देश तो लिख ही दिया। शाम के समय वह घर के बाहर बैठा वन-कुक्कुट के आने की प्रतीक्षा करने लगा। हेगे सो रही थी।

कोमल, बरसाती हवा, एकदम सही। अचानक यह एहसास हुआ उसे : एक दिन वन-कुक्कुट यहाँ से उड़ान नहीं भरेंगे। और एक दिन ऐसा आयेगा जब वन-कुक्कुट

होगा ही नहीं।

'कौन है जो हादसों के बारे में हाय-हाय कर रहा है?' उसने बरसाती हवा में आत्म-विश्वास के साथ कहा, क्योंकि उसकी खोई हुई चिड़िया आन पहुँची थी, परिचित और शानदार, उसी रास्ते पर उड़ान भरती, वैसे ही पुकारती फिर रही थी जैसे पहले। माट्टिस ने ख़ुद पर मुश्किल से ही रोक लगायी, नहीं तो वह हेगे को नींद से जगा बैठता।

जब वह अगले दिन मिलने की जगह पर पहुँचा तो एक नया सन्देश उसके लिए प्रतीक्षा भी कर रहा था।

यूँ हुआ करता है हमारे साथ, उसने सोचा।

और अभी तक एक ख़ाली टुकड़ा बचा हुआ था जिसे वे खुरच सकते थे, नृत्य करते हुए पञ्जों से भर सकते थे।

16

लेकिन दो ही दिन के बाद माट्टिस बीमार महसूस करने लगा। अचानक। वह घर के अन्दर-बाहर भटकता रहा। जब हेगे ने सवाल पूछना शुरू किया उसने उत्तर दिया:

'क्या कुछ खा बैठे हो तुम, या फिर मौसम की वजह से?'

'न तो यह है न वो,' उसने फिर से बाहर घूमते हुए कहा।

वन-कुक्कुट गम्भीर संकट में था, यह बात थी।

उसी दिन सड़क पर उसे एक नौजवान मिला जिसने उससे पूछा कि क्या यह बात सही थी कि उसके घर के ऊपर वन-कुक्कुट उड़ान भरा करता है? हाँ, हाँ था न, माट्टिस ने उत्तर दिया, इस बात से ख़ुश कि किसी ने पूछा तो। अभी तक तो उसे लोगों पर यह ख़बर थोपना पड़ रही थी।

फिर अचानक एक ठण्डी सिहरन उसे आरपार भेद गयी, और उसे अपने कहे हुए हर शब्द को लेकर कटु पश्चाताप का अनुभव हुआ। नौजवान की आँखों में अचानक आयी चमक से वह ताड़ गया कि वह एक बहेलिए से बात कर रहा है।

'लेकिन अब तो नहीं आता वह! गर्मी का मौसम काफ़ी निकल चुका है। मुझे

भी बहुत दिन से दिखायी नहीं दिया।'

नौजवान तो हँस दिया था—उसे बेहतर मालूम था : 'तुम्हें लगता है मुझे नहीं मालूम जब कोई पक्षी उड़ान भरना बन्द कर देता है तो?'

माट्टिस का झूठ चकनाचूर होकर गिरा। माट्टिस उससे कहना चाहता था वह पक्षी को कोई नुक़सान न पहुँचाए, लेकन जब भी कोई ज़रूरी बात होती थी माट्टिस हमेशा अपनी धीमी गति के कारण चूक जाया करता था।

'अलविदा,' नौजवान ने तेज़ी से कहा और लम्बे, फुर्तीले डग भरता खिसक लिया। उसकी चमड़ी धूप में झुलसी हुई थी और वह अच्छी डील-डौल वाला आदमी था, ज़ाहिर था कि वह ख़ूब काम का आदमी था, और अच्छी पगार देकर लोग उससे काम करवाना चाहते थे—लड़कियों को भी उसका आसपास होना ख़ूब सुहाता था।

लेकिन माट्टिस नौजवान की आँखों की चमक को भूल नहीं पा रहा था। वह बहेलिया था और बन्दूक लेकर लौट सकता था। जंगल के छोर पर वह वन-कुक्कुट की प्रतीक्षा में बैठा रह सकता था और गोली मारकर उसे गिरा सकता था।

शायद उसी शाम को। क्या ताज्जुब की बात थी कि उसे अपने पेट में कुछ विचित्र-सी अनुभूति हो रही थी?

वह इस बात की चर्चा हेगे से नहीं करना चाहता था, क्योंकि वह समझ जाती कि उसी ने बहेलिए को वन-कुक्कुट के बारे में बताया था। उसने ख़ुद को दिलासा दिलाने की कोशिश की कि अब तक तो सब जान ही गये हैं वन-कुक्कुट के बारे में, लेकिन कोई फ़ायदा नहीं था। आज वह उस बहेलिए को बता बैठा था जोकि सिर्फ़ उससे सवाल पूछने की गर्ज़ से आया था। माट्टिस को बहुत देर से समझ में आया।

जैसे-जैसे समय बीतता गया, माट्टिस को अपने पेट में बहुत ख़राब महसूस होने लगा। बाहर शाम की गर्मी भली लग रही थी। बादल छाये हुए थे और हवा में बारिश की सही महक भी मौजूद थी। माट्टिस घर के गिर्द घूमता रहा पूरा समय झाड़ियों की ओर मुँह किये, जैसे किसी को बन्दूक तान घात लगाने से रोकना चाहता हो।

उसे सब में पूरी नाउम्मीदी महसूस हो रही थी। आसपास के जंगलों में सैकड़ों बन्दूक-धारी नौजवान घूम रहे हो सकते थे, वह किसी एक को भी न देख पाये, तब भी। फिर भी उसे लगा उसे घर के गिर्द भागते रहना पड़ेगा, झाड़ियों मे घूरते हुए, अँधेरे के उन टुकड़ों में जो वहाँ जमा होना शुरू हो चुके थे। अदृश्य बन्दूकों से और भी ज़्यादा डरता चला जा रहा था वह। हो सकता है बहुत-सी हों।

नहीं, नहीं, नहीं।

वह घर के गिर्द घूमता रहा। इससे भला क्या लाभ होने वाला था? पक्षी हवा में बहुत ऊपर उड़ते हैं, और वह उन्हें तब तक चेतावनी नहीं दे सकता था जब तक कि वे छत के ठीक ऊपर न पहुँच जायें—और तब भी नहीं।

वह अचानक चौंक गया : उड़ान शुरू हो रही थी। उसके दिल की धड़कन बन्द हो गयी।

पक्षी आ चुका था।

एक, दो, तीन और वह गयी वह! माट्टिस के आरपार धारी की मानिन्द। और चिड़िया को अपनी उड़ान पूरी करने दी गयी, कोई बन्दूक नहीं चली।

तो वह क्या मात्र उसकी कोरी कल्पना थी? नहीं, उसका डर गया नहीं। बन्दूक ज़रूर यहीं कहीं है, सिर्फ़ वह पहली बार हरक़त में नहीं आ पा रही।

माट्टिस अपनी व्यर्थ की यात्रा करता रहा, चक्कर पर चक्कर लगाता हुआ। फिर उसने झाड़ियों में चिल्ला दिया, चेतावनी स्वरूप—'कोई है!' कोई जवाब नहीं मिला।

'कोई है!' वह और ऊँचा चिल्लाया।

कोई जवाब नहीं। लेकिन क्षण भर के बाद कुछ टूटने की आहट हुई। दबी, ख़तरनाक आहट।

कहाँ थी वह? उसने सुना नहीं कहाँ से आयी थी वह आहट। वह और भी ज़ोर से चिल्लाया।

'न भई!' उसकी अगली पुकार, बुक्का फाड़कर।

'कुछ कर न बैठना, भाई!' वह चिल्लाया।

जंगल में मृत्यु-सी चुप्पी छायी थी।

अब ज़्यादा समय बचा भी नहीं था वन-कुक्कुट के पुनः प्रकट हो जाने में।

'नहीं,' वह चिल्लाया। आवाज़ कमज़ोर थी और दम फूला हुआ। उसे ठीक से पता नहीं था कि वह किसे चेता रहा था, छिपे हुए बहेलिए को या फिर उड़ती चिड़िया को कि कहीं वह इधर न निकल आये। शायद कुछ-कुछ दोनों ही को।

आज की रात जंगल इतना बदला हुआ था कि पहचान में ही नहीं आ रहा था। जिस जंगल में माट्टिस आम तौर पर सुरक्षित महसूस करता था—आज वहाँ हर शय दुष्ट और भुतही प्रतीत हो रही थी। शाम का आसमान खुली ज़मीन को प्रकाश में डुबोए चला जा रहा था, फिर भी झाड़ियों में कहीं भीतर से किसी बन्दूक की नली बाहर झाँक रही थी। इस बात का हर चीज़ पर मारक प्रभाव था।

माट्टिस अब तीसरी बार चिल्लाने ही वाला था कि उसे किसी पक्षी के फड़फड़ाने की आवाज़ आयी। उसका मुँह बे-आवाज़ खुला रह गया।

नहीं—उसके भीतर किसी आवाज़ ने कहा, ख़ामोश विलाप जैसा कुछ। निरुपाय।

धड़ाम! जंगल की गहराइयों में से गरजती हुई ध्वनि सुनायी दी। इतनी दूर कि माट्टिस जगह का पता ही न लगा पाया। और ऊपर हवा में किसी पक्षी की नन्ही-सी कराह की ध्वनि सुनायी दी।

दनाक्! पहाड़ी की ओर से दबी हुई अनुगूँज।

माट्टिस वहीं-का-वहीं खड़ा रहा गया। पहले तो वह गरजती हुई आवाज़ उसके क़रीब से अँधेरे बादल की तरह घूमती हुई गुज़र गयी, फिर मरा हुआ वन-कुक्कुट बल खाता हुआ साँझ के आसमान से गिरने लगा और उससे कुछ ही कदम की दूरी पर धप्प से गिर पड़ा।

फिर भी माट्टिस हिल नहीं पाया। उसने अपने विचारों में क्रम लाने की कोशिश की—वे बुरी तरह गड्डमड्ड थे। लेकिन एक नौजवान लड़का झाड़ियों में से तेज़ी से भागता हुआ निकला—और ठीक उसी क्षण माट्टिस अपने शरीर पर क़ाबू पाकर सामने की ओर कूदा और सीसे से बिंधे हुए पक्षी को उसने उठा लिया, उसके छितराये हुए पंखों को ठीक किया और उसकी अँधेरी आँख को देखा।

पक्षी उसे देख रहा था।

नहीं, नहीं, ऐसा मत सोचो। मत सोचो यूँ। पक्षी मर चुका है।

मर चुका है, क्यों मर गया?

उसने मेरी ओर देखा था पहले।

इस बीच बहेलिया खुले में निकल आया था, वह लगभग भाग रहा था, शिकार की ख़ुशी से तमतमा आया था उसका चेहरा। यह वही नौजवान था जिसके संग उसने दिन में बात की थी, ताक़त और ख़ुशी से भरा हुआ था वह।

माट्टिस अभी तक पक्षी को हाथ में लिये खड़ा था।

'क्या निशाना लगा है!' नौजवान बोला, चमकती हुई बन्दूक को थामे। 'मुझे अभी-अभी दिखी थी चिड़िया, तीर जैसी तेज़ उड़ रही थी, सो मैंने निशाना साधा और मार गिराया इसे।'

माट्टिस ने कोई जवाब नहीं दिया।

'मुझे नहीं लगता तुम ऐसी बातों को समझते हो,' नौजवान बोला, 'लेकिन निशाना तो ज़बरदस्त था। नीचे गिरने से पहले ही काम तमाम हो चुका था, इसे

देख कर यही पता चलता है।'

माट्टिस पक्षी को लिये खड़ा था, पूरी तरह गुमसुम। ख़ामोश। पक्षी वाला हाथ नीचे लटक गया था—मानो वह भूल गया हो वह किस चीज़ को पकड़े हुए है।

नौजवान ने आश्चर्य से पूछा : 'तुम्हें लगता है तुम्हारी है यह चिड़िया?'

माट्टिस कुछ नहीं बोला।

'लाओ दे दो मुझे। घर जाकर दिखाऊँगा सबको कि क्या निशाना साधा है मैंने,' वह माट्टिस को मुंडी मटका कर दोस्ताना ढंग से आँख मार रहा था, बन्दूक को कन्धे पर डाल घर जाने की तैयारी करते हुए।

माट्टिस ने चिड़िया उसे नहीं दी, आज्ञा का पालन करते हेतु कोई हरक़त भी नहीं की उसने, बस निरुपाय खड़ा देखता रहा नौजवान की ओर। नौजवान अचानक एक कदम पीछे हटा।

'बोलते क्यों नहीं?' वह फिर शुरू हो गया, उतना ख़ुश नहीं था वह अब जितना तब था जब वह भागा-भागा आया था।

माट्टिस ने ख़ुद को सम्भाला, वह उन सियाह आँखों के बारे में कुछ कहना चाहता था—लेकिन उसने देखा कि अब वे जा चुकी थीं। अब बन्द थी वे आँखें। उनके बारे में अब और कुछ भी नहीं कहा जा सकता था। उसने पक्षी को छोड़ा नहीं।

नौजवान वहाँ खड़ा था, ज़बरदस्त निशाना साधने के बाद ठगा हुआ महसूस कर रहा था वह। आख़िर वह पूरी तरह अन्धा नहीं था। वह खड़ा था वहाँ यौवन और ताक़त और ऊर्जा से भरा हुआ, लेकिन इस ख़ामोश खड़े गोबर-गणेश से डर रहा था वह।

उसने बिलकुल अलग लहजे से पूछा : 'क्या बात है, माट्टिस?'

कोई उत्तर नहीं।

लगभग निरुपाय हो चुके नौजवान ने पूछा :

'क्या तुम मुझसे इस वजह से नाराज़ हो?'

फिर भी कोई उत्तर नहीं।

माट्टिस ने बहुत दुख से सिर हिलाया। कुछ तो कहना चाहिए था उसे। नहीं, या कुछ और। उसने ज़मीन की ओर देखा, जहाँ ख़ून का एक धब्बा था, चिड़िया पलटी खाकर गिरी थी जहाँ। उसकी चोंच से कुछ ख़ून अभी तक टपक रहा था। माट्टिस ने फिर से सिर उठाया और बिना कुछ बोले नौजवान की ओर देखने लगा।

नौजवान ने भी आगे बातचीत करने की कोई कोशिश नहीं की। और उसने माट्टिस से ज़बरदस्ती पक्षी को छुड़ाया भी नहीं, बावजूद इसके कि वह बलवान आदमी था। उसने बन्दूक को सीधा किया और धीरे-धीरे चलता हुआ आँख से ओझल हो

गया, ऐसा लगता था उसका सामना किसी ऐसी चीज़ से हुआ है जिसे वह समझ नहीं पा रहा, और जिसे वह आसानी से भूल भी नहीं सकता था।

माट्टिस वहाँ खड़ा रह गया वन-कुक्कुट के साथ। चोंच से ख़ून की बूँदें टपक रही थीं।

अकेले में माट्टिस की वाणी लौट आयी; वह धीमी आवाज़ में बुदबुदाया : 'आँखें बन्द। आँखें ढाँपे।'

'अब नहीं है।'

'पंखों में सीसा।'

उसने नौजवान की ओर ध्यान नहीं दिया था, न ही उसने इस बात पर ग़ौर किया था कि वह क्या कर रहा है। वह सीढ़ियों की ओर आया, द्वार से ख़ुद को घसीटता हुआ और बैठक में प्रविष्ट हुआ।

यह कोई दुःस्वप्न नहीं था जिसमें वह जकड़ा हुआ था। यह हक़ीक़त थी।

वन-कुक्कुट आँखें मूँदे लेटा था, छिपे हुए सीसे से भरा हुआ।

जब उसने उठाया था उसे तो उसने माट्टिस की ओर देखा था, इसमें कोई शक नहीं था।

उसने छोटे कमरे के दरवाज़े पर घड़घड़ाहट की, यह भूलकर कि ग़लत क्षण पर आकर उसे अक्सर डाँट-भरा उत्तर मिला करता था। हेगे तो कब की सो चुकी होगी।

'तुम्हें उठना होगा, हेगे। उठना ही होगा तुम्हें,' उसने ऐसी आवाज़ में कहा जो कोई पहचान ही नहीं सकता था।

हेगे जगी हुई थी, उसने तुरन्त जवाब दिया, अनिच्छा और क्रोध में, नहीं।

'लेकिन तुम्हें आना ही होगा, हेगे। भयानक घटना घटी है।'

'किसके साथ?'

बताने का साहस नहीं था माट्टिस में : 'तुम ख़ुद ही देख लो।'

उसकी बात के लहजे ने हेगे को यह कहने को बाध्य किया : 'मैं आ रही हूँ, हुआ क्या है?'

वह सीधी बिस्तर में से बाहर निकली, बिखरी-बिखरी और अपने ख़यालों में गहरे खोयी हुई, माट्टिस की परेशानी के विषय को लेकर भयभीत। उसका ध्यान नहीं गया, लेकिन माट्टिस ने मेज़ की ओर इशारा किया जहाँ पक्षी पड़ा था।

'देख रही हो?'

'छि, छि! मेज़ पर पड़ा क्या कर रहा है वह, गन्दा हो रहा है सब,' मेज़ की सतह पर ख़ून के क़तरों को देख हेगे अपने परिचित लहजे में बोली। लेकिन उसने माट्टिस के चेहरे के भाव को देख तुरन्त ख़ुद को सम्भाला। वह थोड़ा क़रीब सरक आयी। वह जंगल में पनप रहे वनैले जीवों से इतनी अनभिज्ञ भी नहीं थी कि यह न समझ पाती कि वह किस क़िस्म की चिड़िया थी।

'क्या यह तुम्हारा वही वन-कुक्कुट है?'

माट्टिस ने रूखी-सी हामी भरी।

'हाँ, मुझे अभी गोली की आवाज़ सुनायी दी तो थी,' हेगे बोली। 'और शिकारी ने तुम्हें दे दिया वन-कुक्कुट, फिर?'

'नहीं, ऐसा नहीं था,' माट्टिस बोला। 'उसका पक्षी नहीं था यह, क्यों, सिर्फ़ इसलिए कि उसने गोली से मार गिराया था?'

'क्या तुमने ख़ुद ले लिया था इसे?'

'उसने मुझे ले लेने दिया। उसका पक्षी थोड़े ही है यह, क्यों? लेकिन क्या तुम *समझ* सकती हो, हेगे?'

हेगे ने इसका उत्तर नहीं दिया, ऐसा कुछ था ही नहीं वास्तव में जो वह कह सकती थी। वे दोनों मेज़ पर रखे पक्षी की ओर मुँह किये खड़े थे। माट्टिस के लिए यह समस्या बहुत बड़ी थी। वह और-से-और बिखरता चला जा रहा था।

'क्या तुम नहीं समझ सकतीं?'

'नहीं,' हेगे बोली।

'तो फिर तुम्हारी बात भी वही है,' माट्टिस कटुता से बोला। 'जब चीज़ें सच में गम्भीर हो जाती हैं, हमेशा ऐसा ही होता है।'

वह बड़ी बुरी हालत में था, और हेगे को कुछ सूझना चाहिए था : 'वे अपने आप भी गिर जाया करते हैं, ये पक्षी, पता है! चाहे उन्हें कोई गोली मारे या न मारे, मेरा मतलब है।'

माट्टिस ने न में सर हिलाया।

'वे बहुत वर्षों तक जीवित रहते हैं, ये पक्षी, ऐसा बताया है मुझे किसी ने। और इसने तो मेरी ओर देखा भी था।'

'किसने?'

'चिड़िया ने, और किसने। जैसे ही मैंने इसे उठाया।'

'ज़िन्दा थी वह?'

'मुझे पता नहीं लेकिन उसने मेरी ओर देखा ज़रूर था।'

'ख़ैर, अब हम लोग और बात नहीं करेंगे इसके बारे में,' हेगे बोली। 'अगर वह ज़िन्दा नहीं थी तो उसने देखा भी नहीं होगा तुम्हारी ओर। कुछ भी नहीं था वह।'

माट्टिस ने सिर्फ़ इतना कहा : 'उसके बाद आँख मूँद ली थी उसने।'

बात ख़त्म करने की गर्ज़ से हेगे दृढ़ता से बोली : 'इसके बारे में अब और चिन्ता मत करना। इस चिड़िया को अब बाहर ले जाओ। यहाँ मेज़ पर नहीं पड़ी रहने दूँगी मैं। और हम इसका उपयोग भी नहीं करेंगे।'

माट्टिस काँप उठा।

'उपयोग? नहीं।'

'बाहर जाकर इस चिड़िया को एक बड़े से पत्थर के नीचे रख आओ, माट्टिस।'

'बड़े से पत्थर के नीचे? क्यों?'

'ताकि कोई इसे लेकर भाग न जाये।'

'यह विचार तो अच्छा है,' उसने कृतज्ञता-पूर्वक कहा।

'फिर जितनी जल्दी हो सके, भीतर आकर सो जाना। ऐसी चीज़ों का कोई इलाज नहीं है, मालूम है तुम्हें? तुम्हें बस स्वीकार करना होता है।'

'हाँ, लेकिन—'

'लेकिन-वेकिन कुछ नहीं, माट्टिस। ऐसा तो होता ही है।'

'यह तो मैं ख़ुद भी कह लेता न,' माट्टिस बोला। 'मैं तुमसे क्यों पूछ रहा हूँ?'

हेगे अपने कमरे में चली गयी, रात की झीनी पोशाक में ठिठुरती हुई। माट्टिस वन-कुक्कुट को लेकर बाहर चला गया और उसने ठीक वैसा ही किया जैसा हेगे ने बोला था।

17

इस कठिन काम को ख़त्म करते-करते माट्टिस ख़ूब थककर पसीने से भीग गया था। पक्षी के सम्मान में और उसे सुरक्षित रखने हेतु उसने उसे ऐसे पत्थर से ढँक दिया था जो उठाने में उसके लिए बहुत भारी था। बहुत भारी लग रही थी उसे वह सिल्ली, और उसकी पूरी ताक़त लग गयी थी उसे उठाने में। आधी रात का समय हो भी चुका था।

जब उसने अपना काम ख़त्म कर लिया तो वह पत्थर पर बैठकर आराम करने लगा। अचानक उसके मन में यह बात कौंधी : अगर यह हेगे होती तो—

जून की नीरव रात में इस विचार ने बर्फ़ानी तूफ़ान की तरह उसे भेद डाला। उसके विचार उसे डराने लगे। उसने स्वयं को वहाँ अकेले बैठे हुए देखा, और हेगे और चिड़िया को भारी पत्थरों के नीचे दबे हुए।

और आँखें ढँकी हैं।

और नदियों ने बहना बन्द कर दिया है।

उसने ख़ुद के लिए इन शब्दों को बुदबुदाया, लेकिन जो ख़ुशी उसे सामान्यतः मिलती थी, वह उसे नहीं मिली। उसकी निगाह बेचैनी से घास के मैदान के ऊपर से सरक गयी जहाँ पूरा जीवन नींद में खोया हुआ जान पड़ता था। उसे ठण्ड लगने लगी। कुछ भी हो उसे हेगे के पास लौट जाना चाहिए। इस घटना के बाद आज की रात उसे उसके क़रीब से ज़रा भी हटना नहीं चाहिए।

एक बार फिर उसने उसके दरवाज़े पर दस्तक दी।

'आज की रात तुम मुझे अपने पास सो लेने दो,' उसने एक संकरी खुली जगह में से कहा। उसे आईने के नीचे दीवार के पास अपनी बहन की एक हल्की-सी झलक दिखायी दी।

'आ जाओ माट्टिस,' वह बोली, आश्चर्य था कि उसे मञ्ज़ूर था।

तो अब वह सोयी भी नहीं हुई थी। जैसे ही वह क़रीब आया हेगे ने दोस्ताना लहजे में पूछा : 'तुमने वही किया जो मैंने कहा था?'

'हाँ, लेकिन—'

'कुछ और हुआ क्या?' उसने झट से पूछा।

उसकी मृदुता से मुआमला बिगड़ गया। उसे माट्टिस को भगा देना चाहिए था ताकि वह उसे तंग न करे।

'हाँ, *हुआ* तो है, लेकिन मैं तुम्हें बता नहीं सकता। इसी की ख़ातिर तुम आज की रात मुझे अपने पास रह लेने दो।'

'डरने की कोई भी बात नहीं,' हेगे बिना किसी ख़ास वजह के बोली।

'डरने की? ऐसा क्या है जिससे डर नहीं लगता?'

'मुझे नहीं मालूम, बस मैंने सुना कि तुम डर गये थे। तुम्हें पक्षी को भूल जाने की कोशिश करनी चाहिए।'

'नहीं!' वह चिल्लाया। 'लेकिन मैं कुछ और चीज़ों की बात भी कर रहा हूँ।'

'अच्छा आओ और लेट जाओ फिर। मैं जानती हूँ तुम्हें नींद की ज़रूरत है।'

वह आ गया। हेगे के क़रीब लेट गया। स्त्री-सी गन्ध थी हेगे की, भले ही वह उसक बहन थी। मात्टिस के विचार दूर तक भटकने लगे।

हेगे ने पूछा : 'तुमने अपने जूते तो उतार दिये हैं न?'

'हाँ,'

'कितनी बुरी बात है न चिड़िया को लेकर,' वह फिर शुरू हो गया।

'अब वह पत्थर के नीचे सुरक्षित पड़ी है,' उसकी बहन ने ढाढ़स बँधाते हुए कहा।

कितनी विचित्र बात कही थी उसने।

'तुम ऐसे क्यों बात कर रही हो?'

हेगे के हाथ ने जवाब में उसकी गाल को दो-एक बार सहला दिया। बढ़िया। सब कुछ जैसे दूर सरकता महसूस हुआ।

'अब सो जाओ, मात्टिस।'

'लगभग चिड़िया के पंख जैसा था,' मात्टिस ने सहलाते हुए हाथ के सिलसिले में कहा।

हेगे ने शान्ति से जवाब दिया : 'हाँ, हम हैं न यहाँ—जैसे हमेशा से रहे हैं। अब डरना मत।'

वह बस उसे बताने ही वाला था वह आज की रात वहाँ लेटा है—लेकिन अगर मैं बताऊँगा, आज रात की तुम्हारी नींद गयी, हेगे, उसने सोचा।

'क्या कहना चाह रहे हो तुम?' उसने पूछा, उसे ठीक से जानती जो थी वह।

वह चौंक गया।

'कुछ नहीं!'

'ख़ैर, तब तो तुम कभी बहुत बाद में बताना,' हेगे बोली, 'क्योंकि अब हम बात नहीं करेंगे, और सोने की कोशिश करेंगे।'

वह उसके हाथ को स्पर्श करने की कामना करता रहा, लेकिन व्यर्थ।

लेकिन सियाह आँख।

अब बन्द थी वह।

और एक भारी पत्थर था उसके ऊपर।

न तो कोई ढक्कन, न कोई पत्थर ऐसी किसी आँख को छिपा सकता है—अगर

भाग दो

18

चारे के खेत इतने क़रीब थे कि जब हवा की दिशा सही होती तो बीच से लहराती हुई चली आती। निश्चित संकेत था कि गर्मी आधी बीत चुकी थी।

और एक बेचैन ढंग से माट्टिस घर का महत्त्वपूर्ण शख़्स बन चुका था। भूसा फैलाने में वह हाथ बँटाने वाला था या नहीं? यह माँग दिन से रात तक उसके ऊपर तनी रहती थी। वह अच्छा ख़ासा बड़ा लड़का था, भूसे के मौसम में बिना किसी काम के कुछ न करते हुए—वह आवारा घूमता रह सकता था भला?

कुटीर में भूसे को लेकर एक शब्द भी नहीं बोला जाता था लेकिन यह अपेक्षा रहती थी कोई माट्टिस को पूछते हुए आयेगा, उससे हाथ बँटाने की उम्मीद लगाये। इसलिए वह ही अधिक काम का आदमी था उनमें से। जब आपको अपने पर उतना ही भरोसा हो जितना माट्टिस को ख़ुद पर था, यह स्थिति सुखद हो सकती थी या फिर दुखद।

घास काटने की मशीनें भोर की पहली किरण के साथ ही शुरू हो जाती थीं, या फिर साँझ में देर तक खनखनाती और कड़कड़ाती रहा करती थीं। माट्टिस ने गला साफ़ किया, यह उसका विशेष अधिकार था, क्योंकि अब वह स्थिति के केन्द्र में था। हो सकता है कोई आ ही जाये।

और वे शान्ति से बैठे रहे।

बेशक, हेगे हमेशा की तरह बड़ी तेज़ी से काम करती जा रही थी। स्वेटर आकार लेते चले जा रहे थे।

लेकिन उस दिन कोई बुलाने नहीं आया। समय-समय पर माट्टिस अपने गले को खखारता रहता जैसे बता रहा हो वह अब भी प्रतीक्षा कर रहा है। अगले दिन भी कोई बुलाने नहीं आया।

इससे अलग वे और क्या उम्मीद करते भला? सब जानते थे गोबर-गणेश कितने काम का आदमी है। हेगे और माट्टिस जानते थे, लेकिन जब घास काटने की मशीनें खनखना रही हों, सब जन घास सुखाने-फैलाने में पसीने से लथपथ हुए जा रहे हों, आप कैसे नहीं सोचेंगे कोई बुलाने आयेगा।

'आजकल वे इतनी तेज़ी से सब काम करने लगे हैं,' माट्टिस बहाना बनाते हुए बोला। 'वे मशीनों से काम लेते हैं।'

हालाँकि माट्टिस शान्ति से बात करने की कोशिश कर रहा था, वह तनाव में था। काम का आदमी होना बड़े तनाव का विषय था। हेगे और वह जब सोने लगे, तो कुछ ही क्षण पहले माट्टिस बोला : 'लेकिन वन-कुक्कुट पत्थर के नीचे है।'

हेगे अपनी इच्छा के ख़िलाफ रुक गयी।

'तो?'

'बस यही। वन-कुक्कुट पत्थर के नीचे है, मैं कुछ भी क्यों न करूँ।'

'बेकार की बात कर रहे हो तुम,' हेगे तल्ख़ आवाज़ में बोली और उसे अकेला छोड़ दिया उसने। अपने कमरे के दरवाज़े तक पहुँचने पर वह अपने शुष्क शब्दों को लेकर पछताने भी लगी।

'मेरा यह मतलब नहीं था,' वह बोली।

वह हैरान था। ऐसा अक्सर नहीं होता था कि हेगे अपनी कही हुई ऐसी किसी बात को वापिस ले ले। लेकिन उसे हेगे को हल्के-फुल्के लहजे में कहने का मौका मिल गया : 'नहीं, यह तुम्हीं हो जिसे समझ में नहीं आता।'

हेगे ने बात को वहीं छोड़ दिया।

पिछले वसन्त वह हेगे से ऐसी बात करने की जफ़र्रत नहीं कर सकता था। उसे पक्का यक़ीन था वह स्तब्ध रह गयी थी, लेकिन उसने बिना कुछ कहे बात को जाने दिया।

अगली सुबह माट्टिस उन मैदानों के सामने से टहलता हुआ गुज़रा जहाँ घास फैलायी जा रही थी। चुनौती देने के लिए नहीं, न ही दिखावा करने की गर्ज़ से। उसकी अपनी वजहें कुछ अस्पष्ट-सी थीं। शायद उसे चलते हुए काम की ध्वनि आकर्षित कर रही थी। घरघराती हुई मशीनें। घास पलटी खाकर गिर रहा था, सुखाने वाले शेल्फ़ लगाये जा रहे थे, नौजवान, बूढ़े सब-के-सब व्यस्त थे। हर कोई बलवान और चतुर जान पड़ता था। हर बार जब वह किसी सुन्दर चीज़ को देखता, वह अपने आप रुक जाता था।

फिर उसने खम्भों का गट्ठर अपने कन्धों पर लादे किसी आदमी को सड़क पार करते हुए देखा। वह बचकर कहाँ जाता?

'सैर करने निकले हो?' उसे माट्टिस से पूछना पड़ा।

माट्टिस ने बड़ी उम्मीद से उस आदमी की ओर देखा; और उसे माट्टिस से कहना

पड़ा : 'अगर हम एक दिन पहले ही घास की ढेरियाँ बनाने में सफल हो गये, तो शायद तुम आकर घास को फैलाकर रखने में हमारी मदद कर सकते हो। किसी सुबह जब मौसम ठीक-ठाक हो?'

'हाँ,' माट्टिस ख़ुश होते हुए बोला। 'मैंने पहले भी घास के गट्ठरों को फैलाकर रखा है।'

आदमी तेज़ी से चल दिया ऐसा दिखायी देता हुआ मानो उसने अपनी दिहाड़ी का एक नेक काम डाला हो।

वह घर लौटा तो हेगे बोली कि यह तो कोई ख़ास बात नहीं हुई। लेकिन माट्टिस को लगा कि पिछले एक पखवाड़े से जो माँग उस पर तनी हुई थी, उससे वह मुक्त हो चुका था। अब महत्त्वपूर्ण शख़्स होने की बारी हेगे की थी।

अब रात हो गयी है।

आप कर भी क्या सकते हैं जब आपके चहुँ ओर सब जन ताक़तवर और चतुर हों?

कभी पता नहीं लगा पाऊँगा।

लेकिन तब तुम करो क्या? तब भी आपको कुछ तो करना ही पड़ता है। पूरा समय।

घर के आरपार एक धारी है। पक्षी को गोली मार दी गयी है और उसने आँखें मूँद ली हैं, और वह पत्थर के नीचे ढँका है—लेकिन तब भी धारी मौजूद है।

लेकिन तुम कर भी क्या सकते हो?

तुम हेगे के बारे में क्या कर सकते हो? मुआमला कुछ गड़बड़ है उसके साथ।

कभी पता नहीं लगा पाऊँगा।

लेकिन तब भी बाहर एक कोमल-सी फुसफुसाहट है।

19

एक दिन जुलाई के अन्त में माट्टिस मछली पकड़ने निकल गया। कम-से-कम वह अपनी नाव को चप्पुओं से खे तो रहा था। पिछले कुछ सप्ताह ज़रा भी सुखद नहीं थे। बस उस दिन को छोड़कर जब उसने घास को सुखाने के लिए फैलाया था। वह दिन सच में आया तो था, लेकिन केवल एक ही था वह।

आज हेगे ने उसे झील की ओर भेज दिया था।

वह नाव में बैठा था, उसकी आँखों में कहीं दूर की झलक थी। झील निस्पन्द और चौड़ी और गुनगुनी थी। माट्टिस तट से काफ़ी दूर निकल आया था और चट्टानी टापू के काफ़ी क़रीब पहुँच चुका था। कहीं बहुत दूर एक-दो मोटर-नावें गुनगुना रही थीं। दूर ज़मीन पर वह उन फ़ार्मों को पहचान पा रहा था जिनसे वह परिचित था, और भी कई थे जो और नीचे की ओर थे, जिनसे वह अनभिज्ञ था।

उसकी मछली की बंसी खूसट थी, लेकिन सबसे बुरी चीज़ तो थी यह नाव जिसमें पानी भर जाता था। माट्टिस ख़यालों में खोया बैठा रहा जब तक कि पानी उसके जूतों में भरने न लगा, तब वह चौंक कर जाग गया, और पानी उलीचने लगा। क्षण-भर बाद ही वह पुनः विचारों में मग्न होने लगा। उसकी बंसी नाव के पिछवाड़े से बँधी थी, और डोरी एकदम ढीली और बेकार झूल रही थी। चौंधभरा जुलाई का सूरज गहराई में से निकल रहा था, मानो नाव में बैठे हुए दो सूर्यों ने पकड़ रखा हो उसे। केवल माट्टिस ही ऐसे किसी दिन मछली पकड़ने जा सकता था। तालाब की तरह शान्त थी झील।

लेकिन जहाँ तक इस बात का सवाल है—

आप तब पकड़ते हैं मछली जब आपको उसकी कम-से-कम उम्मीद हो, माट्टिस ने सोचा। तो इस बार यह मैं नहीं हूँ जो मूरख बना बैठा है।

उसके विचार उस संवाद की ओर लौटने लगे जो नाव में चढ़ने से ठीक पहले उसने हेगे के साथ किया था : 'तुम्हें लगता है वे तुम पर हँस रहे हैं जब वे इस तरह की कोई चीज़ नहीं कर रहे होते।'

हाँ, हेगे ने यही तो कहा था। अब जबकि वह हर फ़ार्म को बैठा देख रहा था, उसे इस बात की स्मृति हो आयी। उसने ऐसे किसी शख़्स के बारे में सोचने की कोशिश की जो उसे चोट पहुँचाना और उसका मज़ाक उड़ाना चाहता था। लेकिन बच्चों को छोड़कर जो ऊधम मचाते हैं, वह एक भी ऐसे शख़्स के बारे में सोच नहीं पाया। वे उसे पीठ पीछे गाली बकते, लेकिन लोग तो ऐसे होते ही हैं। इस सब को लेकर उसके मन में काफ़ी असमंजस था।

एक घरघराहट-सी हुई और पानी उसके जूतों में जाना शुरू हो गया। उसे तेज़ी से उलीचना शुरू करना पड़ा।

मुझे इतना नहीं सोचते रहना चाहिए कि मैं नीचे तक धँस ही जाऊँ, वह बोला, पानी को इतने ज़ोर से उलीचते हुए कि एक ओर जैसे तेज़ झड़ी ही लग गयी। अगर

मैं केवल सोचता ही रहूँगा, नाव शीघ्र ही भर जायेगी और मैं डूब जाऊँगा। मुझे अपनी सोच को सूखी ज़मीन पर अञ्जाम देना चाहिए।

लेकिन वह शीघ्र ही फिर से सोच में डूब गया, इसे रोकना कठिन था। मछलियाँ काँटे से लग भी नहीं रही थीं। उसके पास पर्याप्त समय था।

उसकी सोच उन दिनों और घटनाओं में भटकने लगी जो बहुत समय पहले की थीं। उनमें से अधिकांश किसी क़िस्म की धुँध में लिपटी हुई थीं। जब वह बच्चा था तो उसके पिता की कमायी से घर चलता था। उसके पिता हेगे जैसे थे, कद-काठी में छोटे और अथक। होशियार भी। माट्टिस को छोड़ बाक़ी सब लोग कुशल और चतुर थे। जितना पहले की बात वह सोच सकता था उसकी स्मृति में यही था कि वह जब भी काम करने की कोशिश करता था हमेशा मुसीबत हो जाती थी। उसके पिता ने कोशिश करना छोड़ दिया था। उसकी माँ उसकी ओर यूँ देखती रहती थी मानो उम्मीद करना नहीं छोड़ेगी कि माट्टिस बदल जायेगा। फिर वह मर गयी थी, उसके बड़े होने से पहले ही। कुछ ही साल बाद काम करते हुए उसके पिता एक हादसे के शिकार हो गये थे। जब भी माट्टिस इस सब के बारे में सोचता वह भय से भर जाता था।

इसके बाद केवल वह और हेगे ही बचे थे। बहुत साल तक सब वैसे ही चलता रहा जैसे इस समय चल रहा है। उसे बिलकुल ध्यान नहीं है पहली बार उसे गोबर-गणेश कह कर कब पुकारा गया था—लेकिन यह उसके जीवन को भयानक रूप से बदल देने वाली घटना थी।

उसने तट के पार देखा, स्वयं से कहते हुए कि कोई उसे नुक़सान पहुँचाना नहीं चाहता था। उसने हेगे को उसकी बात के लिए धन्यवाद दिया, और वह उसे जज़्ब करने की कोशिश करने लगा।

एक बार फिर उसे पानी उलीचना पड़ा।

पानी में एक अड़ियलपन था जो उसे डुबोना चाह रहा था।

मैं जीना चाहता हूँ, मैं डूबना नहीं चाहता!

काश वह एक बड़ी-सी मछली पकड़ पाता। हेगे के पास घर लौटता, बड़ी-सी मछली लिये।

मछलियाँ उथली जगहों पर झीनी, नाजुक छायाओं की तरह पड़ी थीं जहाँ उसकी नाव इधर-उधर डोल रही थी। वे वहाँ अलसाती हुई पड़ी थीं, कुछ कर नहीं रही थीं, माट्टिस की ही तरह। लेकिन भयंकर सजग थीं वे। माट्टिस हाथ भी हिला देता तो

वे तुरन्त नीचे अँधेरी गहराइयों में भाग जातीं। वे काँटे में लग नहीं रही थीं। मछलियाँ चतुर थीं। जिस ओर भी मुँह फेरकर देखो चातुर्य।

और फिर हेगे भी तो थी।

कुछ हो गया है हेगे को।

उसका कोई इरादा नहीं था कि वह यहाँ झील पर इस बात को लेकर ख़ुद को परेशान होने दे, लेकिन वह बच नहीं सकता था : पिछली रात हेगे के सन्दर्भ में बुरी थी। इसीलिए उसने माट्टिस को सुबह-सुबह ही झील की ओर भेज दिया था।

वह आधी रात में उठ बैठा था, और ऐसी आहट सुनी उसने जो उसे ज़रा भी अच्छी नहीं लगी। हेगे के कमरे से आ रही थी वह आहट, और वह पञ्जों के बल चलकर हेगे के कमरे में झाँकने लगा। उसने देखा कि हेगे अपना मुँह दीवार की ओर किये लेटी थी। माट्टिस ने बत्ती जलायी तब भी वह नहीं हिली।

अपराध-बोध ने जकड़ लिया उसे—अगर हेगे नाराज़ थी तो ज़रूर वह ख़ुद ही इसका कारण होगा।

'क्या फिर मेरी वजह से?' उसने मृदु स्वर में दरवाज़े के पास से पूछा।

हेगे ने बिना मुड़े ही जवाब दिया : 'नहीं, तुम्हारी वजह से नहीं।'

'तो फिर कौन है?'

'कोई भी नहीं,' वह बोली। 'बस मुझे पता नहीं मैं क्यों जीवित हूँ।'

कहते समय हेगे ने इस ओर मुँह फेर माट्टिस को भीषण दृष्टि से घूरा। यह बात तो माट्टिस की कल्पना से कहीं बुरी थी, वह उन समस्याओं का सामना कर रहा था जो उसकी समझ से परे थीं। हेगे कहती गयी : 'मुझे कुछ नहीं मिलता इससे! अब तुम अपने कमरे में जाओ, माट्टिस।'

हमेशा की तरह एक अलंघ्य बाधा ने उसे रोक दिया था। हेगे बेहद दुखी थी। उसे अचानक एक बात सूझी : यह वही थी जो माट्टिस को रखे थी; हर दिन वह उस पैसे से खाना खाता था जो हेगे को बुनायी से मिलते थे।

उसने हेगे के कन्धे झकझोर दिये : 'हेगे तुम्हारे पास बुनायी का काम है न!' वह बोला।

वह विचलित हो उठी।

'बुनायी? ओफ़! तुम जाओ यहाँ से, तुम्हें पता नहीं क्या कह रहे हो तुम।'

और इसीलिए माट्टिस को यह दूसरा वाला मुआमला उठाना पड़ा। वह सोच रहा

था वह इसके बारे में बात नहीं करेगा, उसे शर्म आती थी।

'तुम्हीं पाल रही हो मुझे, हेगे, यह मत भूलना। हमेशा से तुम्हीं,' उसने कह डाला।

'तुम्हीं तो जीवित रखती हो मुझे, तुम्हें मालूम है,' वह बोलता गया। 'यह कोई बात ही नहीं? यह एक अहम चीज़ हुई न!'

उसका आशय पूरी तरह से यह नहीं था, उसके भेजे में जो पहले शब्द आये बस वही कह डाले थे उसने।

हेगे ने सहमति में सिर हिलाया, और उसका माथा हल्का-सा दीवार के साथ जा बजा।

'मुझे लगता है अहमियत है इसकी, कुछ भी हो,' यह कहते हुए मात्तिस निरुपाय था। 'मेरे लिए तो है ही।'

'बिलकुल! मेरे अपने लिए भी तो, मात्तिस।'

लेकिन हेगे सन्तुष्ट नहीं थी। वह दीवार की ओर मुँह किये लेटी रही, वह अपना चेहरा तक दिखाना नहीं चाहती थी।

'इसके बारे में अब और चिन्ता मत करो, मात्तिस। यह मेरा अपना मुआमला है। सुलट जायेगा, पता है मुझे।'

'इधर नहीं देखोगी?' मात्तिस ने पूछा।

'नहीं,' वह ग़ुस्सा खाकर बोली। वह उसे इस बार अपना चेहरा दिखाने वाली नहीं थी।

वह अपनी बाँहें लटकाये वहीं खड़ा रहा! वह क्या बता सकता था उसे? वह जानती नहीं थी वह क्यों जीवित है। वह जो कि इतनी होशियार थी। वह पाँव घसीटते हुए अपने कमरे में चला आया था, यह देखकर कि वह उसके मन को ख़ुश तो नहीं कर पाया था। पिछले कुछ महीनों से वह ऐसी ही थी। हो क्या रहा है?

अगली सुबह नाश्ते के समय वह ठीक-ठाक ही थी, लेकिन उसने मात्तिस से पूछा कि वह नाव लेकर मछली पकड़ने जा सकता है या नहीं। मात्तिस बिना विरोध किये तुरन्त मान गया और उठकर तैयार होने लगा।

वह पीछे बैठी घर में क्या कर रही होगी इस वक़्त?

किसी को उससे मिलने नहीं आना चाहिए?

वह नाव में बैठा था, गहरी सोच में डूबा।

20

नाव के नीचे से घरघराहट की आवाज़ फिर से आने लगी। इस बार बहुत ऊँची। माट्टिस चौंक कर जाग गया। घुटनों तक वह आधा पानी में डूबा हुआ था! सड़े हुए r[ïsdksog uko dksbëj&mëj ?kqkr sl e; vkSuqlku igqpk cBk gksk—पहले की तुलना में कितनी तेज़ी से भर रहा था पानी!

वह बहुत समय से अपने ख़यालों में डूबा हुआ था, संकट यही था।

गर्मी के मौसम में पानी का तापमान कुनकुना रहने से आप उसकी ओर ध्यान ही नहीं देते जब आप दूसरीं चीज़ों के बारे में सोच रहे होते हैं।

लेकिन यह पानी भी किसी और पानी की तरह ख़तरनाक होता है अगर आप तैर नहीं सकते तो। उसने डूबना शुरू कर दिया था, कोई शक नहीं था।

'नहीं!' वह चिल्लाया, उसकी आँखें फटी थीं और घूर रही थीं। उसने अपनी पूरी ताक़त से एक टूटी सूपी से पानी उलीचना शुरू कर दिया।

अभी तो मैं चालीस का भी नहीं हूँ, उसने सोचा, इतनी जल्दी नहीं।

लेकिन उलीचने से कोई फ़ायदा होता नज़र नहीं आ रहा था, वह समझ चुका था, और उसके पसीने छूट रहे थे। पानी कम होने की बजाय बढ़ रहा था। उसने हक़लाती आवाज़ में दुहाई दी : 'कोई मदद करो! मैं डूब रहा हूँ।'

'कोई सुन रहा है!'

'जल्दी आओ, जल्दी आओ कोई!'

कोई फ़ायदा नहीं था, चौड़ी, ख़ाली झील में दूर-दूर तक—और उसकी चीख-पुकार ज़्यादा दूर तक पहुँच भी नहीं पा रही थी। वह कितना भी क्यों न उलीचता, नाव भरती चली जा रही थी।

चीज़ें तेज़ी से हो रही थीं : नीचे पानी में एक जोड़ी आँखें नज़र आने लगीं, सीधे उसकी ओर घूरती हुईं।

'नहीं!' वह चिल्लाया।

उसकी ख़ुद की आँखें जड़वत घूर रही थीं, और पानी वाली आँखें उसे वापिस घूर रही थीं। बस एक जोड़ी आँखें।

लेकिन वह नहीं चाहता था।

'नहीं, मैं नहीं चाहता!' वह चिल्लाया, उसका चेहरा पीला पड़ चुका था।

दहशत में उसे वह सूना, चट्टानी टापू दिखायी पड़ा। वह ज़्यादा दूर नहीं था। अगर वह उस तक पहुँच सके तो वह बच सकता था।

उसका दिमाग़ तेज़ी से और बराबर चल रहा था। उसने सूपी को नीचे फेंक दिया, ख़ुद को सीट की ओर, और चप्पूओं से जूझने लगा।

हालाँकि नाव पानी में धँसी हुई थी, उसने हिलना शुरू कर दिया। अपनी ताक़त की एक-एक छटाँक उसने चप्पुओं को खेने में झोंक दी, उससे भी अधिक। वह यह जानने के लिए ज़रा भी नहीं रुका कि उसमें ताक़त थी या नहीं, उसे तो उन आँखों से दूर निकल जाना था जो पानी की सतह पर थीं।

'हेगे!' उसने भयंकर तेज़ आवाज़ लगायी।

इस बात की तो कोई गुंजाइश ही नहीं थी कि वह इस आवाज़ को सुन लेती, लेकिन फिर भी उसे इस नाम को चिल्लाना ही था। वह मदद के लिए हमेशा हेगे के पास जाता था।

इस बीच नाव धीरे-धीरे टापू की ओर चल निकली थी। पानी बढ़ता चला जा रहा था, ऊपर की दरारों से भी रिस रहा था। मछली का काँटा अब पहले से भी अधिक बेचारगी से डुबकियाँ लगा रहा था।

फिर उसने चिल्लाना बन्द कर दिया। बस मैं पहुँच ही गया, वह सोचने लगा, बस जल्दी ही पहुँच रहा हूँ। वह इस सुखद निश्चितता के साथ चप्पू खेता रहा। और पहुँच वह गया ही—इससे पहले कि उसे पता चलता कि अब वह टापू की महफ़ूज़ हदों में है। टापू अब एकदम उसके पीछे था।

नाव झील के तल के साथ घिसटती हुई टिक गयी, उसका अगला हिस्सा सूखी ज़मीन पर था। माट्टिस तट पर उतर आया, इतनी फूल गयी थी उसकी साँस कि उसे तुरन्त स्वयं को ज़मीन पर गिरा लेना पड़ा। उसनें अपना हाथ ऊपर किया और माथे का पसीना पोंछने लगा।

बाल-बाल बचा था वह। लेकिन अब वह सुरक्षित था।

वह भीतर तक कृतज्ञता से भर आया था।

टापू एक बड़ी चट्टान के सिवा कुछ भी नहीं था जिसके गड्ढों में कहीं-कहीं घास उगी थी। बैठने के लिए कुछ था तो सही। माट्टिस को याद आया कि उसे नाव को बचाने की कोशिश करनी चाहिए। उसने फिर से पानी उलीचने की कोशिश की, लेकिन छोड़ देना पड़ा। वह पानी से भरे भारी-भरकम यान को खींच कर ज़मीन तक तो ला नहीं सकता था। कश्ती और भी भरती चली जा रही थी, इतनी सड़ चुकी थी वह, और ऐसा लगता था वह ख़ुद को धँसाती चली जा रही है। पानी इतना उथला था कि वह डूब तो नहीं सकती थी, लेकिन वह बुरी तरह फँस तो गयी ही थी। माट्टिस

तट पर बैठा था रस्सी के सिरे को थामकर।

बैठकर प्रतीक्षा करने के सिवा कुछ और किया भी नहीं जा सकता था। जब तक कोई और नाव वहाँ न आ जाती माट्टिस टस-से-मस नहीं हो सकता था। नाव को किसी जगह बाँधा भी नहीं जा सकता था। वास्तव में इस शान्त मौसम में वह सुरक्षित ही थी, लेकिन माट्टिस उसे छोड़ भी नहीं सकता था, हवा चल निकलती तो वह टुटियल-सी चीज़ बहकर चली जाती—और यह तो उसे होने नहीं देना था, नाव को पुनः उपयोग में लाया जा सकता था, माट्टिस ने ख़ुशी-ख़ुशी ख़ुद से वादा किया।

कितना आनन्द था आराम से दोबारा सोचना शुरू कर पाने में। इस बात की भी उसे जल्दी थी, ऐसा नहीं था। सूरज उस पर बरस रहा था—लेकिन जब कपड़े निचोड़ने की हद तक भीगे हुए हों, इसमें कोई हर्ज भी नहीं था; इतनी गर्मी लग रही थी उसे कि वह उन्हें उतार भी नहीं पा रहा था। अभी तक घर जाने का ख़याल भी उसे नहीं आया था; उसने अपनी जान बचा ली थी, बाक़ी सब अपने आप होता चला जाने वाला था।

'आफ़त हो जाती अगर मैं यह नहीं कर पाया होता तो!' वह ऊँची और स्पष्ट आवाज़ में बोला। यहाँ आप जी-भर कर ख़ुद से बात कर सकते हैं।

वह कमज़ोर और थका महसूस करता हुआ आनन्द से धूप सेंक रहा था, इतने तनाव और रोमाञ्च के बाद। दोबारा ज़मीन पर पहुँचना बहुत कठिन तो नहीं होने वाला था। देर-सबेर कोई-न-कोई तो झील में आकर उसे देख लेने वाला था। वह भूखा भी नहीं था, सिर्फ नींद आयी हुई थी उसे। किसी के पहुँचने तक वह झपकी तो ले ही सकता था।

लेकिन उसे डर था कि अगर वह सो जायेगा तो रस्सी उसके हाथ से छूट जायेगी। यह रस्सी ही उसे उस सब से जोड़े हुए थी जो उसे प्रिय था। इसलिए जब नींद के झोंके उसे परास्त किये दे रहे थे, उसने नाव को उसी चीज़ से बाँध लिया जो वहाँ थी : ख़ुद उसने अपने एक टखने के गिर्द रस्सी को बाँध लिया, और अच्छी मज़बूत गाँठ लगा दी। मान लिया कि इस समय नाव चट्टान के सहारे ठीक से टिकी थी, लेकिन कोई नहीं कह सकता था कितनी देर तक।

'अगर मैं तुम्हारा ख़याल रखूँगा, तो तुम मेरा ख़याल रखोगी,' उसने नाव से कहा। इसके बाद सब कुछ ग़ायब हो गया।

21

इस बार माट्टिस को कोई सपने नहीं आये। और जब वह जगा उसे ज़रा भी ख़बर नहीं थी वह कितनी देर तक सोया रहा था, उसने यह सोचा तक नहीं, क्योंकि वह हो-होय की जगाने वाली आवाज़ों से उठ बैठा था!

लड़कियों के स्वर : 'होय!'

उसी वक़्त रस्सी उसके टखने के गिर्द कसती चली जा रही थी; और वह तेज़ झटकों से पानी की ओर खिंच रहा था।

हो क्या रहा था?

'नहीं!' वह भयभीत और घबराया हुआ चिल्लाया, और बैठकर आँखें मलते हुए नींद को भगाने लगा। और नींद पूरी तरह से ग़ायब हो गयी।

'चलो, चलो! एक बार फिर!' पुकार सुनायी दी उसे।

'ठीक है! होय!'

पानी के किनारे एक और झटका। वह जूझने लगा।

'बस करो!'

फिर उसे समझ में आया कि यह तो सिर्फ़ मज़ाक था।

उसके आसपास ख़ुश-मिजाज़ हँसी लरज़ रही थी। उसे प्यारे-से पीले मटरों की स्मृति हो आयी। एक लड़की की आवाज़ ने कहा : 'उठ जाओ दोस्त, नहीं तो पानी से घिर जाओगे।'

एक दूसरी लड़की बोली : 'नाव से पानी उलीचना ठीक होगा न? नीचे जा लगी है वह।'

माट्टिस को अपना सिर हिलाकर इस सन्देह को झटक देना पड़ा कि उसे कुछ नज़र आ रहा है। फिर उसने अपना बायाँ हाथ ज़ोर से चट्टान पर दे मारा—इतनी तकलीफ़ हुई उसे कि वह कराह उठा। उसका दिल जोश के मारे ज़ोर-ज़ोर से धड़क रहा था। वह कोई सपना नहीं देख रहा था, फिर भी वह यहाँ मौजूद था, दोस्ताना, मुस्कराती हुई लड़कियों की सोहबत में।

'क्या हम तुम्हें तुम्हारी नाव से खोल दें?' उन्होंने खूब हँसते-हँसते पूछा। 'तुम कितने मूरख दिख रहे हो।'

'ज़रूर दिख रहा होऊँगा,' उसने बिना सोचे-समझे जवाब दिया, अपने दिमाग़ को साफ़ करते हुए।

'और इसमें कोई नयी या ख़ास बात भी नहीं है,' उसने और भी जगते हुए कहा,

अपनी आँखों को और भी खोलकर।

उन्होंने उसकी बात को नहीं सुना। एक ने उस पर झुकते हुए उसके पाँव से रस्सी को खोल दिया। माट्टिस उसकी ओर लजा कर देखने लगा, नंगे पाँव पर उसके हाथ के स्पर्श को महसूस किया उसने—पूरी घटना अविश्वसनीय थी, कैसे सच हो सकती थी वह? आख़िरकार उसने पूरे दृश्य को जज़्ब होने दिया। जिस नाव पर सवार वे आयी थीं यहाँ, वह शानदार और नयी-नयी पुती हुई थी, उसकी डूबी हुई टुटियल नाव के बिलकुल क़रीब—और यह खड़ी थीं दो प्रसन्न युवतियाँ, धूप में तपी उनकी त्वचा को देखकर समझ में आता था कि वे छुट्टी मना रही हैं। एक-दो बदरंगे अंगरखे-से नाव में पड़े थे। लड़कियों ने नहाने वाले कपड़ों के सिवा कुछ भी नहीं पहन रखा था, पानी में डुबकी लगाने को तैयार।

माट्टिस ने उन पर उड़ती-सी निगाह डाली। उसे अब कोई बेवकूफ़ाना हरक़त नहीं करनी थी। अगर यह मुआमला उससे बिगड़ गया तो उसे बहुत लम्बा समय लगेगा इससे उबरने में।

'जैसे मेरे सपने और हसरतें क़रीबन सच हुई जा रही हों,' उसने शुरुआती तौर पर कहा, दूर किनारे की तरफ़ देखते हुए। उसे हरगिज़ उन्हें नहीं घूरना था।

'बात दरअसल यह है कि मैंने बहुत-सी चीज़ों के ख़्वाब देखे हैं,' उसने बात को ऐसे ख़त्म किया कि कोई सोच भी नहीं सकता था।

लड़कियों ने उसकी ओर आश्चर्य से देखा।

'सच में?'

'हाँ, लेकिन इसके बारे में मुझसे और मत पूछना,' वह बोला। 'मैंने किसी को बताया नहीं है।'

'नहीं, ठीक है,' एक लड़की बोली, 'हम सब भी तो ख़्वाब देखते हैं, इसलिए हमें मालूम है कैसे होते हैं वे।'

और उन्होंने माट्टिस की तरफ़ दोस्ताना निगाह से देखा।

चतुर भी हैं ये लड़कियाँ, उसने सोचा।

'लेकिन मैंने आप जैसी बहुत देख रखी हैं!' वह एक बार फिर बिना सोचे बोल गया। उसे मज़बूती से पेश आना था। 'गर्मियों में सड़क पर भीड़ रहती है उनकी!' वह बोला, 'दुकान में भी, और हर जगह, आपको ऐसा नहीं सोचना चाहिए —'

वह रुक गया। उनकी तरफ़ रौब से देखने लगा। उनकी ओर देखना ठीक था, उसे लगा, अगर वह गुस्सैल और रौबीली निगाह से उन्हें देखता।

वे मुस्करा रही थीं, पहले की तरह ही दोस्ताना ढंग से।

'ओह, हमें तो मालूम ही है,' वे बोलीं।

'एक पल के लिए भी नहीं सोचा था हमने कि तुम कोई ऐरे-ग़ैरे आदमी हो।'

माट्टिस ने उनकी और उड़ती निगाह से देखा, गहराई से शुक्रगुज़ार कि वे उसके बारे में कुछ नहीं जानती थीं। वह हैरान था कि वह कैसे बोल गया था यह सब। बिना संकोच के उसने कोई कसर भी नहीं छोड़ी थी, उनकी निगाहों का सीधे सामना भी किया था अपनी निगाह से।

लेकिन अब वह फिर पीछे हट गया, और बिलकुल अलग लहजे और शान्त स्वर में उनसे पूछने लगा : 'आख़िर आप कहाँ से नमूदार हुई हैं?'

उन्होंने बिना ख़ास सरोकार दिखाये उन धुँधले से तटों की ओर इशारा किया जहाँ माट्टिस अजनबी था।

'हम लोग दो सप्ताह से वहाँ हैं।'

'क्योंकि मौसम आज इतना सुहाना था हमने सोचा हम लोग नाव में दूर तक जायेंगे,' एक लड़की बोली।

'और तब हम लोग इस छोटे से टापू पर नहाने के लिए चले आये,' एक ने उसे आँख मारते हुए कहा, 'लेकिन पास आने पर बड़ी विचित्र चीज़ दिखायी दी।'

मत करना, उसके भीतर एक आवाज़ कहने लगती, हर बार जब वह मुड़कर उनकी ओर देखना चाहता। वह अभी तक उन अनजाने तटों की ओर एकटक देखता चला जा रहा था। इस बीच वे अपनी कहानी को जारी रखे थीं।

'पहले तो हमने सोचा कोई हादसा हो गुज़रा है, लेकिन पास आने पर समझ में आया कि फ़िक्र की कोई बात नहीं है।'

'हाँ, बड़ा अजीब हादसा होता यह,' माट्टिस बोला, उसकी कहानी में घुसते हुए। वह इतना ख़ुश था कि तकलीफ़ होने लगी थी उसे।

'बहरहाल कोई हादसा तो शायद हुआ ही होगा,' एक लड़की बोली। 'ऐसा लगता है जैसे बड़ी मुश्किल से जान बचाकर तुम इस टापू तक पहुँचे हो।'

माट्टिस घरघराया।

'चिन्ता की कोई बात नहीं। नहीं, जब तक आप लोग यहाँ हैं,' उसने सच में महसूस करते हुए कहा।

'कितने अच्छे से रखी है तुमने यह बात,' वे बोलीं।

ये शब्द वह सँजोकर रखने वाला था। वे सोच रही थीं उसने अच्छे-से व्यक्त की

है अपनी बात। शायद अक्लमन्दी से।

'क्या आपने पहले कभी देखा है मुझे?' उसने भीतर तक काँपते हुए पूछा, लेकिन सामना तो करना ही था उसे, 'मेरा मतलब है सड़क पर, दुकान में या कहीं और?'

उन्होंने न में सिर हिलाया। आनन्द से भरा दृश्य।

'हम लोग यहाँ से बहुत दूर जो रहते हैं, इसलिए हम यहाँ के लोगों से ख़ास वाक़िफ़ नहीं हैं।'

'सुना भी नहीं है आप लोगों ने मेरे बारे में?'

'हम कैसे बतायें, अगर हमें मालूम ही नहीं तुम कौन हो?'

चाकू-सी धार, उसने सोचा। ऐसा जवाब दे पाते हैं कुछ लोग।

हालाँकि वह सुदूर तटों को देख रहा था, उसने उन्हें सिर हिलाते हुए देखा। उन्हें कुछ भी नहीं मालूम था। ग़ज़ब।

'मुझे अच्छा लगा सुनकर,' वह बोला—लेकिन वह यह कहने में अक्षम था कि कितनी भयंकर ख़ुशी हुई थी उसे।

लड़कियों ने इस बात को मज़ाक में बदल दिया : 'तो इतने बदनाम हो तुम?'

हुँह! उसे क्या फ़र्क पड़ता था अगर वे इस बात का मज़ाक उड़ा दें तो। जो वह उनसे पूछ रहा था उसके लिए जीने-मरने का मुआमला था इस क्षण।

'तुम दूर झील पर क्या देखते चले जा रहे हो?' उन्होंने पूछा।

'कोई नहीं। कुछ भी नहीं,' उसने फ़ौरन जवाब दिया।

'कुछ तो होगा।'

'ऐसा कुछ भी नहीं है,' वह संजीदगी से बोला, 'लेकिन बड़ा मन हो रहा है मेरा।'

सभी मुस्कानें जैसे ग़ायब हो गयी हों, आँख मारना भी, लड़कियाँ एकदम ख़ामोश हो गयीं। माट्टिस की निगाह थी कोई ऐसी। एक ने बड़ी नरमी से पूछाः 'क्या तुम हमारी ओर देखने से डर रहे हो?'

'मेरा बड़ा मन है,' उसने बड़ी मद्धिम आवाज़ में कहा, बिना हिले-डुले।

उस लड़की ने आगे कोई बात नहीं की, माट्टिस के हृदय की पोल खुल गयी थी और एकदम निष्कवच था वह। दोनों सहेलियों ने एक-दूसरे की ओर असमंजस से देखा। माट्टिस की आवाज़, उसका चेहरा, उसकी आँखें, इस सब ने उनके मन से खिलखिला कर हँसने के विचार-मात्र को ही निकाल दिया। वे घबरा गयी थीं और परेशान थीं।

'तुम चाहो तो हम लोग वापिस चले जाते हैं,' उनमें से एक ने शर्मसार होते हुए कहा, 'तट पर जाकर कुछ और लोगों को ले आते हैं हम, जो आकर नाव को बचाने

में तुम्हारी मदद कर दें।'

'नहीं, नहीं!' वह उन्हें रोकते हुए चिल्लाया।

दूसरी लड़की को रास्ता सूझ गया : 'चलो, अन्ना, चलो हम चलकर नहा लें, जैसा हमने सोचा था। अब यहाँ तो सब ठीक-ठाक है।'

'हाँ, हाँ, चलो' लड़कियों ने जवाब दिया। ऐसा लगता था उसे राहत महसूस हुई थी यह सुनकर। 'मज़ा आ जायेगा।'

'ख़ुश रहो!' उन्होंने अपने कन्धों के ऊपर से माट्टिस को पुकार लगायी।

फिर वे गर्मी के कुनकुने पानी में डुबकियाँ लगाने लगीं। दो मछलियों की तरह स्वछन्द और सहज गति से आगे बढ़ने लगीं। माट्टिस जी भरकर उन्हें देखता रहा।

और उन्हें लौटना ही पड़ेगा, उसने सोचा, ख़ुशी के मारे काँपते हुए। उन्हें अपनी नाव को लाना ही पड़ेगा। उन्हें टापू तक वापिस आना ही होगा।

'कैसे जुर्रत कर सकता हूँ सोचने की,' उसने उन्हें तैरकर दूर जाते देखकर मद्धिम-सी आवाज़ में कहा। कैसे वे दूर वहाँ गप करने में मशगूल थीं! कुछ ही समय बाद उन्होंने रुककर माट्टिस की ओर हाथ हिलाया।

'हेलो!'

माट्टिस टस-से-मस भी नहीं हुआ, लेकिन फिर उसने तनाव में झटका लगाते हुए अपना हाथ ऊपर उठाया, और शर्माते हुए उसे फिर नीचा कर लिया।

वे चक्कर खाते हुए पानी में तैरती हुईं उसकी ओर लौटकर आ रही थीं, एक बार फिर ज़िन्दादिली और दिलेरी से भरी हुईं।

'ज़मीन पर लाकर तुम्हारी जान बचाने की इजाज़त दे दो हमें!' वे उसकी ओर चिल्लायीं—पानी में धँसकर छपाक-छपाक करती हुईं, पञ्जे हवा में लहरातीं।

'बहुत दूर है!' वह फ़ौरन वापिस चिल्लाया, डर के मारे। उसी क्षण उनके शब्दों से उसे फिर से रोमाञ्च और हलकी हरारत-सी महसूस हुई।

'पूरा दिन है हमारे पास,' उन्होंने जवाब दिया, उनके लाल ओंठों से बुलबुले और फड़फड़ाहट आ रही थी। 'अगर तुम हमें अपना नाम बता दो तो हम लोग तुम्हें खेकर ज़मीन तक ले जायेंगे, और तुम्हें किनारे पर ऐसे उतार देंगे जैसे तुम काँच के बने हुए हो।'

उसने न में सिर हिला दिया। लेकिन वे मानने वाली नहीं थीं। वे ख़ूब मज़ा कर रही थीं, टापू के गिर्द तैरती हुईं, माट्टिस को पुकारतीं और स्वयं के बारे में बातें करतीं।

'मेरा नाम अन्ना है, और यह है इंगेर। इतनी सीधी-सी बात है, और अब तुम्हारी बारी है।'

माट्टिस ने न में सिर हिला दिया।

'नहीं! मैंने कह दिया न नहीं।'

'ठीक है फिर, जमे रहो, यहीं-के-यहीं, जब तक तुम्हारा मन न बदल जाये, अड़ियल बकरे कहीं के,' वे बोलीं और पानी में छप-छप करती रहीं।

'तुम कुछ नहीं जानतीं!' वह उनकी ओर चिल्ला दिया। 'बकवास बन्द करो! सुन रही हो! ऐसी चीज़ें कहने की कोई ज़रूरत नहीं।'

वे उसे समझ नहीं पायीं, पलट कर चल दीं, छप-छप करतीं, गोते लगातीं और खेल करतीं।

उन्हें मुझे छोड़कर नहीं जाना चाहिए, उसने सोचा। क़तई नहीं! बस इसी एक बार। लेकिन फिर उसने अपना सिर झुकाया और इस सबको वापिस ले लिया : बेहतर यही होगा वे इन्हीं परिस्थितियों में चलती रहें। वे मेरे बारे में कुछ भी नहीं जानतीं।

हाँफते हुए वे पानी में से बाहर आयीं, उन्होंने बाल पीछे को फेंक, नाव में से तौलिये निकाल अपने बदन को पोंछा और धूप सेंकने माट्टिस के बिलकुल पास पसर गयीं—टापू इतना छोटा था कि और कोई चारा ही नहीं था।

'मुआफ़ करना हमें,' इंगेर बोली, 'लेकिन टापू पर छिपने की जगह नहीं है और बाक़ी सभी जगहों पर तेज़ धार की चट्टानें हैं। तुम्हें सहना पड़ेगा हम लोगों को।'

फिर दोनों लड़कियाँ सो गयीं। सूरज उन पर चमक रहा था। माट्टिस उठती हुई ख़ुशबू में साँस लेने लगा।

माट्टिस के भीतर तूफ़ान उमड़ रहे थे। वह हिल भी नहीं पा रहा था। अपनी नाव में कूद भी नहीं सकता था क्योंकि वह पानी में डूबकर नीचे धँस चुकी थी। वह बदहवासी में कोई दूसरी नाव ढूँढ रहा था जिसे हाथ हिलाकर वह इशारा कर सके। ऐसी कोई नाव नहीं थी।

ख़ुदा का शुक्र है, उसके भीतर एक आवाज़ ने कहा।

जैसा कि घबराया हुआ वह था, वह इस मौके को चूकना नहीं चाहता था। वे नहीं जानती थीं वह कौन था, और वह कोई और शख़्स बना यहाँ बैठा रह सकता था। इस बात के बल-बूते पर उसने अपनी इच्छा को हावी होने दिया और सरेआम, झपकी लेती हुई लड़कियों की ओर देखने लगा।

क्या था यह?

विचित्र, बस इतना ही। अविश्वसनीय।

ज़्यादा देर चलेगा भी नहीं।

ऐसी प्यारी-सी ख़ुशबू जिसे मैं हमेशा से जानता हूँ।

दरहक़ीक़त वह देख रहा था इसे।

जल्दी ही वह चौंक गया : उसने देखा कि अन्ना अपनी आँख के कोने से उसे देख रही थी—सबसे क़रीब जो आँख थी वह एक दरार के भीतर से झाँक रही थी। उसने यूँ मुँह मोड़ लिया जैसे डस लिया गया हो।

इतनी इच्छा कभी नहीं हुई मुझे। अब हेगे क्या कहेगी?

उसके भीतर का तूफ़ान ज़रा भी थम नहीं पा रहा था। कोई नहीं हिला। नग्न शरीर अपनी महक छोड़ते रहे।

कुछ समय बाद माट्टिस ने चुप्पी तोड़ी और उसकी रीढ़ में सिहरन दौड़ गयी : 'पिएर' वह बोला। किसी व्यक्ति विशेष से सम्बोधन नहीं था।

अन्ना ने अपनी आँखें पूरी खोल लीं, उठकर उसके बिलकुल क़रीब बैठ गयी वह।

'क्या कहा तुमने?'

'पिएर।'

बहुत गड़बड़ बात थी यह, लेकिन उसने कर ही डाला यह, और नहीं रोक पा रहा था वह ख़ुद को।

इंगेर अन्ना से ज़्यादा फुर्तीली जान पड़ती थी। वह भी थोड़ा-सा उठकर बैठ गयी। वह समझ गयी माट्टिस क्या कह रहा है।

'तो इसका नाम पिएर है। बता ही दिया न आख़िरकार, जैसा हमने चाहा था।'

अन्ना के चेहरे पर मुस्कान फैल गयी।

'बिलकुल! हेलो पिएर। कितना अच्छा किया न तुमने आख़िरकार हमें अपना नाम बताकर।'

माट्टिस ने हामी भरी, ख़ुद को धिक्कारते हुए।

'अब हम तुम्हें खेकर किनारे ले जायेंगे, वादा तो वादा होता है। लेकिन अभी कुछ देर हम यहीं रहकर मज़े करना चाहते हैं, क्यों पिएर?' अन्ना बोली।

'हाँ, बिलकुल,' इंगेर ने जैसे माट्टिस की ओर से कहा हो। कितनी ख़ौफ़नाक बात थी जिस तरह इंगेर उसके भीतर झाँक कर देख रही हो, उसकी इच्छाओं को बूझती हुई। माट्टिस को लगा जैसे वह हवा के ऊपर चल रहा हो।

'सोचो ज़रा, अगर हेगे—' वह शुरू हुआ, और तुरन्त रुक गया। 'कुछ नहीं!' वह बोला।

लेकिन उन्होंने सुन तो लिया ही था।

'हेगे कौन है? तुम्हारी प्रेमिका?'

'मेरी प्रेमिका? नहीं, मेरी बहन। लेकिन ऐसा नहीं है जैसे—' और वह फिर से रुक गया।

'कुछ भी नहीं, आप सुन रही हैं। घर पर चीज़ें बिलकुल ठीक-ठाक चलती हैं, जब तक आप बात करने में चतुर हैं, और हेगे ऐसी ही है।'

'हमें लगता है वे हैं,' इंगेर बोली।

'हे भगवान, हाँ! अगर आप हर समय चतुराई से बात कर सकते हैं तो,' अन्ना बोली, 'सब कितना आसान होता तब।'

'हाँ, और आपको ऐसा लगता आप वह चाकू हैं जिसकी धार अभी-अभी तेज़ की गयी हो,' माट्टिस ख़तरनाक शब्दों से खेलते हुए बोला।

'उफ़ हाँ!' उन दोनों ने एक साथ जवाब दिया।

अब सम्भल जाओ, माट्टिस, कहीं पीछे से एक चेतावनी-भरी आवाज़ बुदबुदाती जान पड़ रही थी। बहुत आग्रह से भरी बुदबुदाहट—लेकिन अब यह दोबारा कभी नहीं होने वाला था। मुझे इस तरह व्यवहार नहीं करना चाहिए, लोगों को धोखा देते हुए। मुझे मालूम है नहीं करना चाहिए मुझे। लेकिन यह केवल इसी एक बार होने वाला है।

'जो हो चुका, सो हो चुका,' वह बुलन्द और संजीदा आवाज़ में बोला। अपने विचारों की लड़ी को आगे बढ़ाता हुआ।

'हाँ, यह भी एक काफ़ी चतुर बात है,' इंगेर धीरज से बोली।

क्या यह ख़ुशी थी? ख़ुशी उसके पास बिना किसी चेतावनी के एक सूने, चट्टानी टापू पर आयी थी। उसने कुछ नहीं किया था उसे लाने के लिए। वह चतुर बातें भी कर पा रहा था।

दो लड़कियाँ लेटी थीं वहाँ, उससे ज़रा भी डर नहीं रही थीं। वे इतना क़रीब थीं कि वह हाथ बढ़ाकर उन्हें छू सकता था। सूरज उन्हें उसके लिए सुनहरी-भूरा किये दे रहा था, चौदह दिन से उन पर चमक रहा था।

उसे कुछ कर गुज़रना था। कुछ ऐसा जो सामान्य न हो।

'अन्ना और इंगेर', उसने कोमल स्वर में कहा। उन दोनों के नाम पहली बार उच्चारित किये उसने।

उन्होंने स्वयं को कुहनियों के बल ज़रा-सा ऊँचा किया उसकी आवाज़ की शिद्दत और उसकी आँखों की चमक की वजह से।

'हाँ? हम सुन रहे हैं,' वे अपेक्षा-भरे स्वर में बोलीं।

अगर उनका नाम किसी ने कभी बड़े स्नेह से लिया था, तो वह यही घड़ी थी।

उन्होंने तुरन्त जवाब दिया, विनम्रता से : 'हाँ, हम सुन रही हैं।' यह कोई साधारण क्षण नहीं था।

और यह पूरी परिस्थिति माट्टिस के हाथ में थी। वह दो लड़कियों को बैठा देख रहा था। वह बड़े आराम से बात कर रहा था, ताकि युवतियाँ नाराज़ न हो जायें।

'बस इतना ही।'

उन शब्दों के साथ जैसे सब कह दिया गया हो। लड़कियों को भी ऐसा महसूस हो रहा था जैसे उसने वह चीज़ कह दी हो जिसे सुनने की सबसे अधिक इच्छा थी उन्हें। उसने कुछ ऐसे ढंग से रखा था उसे कि उन्होंने स्वीकार कर लिया।

'पिएर,' उन्होंने पलट कर कहा। उसके बेसहारा चेहरे में झाँका, जो कि अचानक रूपान्तरित हो उठा था। लाचार और विचित्र लगने के बावजूद उसमें कुछ ऐसा था जिसकी ख़ूबसूरती किसी भी तरह से बयान नहीं की जा सकती थी। उनमें से कोई नहीं हिला।

यह सब ज़्यादा देर नहीं चल सकता था। माट्टिस जानता था कि नहीं चल सकता था। वह तूफ़ान जो पीछे उमड-घुमड़ रहा था उसके क़रीब सरकता चला आ रहा था। उसे मज़बूत होकर ख़ुद को हटा लेना था वहाँ से।

'अन्ना और इंगेर,' वह एक नये ही स्वर में बोल गया जिससे उन लोगों को बेचैनी महसूस हुई।

'क्या है?' अन्ना थोड़ा डरकर बोली।

'जब हम लोग इतने चैन से लेटे हुए थे,' इंगेर बोली, 'ऐसा चलता नहीं रह सकता क्या?'

अन्ना ने अपने चहुँ ओर निगाह डाली! झील, तट, नीली-सी धुँध, पर्वत-श्रेणी— उसका ख़ुद महकता हुआ जिस्म भी शामिल था इस सब में। वह माट्टिस की ओर मुड़ी, इस सब से अभिभूत : 'अगर यह जन्नत नहीं है जिसमें कि तुम रह रहे हो, तो मैं नहीं जानती वह और क्या होगी,' वह माट्टिस की एकटक निगाह के नीचे घबराई हुई बोली।

'यहाँ रहना इतना आसान नहीं है,' माट्टिस के मुँह से निकल गया।

'क्या मतलब है तुम्हारा?'

'तुम लोग कुछ नहीं जानते!' वह बोला, 'तुम कुछ और सोचते बैठे हो यहाँ, मेरी सोच से एकदम भिन्न।'

उनके चेहरे पर त्योरियाँ-सी बन आयीं।

'किस चीज़ के बारे में?'

'तुम्हें कुछ विचित्र चीज़ दिखायी दी है मुझ में?' उसने पूछा। वह इस विषय को छोड़ नहीं सकता था।

अन्ना दृढ़ता और असन्दिग्धता से बोली : 'हम जितना जान गये हैं पिएर, उससे और अधिक नहीं जानना चाहते, इसलिए मेहरबानी से इस बात को यहीं छोड़ दो।'

और इंगेर बोली : 'हाँ, मेहरबानी से यहीं छोड़ दो इसे!'

इससे उसका मुँह बन्द हो गया, और केवल उसी का नहीं : पीछे जो मिनमिनाहट-सी चलती जा रही थी, वह भी रुक गयी। उसे ख़ुद के साथ सख़्ती बरतने की और ज़रूरत नहीं थी। कितनी ग़ज़ब की लड़कियाँ थीं ये।

'ठीक है, अच्छी बात है फिर,' उसने जवाब दिया। 'अगर कुछ और नहीं कहा गया, तो कुछ भी कहा नहीं गया होगा।'

उसने सोचा यह ज़रूर ख़ूब तेज़-तर्रार जवाब होगा।

उन्होंने भी सिर हिलाकर हामी भरी।

फिर वे हँसने लगीं—किसी ऐसी चीज़ से मुक्त जिससे उन्हें बेचैनी और असहजता महसूस हो रही थी, हालाँकि उससे द्रवित भी हो उठी थीं वे। उन्होंने अपने पञ्जों को पानी में भिगो दिया।

'हम लोग बड़े ख़ुश हैं कि आज तुम इस टापू पर थे,' इंगेर बोली।

मात्टिस ने अन्ना की ओर उम्मीद से देखा।

'मैं भी,' अन्ना फुर्ती से बोली।

'मैं भी,' मात्टिस बेपरवाही से बोला।

'और अब हम लोग तुम्हें खेकर घर पहुँचाने वाले हैं, दयालु लड़कियाँ जो हैं हम,' वे उससे बोलीं, और लगभग उसे अन्धा करतीं उठ खड़ी हुईं।

22

अन्ना और इंगेर ने अपनी नाव को पानी में ठल दिया। वह ऊपर-नीचे डोलती पड़ी थी वहाँ, मज़बूत और बलिष्ठ, सतह को हल्का-सा स्पर्श करती हुई, ख़ाली होने पर इतनी हल्की-सी थी वह।

'चलो उठो, पिएर।'

'लेकिन इसका क्या करेंगे?' माट्टिस बोला, अपनी टूटी-फूटी नाव की ओर इशारा करते हुए। 'मुझे इसको अपने साथ ले जाना होगा, नहीं तो मैं कभी झील पर आ नहीं पाऊँगा।'

'लेकिन कैसे कर पायेंगे हम?'

माट्टिस जानता था कैसे। इस मौक़े पर वह काफ़ी आत्म-विश्वास से भरा हुआ था।

'मैं नेतृत्व करूँगा,' वह बोला। 'लेकिन तुम लोग वैसा ही करना जैसा मैं बताऊँगा।'

वह उन घटनाओं के प्रति कृतज्ञता से भरा हुआ था जो वहाँ हुई थीं। उसने लड़कियों से कहा वे पानी में उतर जायें और नाव को आगे-पीछे डुलायें ताकि सारा पानी दोनों ओर से निकल जाये। जैसा वह कहता गया वे करती गयीं, और कुछ पानी निकल जाने पर नाव कुछ ऊपर आ गयी। फिर उसने उनसे अपने आप नाव डुलाने की कहकर, ख़ुद रस्सी को झटके देने लगा।

वे जूझती और डुलाती और खींचती रहीं—और अन्त में नाव पानी में से आधी बाहर निकल आयी।

लड़कियों को यह भारी-भरकम काम बहुत अच्छा लगा, वे पूरा समय हँसती ही रहीं और फिर सूपी पकड़े उन्होंने ठीक से पानी उलीचना शुरू कर दिया। नाव के एक ओर कुछ ऊपर की तरफ़ एक छेद था, लेकिन माट्टिस को तुरन्त एक उपाय़ सूझ गया, उसने अपना एक मोज़ा निकाला और चाकू की मदद के उसके टुकड़े छेद में भरने लगा।

'अगर कोई बैठेगा नहीं नाव में तो इतने से चल जायेगाा, यह हिस्सा पानी से बाहर ही रहेगा।'

उनकी आँखों के सामने यह सब करते हुए वह कुछ चकरा-सा गया था, और सफलता मिल रही थी उसे।

और अन्ना ने कह भी दिया : 'हम देख रहे हैं तुम नावों के बारे में सब जानते हो।'

माट्टिस गर्व से हँस दिया।

'ज़रा रुकिए तो,' वह बोला।

उसके पास राज़ की एक बड़ी बात थी जो वह उन्हें जल्दी ही बताने जा रहा था : वह एक अच्छा मल्लाह भी था। और वह आग्रह करने वाला था कि चप्पू उसी को सौंप दिये जायें।

उसकी अपनी नाव लड़कियों की नाव में बँधी थी। इंगेर ने हमेशा की तरह नाव में बैठकर चुप्पुओं को सम्भाल लिया।

'अरे नहीं, नहीं!' माट्टिस बोला। 'मैं खे रहा हूँ न नाव को।'

'ऐसा?'

क्या ग़ज़ब का क्षण था यह।

'हाँ, शायद मैं खेने के बारे में और भी ज़्यादा जानता हूँ।'

'तो ठीक है न तब, तुम्हीं चलाओ नाव को। और फिर तुम पुरुष भी तो हो।'

'यह बात तो सच है,' वह बोला।

'और छेदों को भरने के बारे में मैं और भी जानता हूँ,' उसने बात आगे बढ़ायी।

'इसमें कोई शक नहीं है, इंगेर, कि तुम्हें हटना पड़ेगा,' अन्ना बोली।

इंगेर नाव के पिछले हिस्से में अन्ना के साथ बैठ गयी। माट्टिस ने उस्ताद की हैसियत से चप्पू सम्भाल लिये।

'मैं सच में बताना नहीं चाहता था आप लोगों को,' उसने लड़कियों से कहा। उसे स्वयं पर इतना विश्वास था कि एक ताज़ा डींग हाँक देने से कुछ फ़र्क पड़ने वाला नहीं था।

'किस चीज़ के बारे में?'

'नाव के बारे में ही तो।'

माट्टिस आत्म-विश्वास से उफ़नता चला जा रहा था। चप्पू चलाने के बारे में उसे इतनी ख़ुशी पहले कभी महसूस नहीं हुई थी। उसे यह भी लगा कि ज़रूरत पड़ने पर वह तेज़-तर्रार लोगों का मुक़ाबला भी कर सकता है। वह लम्बी, सधी-हुई तान से चप्पुओं को खेने लगा।

'कितनी बढ़िया कारीगरी का काम है,' वह बोला।

'हमारी नाव?'

'हाँ, बिलकुल।'

'और क्या?' सोचने का मौका मिलने पर वह बोला।

लड़कियों को राहत महसूस हुई, ख़ुशी भी, और वे हँसने लगीं।

'और कुछ भी नहीं, बिलकुल नहीं।'

'तुम जहाँ चाहो नाव को किनारे लगा सकते हो,' इंगेर बोली। 'हमें कोई ख़ास जल्दी नहीं है, हमें केवल रात के खाने के लिए घर पहुँचना है, यों भी हम लोग यहाँ मटरगश्ती ही तो कर रहे हैं।'

'मैंने अपना रास्ता चुन लिया है,' माट्टिस ने सख़्ती से कहा।

ऐसा ही तो होना चाहिए। यही बात उसको अन्य कितनी ही चीज़ों के बारे में कह सकनी चाहिए थी : मैं सब जानता हूँ इस चीज़ के बारे में। और : मैंने अपना

रास्ता चुन लिया है। और भी बहुत कुछ। उसके खेने की गति धीमी पड़ गयी और चप्पू इधर-उधर पड़ने लगे।

'अरे भाई, होश में आओ!' वे उस पर चिल्लायीं।

वह चौंक गया। ऐसा लगता था लड़कियाँ उसे छेड़ना चाहती थीं।

'तुम लगभग सो ही गये थे, पिएर।'

'सत्यानाश!' वह अपने सपने को कुचलते हुए बोला।

पीछे बँधी हुई नाव डोलती-उछलती चली आ रही थी, क्योंकि ख़ाली थी वह, इसलिए ख़ूब अच्छे से तैर रही थी।

माट्टिस ने लड़कियों की ओर देखा। उन्हें ज़रा भी आभास नहीं था उन्होंनें आज के दिन माट्टिस के लिए क्या कर डाला है।

'अन्ना और इंगेर,' वह तहे-दिल से बोला।

वे और की उम्मीद करतीं उसकी ओर देखने लगीं। वह तो सिर्फ़ उसके बात करने का लहजा था। लेकिन वह और कुछ नहीं बोला।

'अब देख लो इतनी शेखी बघारने के बाद कि तुम्हें नाक की सीध में चलानी है नाव,' वे नाव के तले में अपने पञ्जों के साथ खेलती हुई बोलीं। उन्हें कुछ ऐसा महसूस हुआ था कि इस विचित्र आदमी ने किसी बात के लिए उनका शुक्रिया अदा किया है और ख़ुशी का एहसास उनके पञ्जों तक में दौड़ गया।

'मैं हमेशा नाक की सीध में खेता हूँ, यही एक चीज़ है जो मैं कर सकता हूँ,' माट्टिस के मुँह से निकला और वह चौंक गया—लेकिन ख़ुशकिस्मती से लापरवाही से कही गयी यह बात उनके कान में नहीं पड़ पायी।

'ठीक है तब, चलो,' वे बोलीं।

पहले तो माट्टिस सीधे घर की ओर चल पड़ा। लेकिन फिर उसे एक बेहतर तरक़ीब सूझी : वह नाव को वहाँ ले जायेगा *जहाँ लोग हैं*। वह लड़कियों की सोहबत में देखे जाना चाहता था, यह मौक़ा वह चूकना नहीं चाहता था। वह दुकान के पुराने जहाज़-घाट पर नाव को रोक देगा, जहाँ चारों ओर बहुत-से घर हैं। कोई-न-कोई राहगीर तो होगा जो इस असामान्य पड़ाव को देख लेगा।

मैं किसी राजकुमार की तरह पहुँचूँगा, उसने सोचा। जो चाहे आकर देख ले।

'पहले हम उस दुकान के पास वाले जहाज़-घाट पर रुकेंगे जहाँ मैं अपना सामान ख़रीदता हूँ,' उसने घोषणा की, 'वहाँ ज़रूर लोग होंगे जो हमें देख लेंगे।'

'लोग देख लेंगे? इसमें कोई तुक है भला?' उन्होंने एक साथ पूछा।

वह समझा नहीं।

'ऐसा तो नहीं है कि तुम्हें घमण्ड हो गया है, पिएर?' इंगेर ने पूछा, नाव के साथ-साथ अपनी तर्जनी को आराम से पानी में चलाते हुए।

'घमण्ड?' उसने ताज्जुब करते हुए पूछा।

उसने देखा कि अन्ना इंगेर की ओर इशारा कर रही थी। इंगेर फ़ौरन बोली : 'हम वहीं रुकेंगे जहाँ तुम्हें ठीक लगता है, एक शब्द भी और नहीं।'

माट्टिस के पीछे नाव की जलरेखा डोरी की तरह सीधी थी। अब ज्यों ही माट्टिस रास्ता बदल कर जहाज़-घाट और लोगों की ओर मुड़ा, नाव अचानक तेज़ी से घूम गयी। उसके सर के ऊपर दिन एक विराट मेहराब की तरह तना था।

जब मैं घर पहुँचूँगा तो हेगे मेरी एक भी बात का विश्वास नहीं करेगी। मुझे सच में इन्हें वहाँ भी ले जाना चाहिए था। लेकिन फिर भी जहाज़-घाट पर आगमन का यह ढंग पहले नम्बर पर है।

'पहले नम्बर पर है,' उसने बुलन्द आवाज़ में कहा, जानबूझ कर इसे फ़ालतू बात का आभास देते हुए।

'तुम्हारा क्या मतलब है, पिएर?'

'आज का दिन, बेशक! दिनों में ग़ज़ब का दिन।'

उसके सिर के भीतर चीज़ें ठीक से चल रही थीं।

'कितने अच्छे से रखी है तुमने यह बात,' वे बोलीं। वे उसकी कही हुई बातों के लिए उसकी प्रशंसा करती रहीं।

इंगेर बोली : 'हम लोग भी आज के दिन को याद रखेंगे, पिएर।'

लेकिन उसके शब्दों से माट्टिस पर एक साया डोल गया। याद रखेंगी। वे चली जाने वाली थीं, इस मुलाक़ात को किसी अन्य जगह जाकर याद करेंगी, एक विचित्र-सी जगह, उसके बिना। ऐसा कभी नहीं होना चाहिए।

लड़कियों ने उसकी ओर अब बारीक़ी से देखना शुरू कर दिया था, और अन्ना ने फ़ौरन पूछा : 'कुछ बात है?'

उसने चप्पुओं को एकबारगी ज़ोर से खींचा, फिर एक बार और। इंगेर समझ गयी उसे क्या कहना चाहिए।

'तुम देख रही हो न, अन्ना, कि *इस बन्दे* के साथ कुछ भी गड़बड़ नहीं है।'

यही इनमें ज़्यादा समझदार है, माट्टिस ने सोचा, और वह सम्मोहित हो इंगेर की ओर देखने लगा।

हाँ, अब वह सीधे उनकी ओर देख रहा था—हालाँकि वे क़रीबन निर्वस्त्र थीं। टापू पर जो शर्म उसे महसूस हो रही थी, अब ग़ायब हो चुकी थी; अब वे

मित्रों जैसी थीं।

'अन्ना और इंगेर,' उसने वहीं बैठे-बैठे कहा।

वे प्रतीक्षा करने लगीं।

और कुछ नहीं। इतना काफ़ी था।

जहाज़-घाट और घर क़रीब सरकते चले आ रहे थे। माट्टिस ने और भी तेज़ी से खेना शुरू कर दिया। चुनाव करना कठिन था : अगर वह नाव धीरे लिये चलता तो यह ग़ज़ब की घड़ी कुछ और लम्बी खिंच जाती—अगर वह तेज़ रफ़्तार से चलता तो लड़कियाँ जल्दी चली जातीं, लेकिन उन्हें याद रह जाता कि वह कितना कुशल नाविक था। उसने दूसरी चीज़ का चुनाव किया, सब सोच-समझ कर।

'अरे वाह! क्या हम लोग और भी तेज़ चल रहे हैं, पिएर?' लड़कियों ने ख़ुश होते हुए पूछा।

उसने सही चुनाव किया था।

'हम लोग बहुत तेज़ चल ही नहीं सकते,' माट्टिस बोला, 'लेकिन तुम नहीं समझ पाओगी। अब देखना क्योंकि तुम्हारा मुँह उसी ओर है, क्या तुम्हें घाट पर या सड़क पर कोई दिखायी दे रहा है?'

'कोई नहीं दिख रहा, लेकिन अभी तो हम काफ़ी दूर हैं।'

अन्ना को कुछ दिख गया : 'वो रही एक कार।'

'कारों से कुछ नहीं होता,' माट्टिस बोला, 'वे तो तेज़ी से गुज़र जाती हैं, बिना कुछ देखे।'

कुछ समय बाद अन्ना अपनी चौकी से बोली :

'घाट पर अब एक आदमी खड़ा नज़र तो आ रहा है—लेकिन यह नहीं दिख रहा उसका मुँह किस ओर है।'

इंगेर बोली : 'कोई दुकान से निकल कर बाहर आया है, पिएर। ऐसा लगता है वे लोग हमारा स्वागत करने आयेंगे।'

'अब वे चले गये हैं, पिएर, दोनों।'

माट्टिस को जानकारी का मसाला मिल रहा था। वह पूरे बाहुबल से चप्पुओं को खींच रहा था, अपनी ताक़त से इतना ज़्यादा कि उसके लिए अच्छा नहीं था। लेकिन उसे नाव को बड़े प्रभावशाली ढंग से किनारे पर लगाना था, किसी भी कीमत पर। अपने जीवन में इस क़दर शान से किनारे पर पहुँचने का मौक़ा उसे दोबारा नहीं मिलने वाला था, दो दमकती हुई लड़कियों को नाव में बिठाये।

'अब लोगों ने हमें देख लिया है,' अन्ना बोली। 'दो लड़के खड़े-खड़े हमें घूर रहे

हैं। अब हमें पहले से बेहतर दिखायी दे रहा है, वे कितने बड़े हैं, और कि लोगों का मुँह किस ओर है और बाक़ी सब भी।'

'ओह, लड़के,' माट्टिस ने ठण्डे स्वर में कहा, 'हमें बहुत ज़्यादा नहीं चाहिए वे।'

'कोई साइकिल-सवार अभी-अभी रुका है।'

'नहीं, वह दुकान की ओर जा रहा है।'

'बहरहाल। फिर भी चीज़ें होना तो शुरू हो ही चुकी हैं,' माट्टिस बड़ी शिद्दत से बोला। उसे बहुत थकान महसूस होना शुरू हो चुकी थी, और उसकी बाँहें सुन्न थीं। चप्पुओं को इतना तेज़-तेज़ चलाना उसके बस की बात नहीं थी लेकिन अब वह हार मानने वाला नहीं था। उसने उचक कर अपने कन्धों के पार देखा, घाट पर अब बहुत से लोग जमा थे। और फिर उसने अपना पूरा ध्यान जलरेखा को अन्त तक सीधा रखने में लगा दिया।

और लोग भी रुक गये और जहाज़-घाट पर जमा होना शुरू हो गये थे—जब उन्होंने देखा कि यह तो था गोबर-गणेश जैसा उन्होंने पहले कभी नहीं देखा था, उस शख़्स से भिन्न जिसे वे लोग जानते थे। नाव का यह पड़ाव लोगों के रुककर देखने लायक था : जैसे सुदूर तटों से कोई विजेता चमकती धूप में चमकीली नाव में तैरता हुआ आया हो, धूप में ताँबई सिंकी दो लड़कियों को बिठाये जो अलसाती हुईं जहाज़-घाट की ओर दोस्ताना ढंग से हाथ हिला रही थीं। और माट्टिस नेतृत्व कर रहा था, नाव को खेने के बारे में सभी कुछ जानता था, कुशलता से नाव की दिशा सुरक्षित करते हुए, क्या वह भोंदू हो सकता था भला?

सब कुछ बहुत अच्छे से चल रहा था, हर तरह से।

माट्टिस की अपनी नाव पीछे खिंची चली आ रही थी, जिससे वह भारी हो गयी थी। फिर भी, माट्टिस अपनी रफ़्तार बनाये हुए था जब तक जहाज़-घाट के स्तम्भ उसके आड़े नहीं आये। देखने वालों में से किसी को एहसास नहीं हुआ कि माट्टिस कितनी बुरी तरह से थक गया था, लेकिन उसकी ताक़त लौट रही थी, इतने रोमाञ्च और आनन्द के चलते।

घाट पर अच्छी-ख़ासी छोटी-सी भीड़ जमा हो चुकी थी उनकी अगुआई करने। पाँच या छह, कम-से-कम। और वे छह लोग कितने और लोगों को यह कहानी सुनाने वाले थे। पते की बात तो यह थी। छह गुना छह गुना छह गुना छह, कम-से-कम।

माट्टिस को इस बात पर विचार करने का समय मिल गया था कि इस पूरे घटनाक्रम को क्या मोड़ देकर ख़त्म करना है, और वह क्षण आ चुका था। नाव जैसे ही घाट के किनारे तक पहुँची, उस्ताद सलीक़े से उठा और उसने चप्पुओं को नाव

के दोनों ओर टिका कर रख दिया।

'अच्छा तो लड़कियो, अब तुम्हीं सम्भालो अपनी नाव', वह धीमी आवाज़ में बोला, लेकिन इतनी भी धीमी नहीं कि सब लोग सुन न सकें। 'हम तट पर पहुँच चुके हैं।'

'यह तो वे ख़ुद ही देख सकती हैं, मुझे लगता है,' एक लड़के ने चपलता से फटकार लगायी। लेकिन भीड़ में से किसी ने तुरन्त उसका मुँह बन्द करवा दिया।

'बकवास बन्द करो।'

'अब मुझे अपनी नाव वापिस चाहिए,' माट्टिस ने लड़कियों की ओर देखते हुए बात जारी रखी।

लड़कियों के चेहरों पर मुस्कान खेल रही थी।

ज़मीन पर खड़ी छोटी-सी भीड़ मन्त्रगुग्ध खड़ी थी, हिलने की जुर्रत नहीं थी किसी की। एक चीज़ तो यह थी कि दो दिलेर लड़कियाँ थीं, लेकिन सिर्फ़ इतना ही नहीं था—गोबर-गणेश ने बिना किसी समस्या के पूरे काम को अञ्जाम दिया था, और इतनी सहजता से कि वे उसे पहचान ही नहीं पा रहे थे। अपनी मिनमिनाती-सी आवाज़ में लड़के ने एक बार फिर कोशिश की, माट्टिस की टुटियल नाव को देखकर : 'नीचे लग गये थे, माट्टिस?'

माट्टिस ने जैसे उसे सुना ही न हो। उसने नयी नाव से अपनी नाव को बड़े आराम से खोला। वह एक बार फिर लड़कियों की ओर मुड़ा : 'अन्ना और इंगेर,' वह उसी ख़ास लहजे से उनसे मुख़ातिब हुआ जो उनके नामों के लिए उसने चुना था।

वे उसे सर उठाकर देखने लगीं, घाट के किनारे जहाँ वह खड़ा था, उसके भावातिरेक को सम पर लाने की कोशिश में।

'इस यात्रा के लिए धन्यवाद,' सब लोगों के बीच खड़े-खड़े उसने कहा।

सुनहली लड़कियाँ अन्ना और इंगेर बोलीं : 'तुम्हें धन्यवाद, पिएर। हम नहीं भूलेंगी।'

मुझे लगता है इस घड़ी मैं मर जाना चाहता हूँ, उसने अचानक सोचा। लेकिन उसने रोक लिया ख़ुद को। नहीं, दोबारा सोचा उसने, तब तो मैं इसका और मज़ा ले ही नहीं पाँऊगा।

लड़का चिल्ला पड़ा : 'पिएर? पिएर तो इसका नाम बिलकुल भी नहीं है। यह तो माट्टिस है।'

पीठ में छुरे जैसा महसूस हुआ उसे—लेकिन काश यह बात यहीं रुक जाती। अगर वह लड़का पूरा सच न बक दे : यह तो गोबर-गणेश है। हम तो इसे इसी नाम से पुकारते हैं। काश, वे यह न कह डालें। उसने गिनती शुरू की।

वह पल गिनने लगा।

और उसे बख़्श दिया गया। ज़रूर अन्ना और इंगेर की मेहरबानी से हुआ होगा यह, उसने सोचा। वे अब नाव में खड़ी थीं, युवा और भव्य, और यह साफ़ ज़ाहिर था कि वे माट्टिस की तरफ़दार थीं, लड़का जैसे ही अपना मुँह खोलता, वे ठण्डी निगाह से उसे देखने लगतीं।

'माट्टिस हो या पिएर, हमें कोई फ़र्क नहीं पड़ता इससे,' वे गर्व से बोलीं, उस दुष्ट नौजवान को अपनी जगह दिखाकर उसका मुँह बन्द करती हुईं।

वे अपनी बाँहों को गोल-गोल झुला रही थीं : 'ख़ुश रहो, पिएर, और धन्यवाद तुम्हारा। अब हमें घर जाना चाहिए। शायद फिर किसी दिन मुलाक़ात हो।'

लड़कियाँ चली गयीं। माट्टिस निगलता खड़ा रह गया। लेकिन उसका सिर ऊँचा था। फिर उसे अपनी भारी-भरकम नाव को लोहे की हुक से बाँधना था।

जो पाँच या छह लोग वहाँ खड़े थे उन्होंने कोई सवाल नहीं पूछा, कुछ हो गया था उन्हें। वे जैसे शर्मसार थे, सब। एक ने तो माट्टिस से कहा : 'वे तुम्हारी ओर हाथ हिला रही हैं।'

माट्टिस ने तुरन्त सीधा होकर उनकी ओर हाथ हिलाया। नाव तेज़ी से छोटी पड़ती चली जा रही थी। लड़कियाँ भी कुशल नाविक थीं, लेकिन नाव आसानी से चल भी रही थी।

फिर भीड़ में से किसी ने हिम्मत बटोरी : 'तो तुम हो ही गये किसी चीज़ में शरीक़, माट्टिस।'

माट्टिस ज़रा भी विचलित नहीं हुआ।

'सो तो है,' वह बोला।

लड़के में फिर प्राण लौट आये : 'और यात्राओं पर भी ले जाओगे उन्हें?'

'हो सकता है,' माट्टिस ने आराम से जवाब दिया।

उसे विश्वास था। जैसे ही उसने यह कहा वह सच में बदल गया। ऐसा फिर क्यों नहीं हो सकता?

'आज हम लोगों ने क्या-क्या नहीं किया,' उसने लड़के की ओर देखते हुए बात आगे बढ़ायी।

कोई हँस दिया लेकिन यह चुभने वाली हँसी नहीं थी। कम-से-कम माट्टिस को तो नहीं लगी। बात यहाँ ख़त्म हो चुकी थी और वह चाहता तो अब जा सकता था।

जहाज़-घाट पर खड़े लोग उसके मित्र थे, वे करुणा से पेश आये थे और पोल नहीं खोली गयी थी उसकी। सच में वह चल नहीं रहा था, ऐसा था जैसे वह पंखों पर सवार हेगे के पास ले जाया जा रहा हो। घर की ओर चलते हुए वह झील पर नज़र टिकाये रहा : नाव छोटी से और छोटी पड़ती चली जा रही थी। ऐसा ही होता है नाव के साथ।

23

जब तक वह घर पहुँचा जोश कुछ कम हो चुका था। ठीक ही था, वह हेगे को पूरी कहानी सिलसिलेवार सुना पायेगा। प्रसन्न नाव नीली विराट ज़मीनों के पीछे ओझल हो चुकी थी। माट्टिस को इस बात का एहसास था कि वह हमेशा के लिए जा चुकी थी। लड़कियाँ चली जाने वाली थीं और इस बात की सम्भावना कम थी कि वह उनसे दोबारा कभी मिलने वाला था।

लेकिन फिर भी इसमें लेशमात्र भी सन्देह नहीं था कि वाक़ई सच और बड़ी घटना थी यह। जो वह अपनी बहन को बताने जा रहा था उसमें ज़रा-सा भी झूठ मिलाने की ज़रूरत नहीं थी उसे, सच ही पर्याप्त था, ज़रूरत से ज़्यादा। हेगे रोज़ की बनिस्बत कुछ ज़्यादा ही व्यस्त थी बुनाई के काम में और माट्टिस की बात सुनते समय सिर्फ़ बीच-बीच में हल्का-सा हुँकारा भर रही थी।

'तुम सुन तो रही हो न?' उसने पूछा, 'क्योंकि तुम जानती हो ऐसी चीज़ें जीवन में केवल एक बार हुआ करती हैं।'

'बिलकुल,' उसने जवाब दिया, 'मैंने एक-एक शब्द सुना है, मैं पूरी बात को दोहरा सकती हूँ।'

केवल-एक-बार-फिर-कभी-नहीं की उदास करने वाली अहमियत उसे इस घड़ी ठीक से समझ में नहीं आयी। वह अब भी इस घटना को सुनहली आभा देने के लिए इस बात का उपयोग कर रहा था।

वह कहानी सुनाता चला गया। उसके और लड़कियों के साथ बहुत-सी अविश्वसनीय घटनाएँ हुई थीं। सुनते समय हेगे के चेहरे पर सन्तोष का भाव था। माट्टिस इस बात से ज़रा-सा चिढ़ रहा था कि वह हमेशा की तरह बुनती चली जा

रही थी। वह रविवार के दिन कभी बुनायी नहीं करती थी—और क्या यह प्रसंग रविवार जितना महत्त्वपूर्ण नहीं था? आख़िरकार वह बोला : 'क्या तुम कुछ देर स्वेटर को नीचे नहीं रख सकतीं?'

'किसलिए?'

'मेरे लिए यह क़रीब-करीब रविवार की तरह है।'

उसने स्वेटर को गोद में गिर जाने दिया और ग़ौर से सुनने लगी। वह कहानी के एक अहम मोड़ पर था। कृतज्ञता से भरे हुए उसने अन्ना और इंगेर के उन शब्दों को दोहराया जो उन्होंने विदा लेते समय कहे थे।

'हम कभी नहीं भूलेंगी,' वे बोली थीं। 'माट्टिस हो यह या पिएर, हमें कोई फ़र्क नहीं पड़ता इससे,' उन्होंने कहा था।

नहीं, अन्ना और इंगेर झील के इस छोर पर फिर कभी नहीं आयीं। लेकिन माट्टिस अब कुछ अलग ही दुनिया में रहने लगा था। अब पहले से ज़्यादा आत्म-विश्वास था उसमें, दिलेरी से सड़क पर निकलता था और दुकान में एक अलग ही ढंग से प्रविष्ट होता था वह। हर कोई जानता था क्या हुआ है, उनके देखने के ढंग से ही मालूम पड़ जाता था। पहले छह गवाहों ने अपना काम अच्छे से कर दिखाया था, बाक़ी सब ख़ुद-ब-ख़ुद होता चला गया।

अब दुकान में इस तरह की बातें होने लगी थीं : दुकानदार कॉफ़ी के नन्हे से पैकेट को तोलते समय, तराज़ू पर निगाह रखे हुए सरसरे तौर पर पूछ लेता था : 'क्या हाल ही में फिर से नाव लेकर गये थे?'

'नहीं।'

माट्टिस ने बेपरवाही से छोटा-सा जवाब दिया। महान घटनाओं के बारे में इसी तरह से बात की जाती है। मानना पड़ेगा कि हाल ही में यही दुकानदार उसकी पीठ पीछे बातें बना रहा था, लेकिन आपको ऐसी बातों पर ध्यान नहीं देना चाहिए। अब वह इस बात का भी ध्यान रखता था कि इन मौक़ों पर वह अब मीठी गोलियाँ भी न ख़रीदे—कर्पूर की बूँदों की क्या औक़ात रह गयी थी अब? वह अपनी कॉफ़ी और चीनी लेकर दरवाज़े से बाहर निकल जाता, घने जंगलों से आये किसी लकड़हारे की तरह। फिर उसके सुनने में आया कि अन्ना और इंगेर सचमुच में जा चुकी थीं। वह उस जगह के लोगों से मिला था जहाँ वे रह रही थीं, और हिम्मत बटोर कर उसने पूछ ही लिया था। उनकी छुट्टियाँ ख़त्म हो चुकी थीं।

24

लड़कियों की जगह आ पहुँचा वह बरसाती तूफ़ान जिसने गर्मी के पूरे मौसम में न आने की मेहरबानी की थी। देर-सबेर उसे तो आना ही था। झील की रोमाञ्चकारी वारदात के चौथे दिन की बात है यह। चौथी सुबह।

घर से निकलते ही माट्टिस ने ग़ौर किया : भारी, बोझिल माहौल को आसानी से झुठलाया नहीं जा सकता था। आसमान अँधेरा और निस्पन्द था। ऐसा बेशक हो सकता था कि उस तरह के बादलों का अर्थ बारिश के सिवा कुछ भी न हो, और तब भी।... माट्टिस को अपने शरीर में भी वैसी ही भारी सीसे जैसी सनसनी महसूस हुई, और जब ऐसा हो गुज़रा वह जान गया कि क्या होने वाला है। उसकी सारी शक्ति जैसे रिस कर बाहर निकल गयी हो। इस बीच वह हेगे के चेहरे के भावों को देखता रहा।

हेगे उसी तरह पेश आती रही जैसे कुछ हुआ ही न हो।

'तुम्हें मालूम भी है!' अन्ततः उसके मुँह से निकला।

'मुझे तो कोई ख़ास बात नहीं लगती,' हेगे ने जवाब दिया, और वह घर की सफ़ाई करती रही। 'क्यों, तुम्हें क्या दिख रहा है?'

'तूफ़ान।'

'ओ बस इतना है,' वह बोली।

माट्टिस निष्प्रयोजन घर के अन्दर-बाहर घूमता रहा। उन तमाम सालों के दौरान जब वह आँधी-पानी से डरता रहा था उसने कुछ अजीब-से संकेतों को पहचानना सीख लिया था जिनसे वह स्थिति का जायज़ा ले सकता था। सबसे भरोसमन्द थी यह भारी सीसे जैसी सनसनी जो उसके आसपास और भीतर हुआ करती थी।

हेगे उसे धीरज बँधाने लगी : 'अरे, कुछ भी नहीं होगा, तुम देखना। तुम्हारा यह झक्कड़ कुछ ही देर में निकल जाने वाला है।'

'आज तुम इस तरह मुझे बेवकूफ़ नहीं बना सकतीं,' वह बोला। 'मुझे नहीं लगता मैंने इतना सियाह आसमान पहले कभी देखा है।'

जैसे ही उसने यह बात ख़त्म की बादलों की हल्की-सी गड़गड़ाहट सुनायी पड़ी। अभी जैसे गर्जना नींद में हो, लेकिन फिर भी धमकी से भरी हुई।

'सुना तुमने?'

'हाँ, मैंने सुना, लेकिन शायद ख़त्म हो रहा है। अब शान्त हो जाओ, माट्टिस,' हेगे बोली। 'इस बार *यहीं* रुक जाओ कुछ देर, तुम देख लेना कुछ नहीं होगा।'

'आ रहा है वह ठीक वैसे ही जैसे तुम्हारा वहाँ खड़े-खड़े कपों को धोना। सुनो!'

फिर गड़गड़ाहट हुई, इस बार पहले से ज़्यादा ऊँची—जैसे हमेशा होता ही है।

'फिर भी, थोड़ी देर रुको तो,' हेगे बोली।

'तुम मेरे साथ चलती क्यों नहीं?' माट्टिस और-से-और घबराते हुए बोला।

'बिलकुल नहीं। अब प्रतीक्षा करो तुम।'

इस स्थिति में माट्टिस को मनाना, या उसे किसी क़िस्म की सलाह देना व्यर्थ था। उसका चेहरा धूसर पड़ चुका था, वह उस पनाहगार की ओर चल दिया जहाँ वह झक्कड़ से बचने हमेशा जाया करता था। संडास ही सबसे सुरक्षित स्थान था। साल-दर-साल माट्टिस बिजली और उसके प्रभाव को लेकर कहानियाँ जमा करता रहा था—और वह कभी किसी संडास पर नहीं गिरी थी। विचित्र थी यह बात, लेकिन सच थी।

तीसरी बार की गर्जना तब हुई जब वह अभी भीतर नहीं पहुँच पाया था—इस बार और भी ज़्यादा क़रीब। अलावा इसके भयंकर चुप्पी छायी थी। कोई एक पक्षी तक गा नहीं रहा था। बस एक नीली मक्खी की गुञ्जार थी जो बिजली से भरी हवा के भीतर से एक धुँधली नीलाई में उसके पास से चमकती गुज़र गयी। उसने अच्छे से दरवाज़ा बन्द कर लिया।

उसे ज़्यादा प्रतीक्षा नहीं करनी पड़ी और झक्कड़ तबाही मचाता आन पहुँचा। बाहर बिजली एक नरम और ख़तरनाक हिसहिसाहट से चमक रही थी और आँखें बन्द किये माट्टिस सिकुड़ कर बैठा विस्फोट होने से पहले एक, दो, तीन गिनता रहा। अपनी उँगलियाँ कानों में घुसा कर वह उन्हें घुमाता और मोड़ता रहा, भयानक शोर मचाते हुए, लेकिन जब झक्कड़ ज़ोर पकड़ बैठा तो कोई ख़ास फ़ायदा नहीं हुआ।

'हे भगवान! *यह* तो सुनो—'

और भी तेज़।

और इस सबके बीच हेगे।

इस समय वह क्या कर रही होगी? इस मौसम में भी बैठकर स्वेटर बुन रही है? जब चहुँ ओर बिजली हिसहिसा रही है? नहीं ऐसा नहीं कर सकती वह। इतनी समझ तो होगी उसे।

तूफ़ान पूरा ज़ोर पकड़ चुका था। अभी तक बारिश शुरू नहीं हुई थी। माट्टिस झक्कड़ के सबसे ख़राब भाग में था, बारिश से पहले का समय। और क्या पता पुराने नियम आज ही बदल जायें—शायद यह जगह अब सुरक्षित नहीं है।

क्योंकि वह दिन तो देर-सबेर आयेगा ही। हर चीज़ देर-सबेर आ ही जाती है।

यहाँ भी सुरक्षित नहीं है।

वह अपनी उँगलियों को अपने कानों में बुरी तरह घुसेड़ता-मरोड़ता रहा। चमक और गड़गड़ाहट अब एक साथ आ रहे थे। ठीक है, आने दो तब, उसने भय से सुन्न पड़ते हुए कहा। एक, दो, तीन। वह प्रकाश और गर्जना के बीच के अन्तराल को नहीं गिन रहा था, अपने ज़िन्दा बचे रहने के समय की गिनती कर रहा था। कम-से-कम एक बार तो ज़मीन भसकती हुई महसूस हुई। पानी जैसे अब बाल्टियों में गिरता चला आ रहा था। मुझे लगता है मैं हर बार पहले से ज़्यादा डर जाता हूँ, लेकिन पहले से अधिक ख़तरनाक भी तो होता चला जा रहा है।

हेगे रसोई में बैठी है और ज़रा भी डर नहीं रही। किसी भी चीज़ से नहीं डरती वह।

लम्बा संघर्ष सिद्ध हुआ यह। बारिश झमाझम छत पर बजती रही। टपकने के साथ-साथ पानी फुहारों में भी भीतर चला आ रहा था—छत की हालत बुरी थी यहाँ, बाक़ी सब चीज़ों की तरह।

लेकिन इसे ख़त्म तो होना ही था। कम-से-कम झक्कड़ का सबसे बुरा हिस्सा तो टल चुका था, और कितने सुकून की बात थी यह।

तो आज भी नियम का अपवाद सामने नहीं आया।

पनाहगार सुरक्षित सिद्ध हुई थी। उसके शरीर में अब तनाव कम होता चला जा रहा था, मन में ज़्यादा चैन था। अब भी हल्की, निरापद गर्जना सुनायी पड़ रही थी, और बारिश कम हो चुकी थी। आँधी-पानी आप पीछे छोड़ आये हैं, क्या ग़ज़ब की बात थी। अब जल्दी ही आख़िरी हिस्सा भी ख़त्म हो जायेगा और वह हेगे के पास चला जायेगा।

अभी!

उसने दरवाज़ा खोला और बारिश में सीधा ख़ुद को झोंके वह भाग निकला। गीले पत्तों और घास की तीखी महक थी। ऐसी महक जो केवल ऐसे ही क्षणों में मिलती है आपको।

चमकती हुई आग के भीतर से पानी झटकारता वह दहलीज पर खड़ा सोच रहा था। उसे एक क्षण भी सन्देह नहीं हुआ—हेगे ज़रूर चुपचाप रसोई में बैठी होगी। आँधी-तूफ़ान से डरकर हेगे कभी नहीं भागी।

और सही ही था, वहीं थी उसकी बहन, अपना काम करती हुई। कम-से-कम इस वक़्त तो।

'क्या तुम पूरा समय ऐसे ही बैठी रहीं?'

'ओह, ये रहे तुम,' उसकी बात का जवाब न देकर वह बोली।

'चमकती आग के भीतर से,' वह बोला, और अचानक उसका बरसात-भीगा चेहरा गर्व और आत्म-विश्वास से भरी मुस्कान में बदल गया।

25

इसके बाद माट्टिस छानबीन करने निकल पड़ा जैसा कि आँधी-तूफ़ान के बाद वह किया करता था। उसके जिस्म में ताज़गी और जान लौट आयी थी। पहाड़ियों की ढलानों पर सफ़ेद झरने फूट निकले थे। लेकिन इस बार माट्टिस बहुत दूर नहीं गया, वह अचानक रुक गया, वहीं जड़वत् : इसका क्या अर्थ है!

ऐस्प के पेड़ थे, माट्टिस-और-हेगे, उनमें से केवल एक ही पूरी ऊँचाई तक पहुँच रहा था। दूसरा बिजली से ध्वस्त हो चुका था, काफ़ी नीचे केवल सफ़ेद तना था। आग तो नहीं लगी थी, बारिश ने एकदम बुझा दिया होगा उसे।

मृत्यु वहाँ अपना काम कर चुकी थी।

माट्टिस बिना हिले-डुले बहुत देर तक वहाँ खड़ा रहा। यह—यह तो किसी तरह का संकेत था। लेकिन उन दोनों में से किसके लिए? कौन-सा वृक्ष माट्टिस और कौन हेगे था?

पहले-पहल तो वह हेगे को बुलाना चाहता था, लेकिन उसने स्वयं को रोक लिया। शायद वह जानती होगी *कौन-सा कौन है*—और तब तो वह सरेआम उससे बात नहीं कर सकता। लेकिन उसे पता तो लगाना ही था किसका है वह पेड़, उसे चतुराई से काम लेना होगा।

वह चुपचाप हेगे के पास लौट आया : 'क्या तुम सच में बैठी बुनती रही थीं?'

'हाँ,' वह बोली। साफ़ ज़ाहिर था वह किस चीज़ की बात कर रहा था।

'शायद कुछ बहुत बुरा हो गुज़रा है।'

'ओह?'

'फ़ेंस के उस ओर बिजली गिरी है,' उसने रुखाई से कहा, मानो कोई फ़ैसला सुना रहा हो।

'सच में,' हेगे बोली। 'हाँ, एक बार तो ऐसी गड़गड़ाहट हुई ही थी जो बाक़ी ध्वनियों से ज़्यादा ख़तरनाक थी।'

'एक पेड़ का ऊपरी हिस्सा तो गया।'

'ओफ़्फ़ोह,' हेगे स्वेटर के फन्दे गिनती हुई बोली।

'सूखे ऐस्प में से एक!'

'सच में?' वह बोली।

'ठीक है, अगर यह बात भी पते की नहीं है,' वह गुस्सा खाकर बोला, 'तब तो कोई बात भी पते की नहीं है, मैं बता दूँ तुम्हें।'

'बिजली सूखे हुए पेड़ों की फुनगियों के प्रति आकर्षित होती है,' हेगे बोली।

वह बिना कुछ सोचे-विचारे बोल गयी थी यह। साफ़-सीधे।

'जाओ जाकर देखकर आओ भला किन्हीं और वृक्षों पर भी गाज गिरी है,' उसने बात को जारी रखा।

'ठीक है,' वह उत्साह से बोला—क्योंकि यह तो एक सीधा-सादा काम था जो वह कर सकता था।

जब वह बाहर आया तो वह पेड़ों की फुनगियों का मुआयना करने लगा। कुछ ही समय बीता होगा कि वह समझ गया हेगे उसे बुद्धू बना रही है। उस ऐस्प के बारे में वह सुनना नहीं चाहती होगी जो नष्ट हो चुका था, तो उसने पेड़ों की फुनगियाँ गिनने की बात सोच ली। लेकिन वह क्यों नहीं सुनना चाहती थी उस पेड़ के बारे में?

वह भीतर चला आया और उसने जानकारी दी : 'और कोई नहीं।'

'अच्छी बात है,' हेगे बोली। बस यूँ ही।

लेकिन ऐस्प पर गाज गिरने से मात्टिस काफ़ी बेचैन था। वह घर के अन्दर-बाहर आता-जाता रहा, सड़क के चक्कर काटता रहा। लेकिन उसे इस समस्या का कोई हल नहीं सूझा।

यह तो ज़िन्दगी और मौत का सवाल है, उसे अचानक ख़याल आया।

किसे पहुँची थी चोट?

हेगे से वह और कुछ न उगलवा सका, वह जो कुछ भी जानती थी उसने बताने से साफ़ मना कर दिया। उसके पास सिवा अजनबियों से पूछने के और कोई चारा न बचा था—लेकिन इस विचार-मात्र से ही वह भयभीत हो उठा। और उसे तेज़-तर्रार भी होना था। लेकिन यह ज़िन्दगी और मौत का मुआमला है। अगर यह हेगे नहीं है तो फिर मैं हूँ।

तुम क्या चाहोगे कौन हो? उसके भीतर एक आवाज़ मुखर हुई।

ऐसा नहीं सोचना चाहिए मुझे! वह स्वयं से बोला, अपने विचारों पर जबरन रोक लगाते हुए। मैंने इसके बारे में सोचना बन्द कर दिया है।

उसे यह दिखावा करना पड़ेगा कि वह दुकान तक जाना चाहता है, वह अब काफ़ी बार उस ओर जाने लगा था। जहाज़-घाट पर उस महान घड़ी की बदौलत अब वह सब लोगों के सामने आराम से दुकान में प्रविष्ट होता था, जैसे पहले कभी नहीं हुआ। जहाँ तक उसे पता था अब लोग उसका सम्मान करने लगे थे—लड़कियों के साथ यूँ नाव की सैर कर पाने से उसे ज़ोरदार कामयाबी मिली थी।

तो एक दोपहर उसने पूछा : 'क्या तुम चाहती हो मैं जाकर कुछ ख़रीदारी करके लाऊँ?' उसने दाढ़ी तक बना ली थी।

'इन दिनों तुम बिलकुल बदल गये हो,' हेगे बोली। 'हमेशा दुकान जाने की रट लगाये रहते हो।'

माट्टिस ने कोई विरोध नहीं किया। वह नहीं जानती थी उसकी इच्छा का असली कारण क्या था, कि वह ज़िन्दगी और मौत का मुआमला था।

'लेकिन पैसा?' वह तुच्छ महसूस करते हुए बोला।

हेगे को ख़रीदारी के लिए कुछ पैसे मिल गये और माट्टिस के लिए कुछ अतिरिक्त भी।

'यह पैसा—'

'मुझे अब मीठी गोलियाँ नहीं चाहिए,' वह फ़ौरन बोला, 'अगर तुम यही सोच रही हो तो।'

'क्यों नहीं? हम कोई पहले से बदतर हालत में थोड़े ही हैं।'

'लेकिन तुम मीठी गोलियों के बारे में कैसे सोच सकती हो जब बिजली पेड़ों की फुनगियों को ध्वस्त कर रही है,' माट्टिस राज़ की बात का मामूली-सा हवाला देने में कामयाब हुआ था। लेकिन हेगे पर इस बात का कोई असर नहीं हुआ।

'मेरी समझ से बाहर है कि क्यों नहीं लोगे?' हेगे बोली, माट्टिस को अपनी तुच्छता से भयभीत करती हुई।

'सोचने के लिए ज़्यादा ज़रूरी चीजें नहीं है अब? मैंने सोचा था तुम यह भी समझ गयी होगी।'

'ले जाओ पैसे, माट्टिस,' हेगे बिना द्रवित हुए बोली। 'हमेशा की तरह अपने

लिए मीठी गोलियाँ ख़रीद लेना।'

'सोच-समझ कर बात करो!' माट्टिस काफ़ी विचलित होते हुए बोला। और वह अतिरिक्त पैसे को मेज़ पर ही छोड़ गया ताकि केवल असली सामान के लिए ही पर्याप्त पैसा रहे उसके पास। इससे पहले कि हेगे उसे और डरा देती।

वह बड़ी सड़क पर जाने का बहाना-भर ढूँढ रहा था, और शायद अपने क़रीबी पड़ोसियों से मिलने का—उन्हें ज़रूर उन दो पेड़ों के बारे में औरों से ज़्यादा पता होगा। दुकानदार तो इतना दूर था कि वह नहीं बता पाता कि कौन मुतासिर हुआ है।

सड़क पर आसपास के कोई लोग नहीं थे, सब काम पर थे। माट्टिस यह भूल गया था। कारें उसके पास से हवा को चीरती हुई गुज़र रही थीं। उसने काफ़ी चैन और सुकून से, अपनी हस्ती का इल्म रखते हुए, दुकान से ख़रीदारी की। हमेशा की ही तरह वहाँ छुट्टी मनाते दो-एक अनजबी लोग थे जो बिस्किट और नींबू-पानी ख़रीद रहे थे।

माट्टिस जैसे ही जाने को हुआ उसे शर्मिन्दगी उठानी पड़ी। क्योंकि उसने अपनी गोलियों की थैली नहीं ख़रीदी थी। दुकानदार ने सोचा होगा उसके पास पर्याप्त पैसा नहीं है—उसने कर्पूर की कुछ गोलियाँ उठायीं और काग़ज़ की पुड़िया बनाने लगा। यह पुड़िया उसने माट्टिस के ख़रीदे हुए सौदे-सुल्फ़े के पास रख दी और उसकी ओर देखकर आँख मार दी उसने।

माट्टिस शर्म से सुर्ख़ पड़ गया। उसने देख रखा था कि दुकानदार बच्चों के साथ इसी तरह पेश आता है। उसने फ़ौरन अपने ख़रीदे दो-तीन लिफ़ाफे उठाये, और गोलियों को काउण्टर पर ही छोड़कर चलने को हुआ।

'यह भी लेते जाओ,' दुकानदार बोला। 'पैसा कभी और दे देना।'

इन शब्दों से माट्टिस को शर्मिन्दगी महसूस हुई। उसे बच्चों की तरह गोलियाँ दी जा रही थीं—हालाँकि वह ध्वस्त पेड़ों और विद्युत और मृत्यु के संकेतों जैसी महान चीजों से वाक़िफ़ था। उसने उपहार को उठा लिया, धन्यवाद के शब्द बुदबुदाये, और एक गोली मुँह में डाल भी ली। उसे छोटा महसूस कराया गया था। सबसे बुरा तो यह था कि दुकानदार को बस माट्टिस पर दया हो आयी थी। माट्टिस किसी तरह आत्म-सम्मान को बचाने की कोशिश कर रहा था।

'मुझे लगता है आपके बस में नहीं था,' उसने ऊँचे स्वर में दुकानदार से कहा।

यह अच्छा था। दुकानदार ने उसे ज़रा घूरा : 'क्या नहीं है मेरे बस में?'

'आपका स्वभाव और क्या!' माट्टिस ने जवाब दिया, यह सोचते हुए कि उसने बड़े अच्छे से स्थिति को सम्भाल लिया है।

दूसरा आदमी भी चैन से हँसने लगा, उसे लगा अब वह फिर से सुरक्षित ज़मीन पर है।

'नहीं होगा न, मैं उम्मीद करता हूँ।'

माट्टिस चल दिया।

एक बार बाहर निकलने पर वह दूसरी मीठी गोली खाने से ख़ुद को रोक नहीं पाया। उसने मुँह में दोनों ओर गोलियाँ रखकर तल्ख़, मीठे ज़ायके को मुँह में रिसने दिया—लगता था वह बहुत समय बाद ऐसा कर रहा था।

पूरा समय सड़क पर उसे केवल अजनबी ही मिलते चले गये। वह घूमता रहा, सूनी निगाह से उन कारों को घूरता हुआ जो उसके पास से तेज़ी से गुज़र रही थीं। लेकिन दोपहर आख़िरकार ख़त्म हो गयी, और लोग खेतों से घर की ओर जाने लगे। जो लोग दूसरे किसानों के लिए काम कर रहे थे, उनमें से कई सड़क पर निकल आये थे। कोई एक आदमी चला आ रहा था और माट्टिस सीधे उससे पूछने उसकी ओर बढ़ने लगा : 'आज क्या काम किया तुमने?'

उसने ग़लत चुनाव किया था। वह आदमी थका हुआ था और माट्टिस को चिड़चिड़ी नज़र से देखने लगा।

'*तुमने* क्या काम किया है आज?' उसने प्रतिरोध करते हुए कहा, और वह अपने रास्ते चलते रहना चाहता था।

माट्टिस चौंक गया। लेकिन अब तो उसे ख़ुद को भयभीत होने से रोकना ही होगा।

'बहुत ज़रूरी बात है,' उसने दृढ़ता से कहा। 'पहला सवाल तो मैंने इसलिए पूछा था क्योंकि लोग ऐसा करते ही हैं।'

वह आदमी अब तक समझ चुका था वह किससे बात कर रहा है; जब वह बोला तो उसका स्वर नरम पड़ चुका था।

'मैं घास को सुखाने के लिए फैला रहा था, और बहुत से लोग हैं जिनका काम अभी ख़त्म नहीं हुआ,' वह बोला। और वह सड़क के किनारे एक टेढ़े पत्थर पर धप्प से बैठ गया।

'अब जल्दी से बता दो, माट्टिस, क्या बात है। मैं थका हुआ हूँ और भूख लगी है मुझे।'

'मुझे मालूम नहीं *कैसे* कहूँ इसे,' माट्टिस डरता हुआ बोला। 'जल्दी नहीं कर पाऊँगा!'

'फिर शायद हम इस बात को फ़िलहाल छोड़े देते हैं, फिर कभी कर लेंगे।'

माट्टिस ने जवाब नहीं दिया, लेकिन उसने उन दो ऐस्प के वृक्षों की ओर सिर हिलाकर इशारा किया जिनमें से एक का ऊपरी हिस्सा बिजली गिरने से नष्ट हो चुका था।

वह आदमी वहाँ से चले जाना चाहता था।

'अगर तुम मुझे बता भी नहीं सकते कि बात क्या है, तुम्हीं बताओ मैं कैसे —'

'मैं सिर हिलाकर बता रहा हूँ न,' माट्टिस ने उसे बीच में टोकते हुए सफ़ाई दी।

'तो?'

'तुम देख रहे हो मैं किस ओर इशारा कर रहा हूँ?'

'जंगल की ओर।'

'*पूरे* जंगल की ओर नहीं,' माट्टिस ने ऐस्प के पेड़ों की ओर देखते हुए कहा।

'आहा, तब तो मुझे लगता है मुझे मालूम है,' घसियारे ने कहा, और वह एकदम अचकचा गया। ज़ाहिर था वह आदमी होशियार था, माट्टिस को एहसास हुआ।

'तुम तो सच में तेज़-तर्रार निकले,' उसने घसियारे से कहा। 'मेरा काम आसान कर दिया तुमने।'

आदमी को ज़रा भी पता नहीं था माट्टिस किस दर्जे की प्रशंसा कर रहा था उसकी। लेकिन अब माट्टिस के लिए ज़रूरी था कि वह एहतियात से अपने शब्दों का चुनाव करे।

'क्या तुम्हें एक नज़र आ रहा है और क्या तुम्हें दूसरा भी दिख रहा है?' उसने पूछा, ख़ुद से ख़ुश होते हुए।

'हाँ।'

'लेकिन तुम देख रहे हो बिजली ने एक पेड़ को क्या कर डाला है?'

'ओ क़सम से, हाँ!' होशियार आदमी ने जवाब दिया।

अब रास्ता खुल चुका था।

'लेकिन वह *कौन* है?'

सवाल तो पूछा जा चुका था, लेकिन यह इस बात का अन्त भी था। आदमी का चेहरा बदल गया।

'अब मुझे नहीं पता तुम क्या बात कर रहे हो,' उसने रुखाई से जवाब दिया, इस बात को जारी रखने की कोई मंशा नहीं थी उसकी।

माट्टिस कराह उठा। वह आदमी अच्छे से जानता था क्या बात हो रही है। इसीलिए वह इस विषय को आगे नहीं बढ़ाना चाहता था।

'वह जो इस समय घर पर बैठी है, वही है न?' माट्टिस ने पूछा, उस दुष्कर्म से

भयभीत जो वह कर रहा था। वह कुछ बुरा और भयानक कर रहा था, वह जानता था।

'कौन क्या है?' घसियारे ने असमंजस में दिखते हुए पूछा।

माट्टिस इस बात से घबराने लगा था। कौन क्या है? हाँ, कौन क्या है! उसकी जुर्रत नहीं हो रही थी वह सोचे।

'नहीं, कुछ नहीं!' उसने ख़ौफ़ खाते हुए कहा। 'मेरा यह मतलब नहीं था जैसा तुम सोच रहे हो। वह बैठी कॉफ़ी बना रही है, कुछ भी गड़बड़ नहीं है। वह बाक़ी सब लोगों की तरह बैठी कॉफ़ी बना रही है!'

घसियारा पत्थर से उठ गया, ज़ाहिर था वह और नहीं सुनना चाहता था।

'अच्छा भई, मुझे तो घर पहुँचना है। कल का दिन तो एक और दिन है, तुम्हें पता है।'

लेकिन एक बार फिर माट्टिस की इच्छा हुई वह पूछ ले—हल के क़रीब तो वह था ही। उसे फेर-बदल कर पूछने की कोशिश करनी थी।

'क्या एक का कोई एक नाम है और दूसरे का दूसरा?'

'मालूम नहीं।'

घसियारे ने जितने गुस्से से हो सकता था जवाब दिया, ताकि सवाल आते न रहें। और वह खिसक लिया।

माट्टिस पीछे छूट गया, जितना अनिश्चित वह था उतना ही बना रहा, और अपने शब्दों से बेहद भयभीत। उसकी जुर्रत नहीं हुई वह और किसी से पूछे।

26

अपने मन के सबसे रहस्यमय कोने में माट्टिस को कोई शक नहीं था कि वह हेगे ही थी, ऐस्प हेगे, जिस पर बिजली अपना निशान छोड़ गयी थी। हेगे उनमें से बड़ी भी थी। लेकिन वह मानना नहीं चाहता था कि ये उसके *अपने* विचार हैं—कोई बुरा शख़्स उसके लिए ऐसे लमहों में सोच रहा था।

'जीवन अब अनिश्चित हो चुका है,' वह हेगे से बोला, 'तुम्हारे और मेरे दोनों के लिए अनिश्चित।'

'क्या मतलब है तुम्हारा?' हेगे ने पूछा। माट्टिस के संग पूरा जीवन गुज़ार लेने से हेगे उसके प्रश्नों की अभ्यस्त हो चुकी थी।

'मैं तुम्हें बता नहीं सकता, लेकिन बहुत भयानक है,' उसने जवाब दिया। 'जब मैंने अनिश्चित कहा था तो मेरा मतलब था कुछ भयानक होने जा रहा है।'

'ओह, मुझे उम्मीद है जैसे अब तक हमारा गुज़ारा चलता रहा है, आगे भी चलता रहेगा,' हेगे बोली। 'मुझे अब इतना काम मिलने लगा है कि मुझसे बन नहीं रहा।'

वह समझ गया कि उसकी सोच पैसे और भोजन की ओर चली गयी है।

'क्या तुम खाने की बात कर रही हो?'

'मुझे करनी ही पड़ती है।'

माट्टिस एकदम हैरान रह गया। वह देख रहा था हेगे पर साये मँडरा रहे हैं। उसे चेतावनी देना थी उसे।

'तुम्हें याद है वह पक्षी जिसे गोली लगी थी?'

'हाँ।'

'लेकिन यह बात वह भी नहीं है,' वह बोला।

हेगे चुप रह गयी, प्रतीक्षा करती हुई।

'लेकिन हम में से केवल एक ही मुतासिर होने वाला है, उस चीज़ से जो मेरे मन में है!' उसने बड़ी शिद्दत से कहा।

'फिर भी मुझे लगता है हम सम्भल जायेंगे, कुछ भी क्यों न हो गुज़रे,' हेगे हल्के-फुल्के अन्दाज़ में बोली। 'लेकिन सच, माट्टिस,' उसने सिर को झटका देते हुए कहा, 'आजकल तुम इस क़दर अजीब बातें करने लगे हो कि तुम्हें पहचानने में मुश्किल होती है।'

यह प्रमाण-पत्र पाकर माट्टिस का चेहरा ख़ुशी से चमक उठा। हेगे जब चाहती वह किसी को ख़ुश करना जानती थी। माट्टिस कहीं जाकर बैठ गया अपनी ख़ुशी के साथ अकेला होने।

अचानक अकेले में बैठे-बैठा वह चौंक गया : *यह* तो मैंने सोचा ही नहीं था। अगर हेगे वह पक्षी है, बात को किसी और तरह रखते हुए वह बोला, तो फिर मेरा क्या होगा?

यह तो मैंने सोचा ही नहीं था।

मैं किसी भी तरह से क्यों न सोचूँ, बुरा नज़र आता है।

उसने अपने मन से इस विचार को जितनी तेज़ी से सम्भव था निकाल दिया, और हेगे के पास लौटकर बोला : 'चलो हम इस पूरे मुआमले को भूल जाते हैं।'

'मैं बिलकुल सहमत हूँ तुमसे,' हेगे ने जवाब दिया।

27

माट्टिस अपनी नाव की दरारों को भर उसे इस्तेमाल के लिए पुनः ठीक कर चुका था। इन गर्मियों में वह ख़ूब चला रहा था नाव को, कुछ मरियल-सी छोटी-छोटी मछलियाँ भी पकड़ी थीं उसने—लेकिन ज़्यादातर समय वह बड़ी झील के चक्कर काटते गुज़ार दिया करता था, और अपरिचित तटों के। ठीक से चप्पू खे सकता था वह : उसके विचार तुरन्त चप्पुओं में उतर जाया करते थे, बिलकुल सिलसिलेवार रेखाओं में, उस तरह गड़बड़ा नहीं जाते थे जैसे ज़मीन पर चलते समय होता था।

इन गर्मियों में झील पर कुछ एकदम नया था। अन्ना और इंगेर की रूहें ख़ुले पानी पर मँडरा रही थीं। उनसे मिल पाने की कोई उम्मीद नहीं थी—फिर भी कौन कह सकता था? वे जीवन-सी बड़ी खाड़ियों से क्यों नहीं आ सकती थीं, और उससे मिलने? किसी भी अन्तरीप का चक्कर काटती हुईं, ख़ूबसूरत और हक़ीक़ी? वह और कुछ नहीं माँगता था।

वह नाव लेकर झील में जाता, उनकी अगुआई करने को ख़ुला और एकदम तैयार।

वे नहीं आयीं।

अपने कॉटेज पहुँच वह हेगे के पास गयाः 'क्या अब भी चीज़ें तुम्हें भिन्न नहीं लगतीं?'

हेगे ने जवाब नहीं दिया। लेकिन वह देख सकता था कि उसके शब्दों से वह परेशान ज़रूर हुई थी इस बार।

'लगनी चाहिए मुझे?'

वह उसे घूरता खड़ा रहा।

'शायद,' उसने जवाब दिया। 'कौन कह सकता है? मुझे अपनी आँखों में देखने दो, हेगे।'

नहीं, वह नहीं देखने देगी। वह क्या चीज़ थी जिसे दिखाने से वह डर रही थी? अचानक वह भी डर गया। क्या इसका ख़ुद माट्टिस से कुछ लेना-देना था?

'तुम्हें छोड़ना नहीं चाहिए मुझको!' वह चिल्लाया।

अब हेगे ने ऊपर देखा।

'नहीं छोड़ूँगी, माट्टिस। ऐसा करना होता तो मैं कब की कर चुकी होती।'

आम हालात में इतने से वह आश्वस्त हो जाता, लेकिन आज मुआमला कुछ अलग था। उसके मन की शान्ति चली गयी थी। और फिर यह अन्तहीन बुनाई!

'छोड़ दो कुछ देर के लिए!' वह स्वेटर को छीनकर बेञ्च पर फेंकते हुए बोला।

'क्या भूत सवार हो गया है तुम पर?'

फिर उसने हेगे को कलाई से थाम लिया।

हेगे की आँखों में ख़ौफ़ घिर आया।

'तुम्हें जाना नहीं चाहिए!' बस इतना ही बोला उसने।

उसके भीतर गड्डमड्ड विचारों की लहरें उठ रही थीं : बिजली हेगे वृक्ष पर गिरी थी, उसने यह फ़ैसला अपने आप ही कर लिया था ख़ुद को बचाने की गर्ज़ से। इसका अर्थ यह हो सकता था कि हेगे को भयानक ख़तरा था। उसने हेगे को ज़ोर से पकड़ कर उसे अपने पैरों पर खड़ा कर दिया। हेगे ने ज़रा भी विरोध नहीं किया जैसे उसे मालूम हो यह विस्फोट किसी दिन होना ही था।

'बाहर आओ।'

वह उसके संग बाहर चली आयी।

'हम यहाँ और रह भी नहीं सकते। हमें कहीं दूर चले जाना चाहिए। जितना दूर जाना सम्भव हो!' वह असमंजस और भय की गिरिफ़्त में था।

'अगर ऐसा है तब भी हम तुरन्त तो नहीं जा सकते, हमें खाना और कुछ अन्य चीज़ें ले जानी होंगी,' हेगे ने शान्ति से जवाब दिया।

'क्या?'

हेगे के स्वर की निष्कम्पता से माट्टिस एकदम सन्तुलन खो बैठा।

'अगर हम लोग दूर जा रहे हैं तो पहले हमें तैयारी तो करनी पड़ेगी न।'

वह ऐसे बात कर रही थी जैसे दुनिया में इस जगह को छोड़कर चले जाने से सहज कुछ भी न हो। माट्टिस का मन इतना व्याकुल था कि उसने और सवाल नहीं पूछे। फिर अचानक वह समझ गया कि वह ख़ुद ही बेमानी बातें कर रहा था।

'अगर और कुछ नहीं तो फिर मेरे साथ सैर करने चलो!' उसने याचना की। 'जंगल में कुछ दूर तक, अगर और कुछ नहीं तो!'

इस बात पर हेगे एकदम राज़ी हो गयी।

'चलो फिर चलें, माट्टिस।'

माट्टिस की अन्तरात्मा उसे कचोट रही थी।

'तुम नहीं जानतीं, हेगे, मैंने तुम्हारे साथ क्या किया है,' वह बोला, 'लेकिन यह बात कुछ ख़तरनाक है। तुम अपना ख़याल रखना, ताकि तुम ज़िन्दा रहो।'

हेगे ख़ुद को चौंकने से रोक नहीं पायी।

'अब रुक भी जाओ, माट्टिस। मुझे नहीं पता आज तुम्हें हो क्या गया है। कोई वजह नहीं है कि हम दोनों लम्बे समय तक जीवित नहीं रहेंगे।'

'इसे लेकर कुछ *किया* जा चुका है,' माट्टिस बड़ी कठिनाई से बोला, 'मैं तुम्हें इसके बारे में बता नहीं सकता।'

हेगे ने शायद ही उसे इस हाल में पहले कभी देखा था, इतना दुखी था वह। अब की बार उसने माट्टिस का हाथ पकड़ लिया।

'आओ चलें, माट्टिस। आज *मैं* चल रही हूँ न तुम्हारे साथ। ऐसे मत खड़े रहो।'

बिना यह विचार किये कि वे लोग कहाँ जा रहे हैं वे चीड़ के पेड़ों के झुण्ड की ओर चल दिये जो झील और सड़क के बीच फैला हुआ था; एक छोटी-सी पगडण्डी थी वहाँ।

लेकिन माट्टिस को बात वहीं से जारी रखना थी जहाँ वह छूट गयी थी, उसे उस चीज़ को क़ुबूल करना था जो उसकी अन्तरात्मा को कचोट रही थी।

'और मैंने ही किया है यह,' वह बोला, 'लेकिन मैं तुम्हें बता नहीं सकता। बस वही है जो मैं कह रहा हूँ।'

'हाँ, हाँ, मुझे मालूम है,' हेगे बोली, उसे शान्त करने की कोशिश करती हुई। 'मैं इस चीज़ के बारे में और नहीं सुनना चाहती। कोई बात नहीं, माट्टिस, तुम समझ रहे हो? ठीक है, इसके बारे में अब और चर्चा नहीं करेंगे हम लोग।'

'मन से कह रही हो तुम?' वह कृतज्ञता से भर उठा था।

वे तेज़-तेज़ चल रहे थे, जैसे किसी जगह पहुँचने की जल्दी हो उन्हें। माट्टिस के मन में पछतावा था जो उसे दौड़ा रहा था, और हेगे को उसका साथ देना था। वे उस दलदल के पास से गुज़रे जहाँ माट्टिस और वन-कुक्कुट ने पक्षियों की भाषा में बात की थी। माट्टिस ने इस बात का कोई ज़िक्र नहीं किया; हेगे ज़रा-सा भी सन्देह ज़ाहिर करती तो सब बिगड़ जाता। उन्होंने दलदल को पीछे छोड़ दिया और घने जंगल में चले आये। वे अब ख़ालिस जंगली फ़र्श पर चल रहे थे, ज़मीन पर कोई घास नहीं थी, केवल चीड़ की भूरी सुइयाँ और काई के हरे टुकड़े।

'कुछ देर रुक जाते हैं!' हेगे जंगल की ख़ामोशी का एहसास पाकर बोली। वह भी रुक गया, आख़िरकार, और उसे भी उस गहन ख़ामोशी का एहसास होने लगा।

'हम कहाँ हैं?' उसने घबराकर पूछा।

'घर से बहुत ज़्यादा दूर नहीं हैं हम लोग,' उसने शान्ति से कहा। 'जंगल में कुछ ही दूर। तुम नहीं पहचानते इस जगह को?'

उसने कोई ध्यान नहीं दिया।

'मुझे बेहद बुरा लग रहा है,' बजाय सुनने के वह बोला।

'माट्टिस, तुमने सुना नहीं मैंने क्या कहा था : बस करो!'

'हाँ, लेकिन —'

'एक शब्द भी और नहीं। तुमने मुझे कहते सुना था कि सब ठीक है, नहीं क्या?'

'ऐसा महसूस तो हो नहीं रहा मुझे,' माट्टिस ज़िद पर अड़ा रहा।

'उस ठूँठ पर बैठो ज़रा!' हेगे एकदम बदहवासी में फूट पड़ी। एक नरम-सा ठूँठ था काई से ढका हुआ उनके क़रीब, जहाँ वे खड़े थे।

माट्टिस अपनी मर्ज़ी के ख़िलाफ बैठ गया वहाँ। हेगे चाहती थी वह बैठ जाये, और वही थी जिसमें कुछ कर गुज़रने की इच्छा और शक्ति थी।

'तुमने तो मुझे क़रीब-क़रीब थका डाला है,' वह हवा के बड़े-बड़े निवाले निगलती हुई बोली।

माट्टिस चुप लगाकर बैठ गया था, और उसने कोई जवाब नहीं दिया। वे दोनों चुपचाप छोटे-से ठूँठ पर बैठे रहे। उनके आसपास जंगल में एक भी आहट नहीं थी, और उनके धकधकाते दिल ज़रा शान्ति से धड़कने लगे। माट्टिस हेगे के साथ जंगल में बैठा था, ख़ामोश, क्योंकि वह किसी नयी चीज़ के बारे में सोचना शुरू कर चुका था, उन चीज़ों से कहीं अधिक सुखद जोकि उसे क्षण-भर पहले तक परेशान कर रही थीं।

'अब अगर तुम लड़की होतीं —' उसके मुँह से निकला, लेकिन उसने तुरन्त स्वयं को रोक लिया। 'बकवास!' वह बोला। 'तुम लड़की तो हो ही। मेरा मतलब है कोई और लड़की।'

'अब शान्ति से बैठे रहो माट्टिस,' हेगे बोली। 'सच, तुम कैसे पेश आ रहे हो आज। एकदम बन्द करो यह सब।'

क्योंकि माट्टिस सम्भल गया था, हेगे के लिए इस सामान्य लहजे में बात करना एकदम स्वाभाविक था, उसे थोड़ा-बहुत डाँटते हुए। लेकिन माट्टिस ने रोक दिया उसे।

'तुम इतना डर गयी हो कि तुम्हारी हिम्मत नहीं हो रही थी मेरी ओर देखने की,' वह लड़की की कल्पना को निकाल बाहर करते हुए बोला।

'तुमसे डर गयी थी? तुमसे तो मुझे इतना भी डर नहीं लगता जितना बिल्ली से। तुम्हें मालूम ही है। अब यहाँ कुछ देर बैठें हम लोग, और जो हो गया है हमसे उसका पछतावा न करें।'

वह सख़्ती से पेश आ रही थी। इससे माट्टिस को बल मिला।

वह बात को जारी रखते हुए बोली : 'तुमने ऐसा कुछ नहीं किया, माट्टिस, जिसका तुम्हें अफ़सोस हो। हालाँकि और लोगों ने किया हो सकता है।'

माट्टिस को राहत मिली इस बात से। हेगे ही होशियार थी उनमें, यह तो मानना ही पड़ेगा। किसी के मन से बोझा उतारने में हेगे का कोई मुक़ाबला नहीं था।

वह कृतज्ञता से भर उठा था : 'तुम नहीं जानतीं कितना अच्छा लग रहा है, हेगे?'

'इस ठूँठ पर यहाँ कितना अच्छा लग रहा है,' उसने जोड़ा।

हेगे भी ऐसी दिख रही थी मानो वह भी सोच रही हो कितना अच्छा है।

'हम यहाँ और आया करेंगे,' माट्टिस बोला।

लेकिन ठूँठ पर उनका समय अब समाप्त हो चुका था। हेगे दृढ़ता से बोली : 'अब हमें चलना चाहिए।'

फिर भी हेगे ने कुछ ऐसा किया जिसकी माट्टिस को कोई उम्मीद नहीं थी, वह तुरन्त अपने स्वेटर नहीं बुनने लगी, बल्कि यह कहने लगी वह : 'इस सबके बाद हम लोग कुछ समय निकालेंगे। दोनों में से किसी के लिए भी आसान नहीं था यह।'

'नहीं था न,' माट्टिस बोला। 'लेकिन तुमने तो सब अच्छे से सम्भाल लिया। कुछ देर और सैर करें तब?'

माट्टिस का चेहरा हेगे के दिये हुए इस अप्रत्याशित सुझाव से अचानक खिल उठा था।

जंगल का फ़र्श बिलकुल किसी कालीन जैसा था। वे चुपचाप चलते रहे बिना किसी शब्द के। लेकिन वह वन इतना चौड़ा भी नहीं था, अचानक वे झील के किनारे आ पहुँचे। वही बड़ी झील जहाँ अन्ना और इंगेर आयी थीं।

सतह बिलकुल आईने जैसी थी, और माट्टिस बोला : 'हम लोग पूरा दिन नाव चला रहे थे वहाँ।'

हेगे ने नहीं पूछा कब, पूरी दुनिया में नाव की सैर का एक ही तो प्रसंग था।

क़रीब-क़रीब संयोग से ही हेगे ने वहाँ खड़े-खड़े माट्टिस के बारे में एक फैसला ले लिया। उसने सुझाव दिया कि माट्टिस को शायद लोगों को नाव में झील के आरपार ले जाना चाहिए। यह एक काम बिलकुल सही होगा उसके लिए।

माट्टिस ने छूटते ही इस सुझाव को पकड़ लिया, जैसे हवा में उछली हुई गेंद को : 'हाँ, बिलकुल! यह एक चीज़ है जोकि मैं कर सकता हूँ!'

'लड़कियों को सैर कराना,' हेगे बोली।

उसने तुरन्त हेगे की ओर देखा

'तुम्हें लगता है?'

लेकिन हेगे को उसका मोह भंग करना था : 'नहीं, शायद नहीं। उस ओर कोई नहीं रहता, केवल मैदान हैं, इसलिए कोई आवाजाही नहीं है। लेकिन अगर लोग *होते* तब तो तुम ज़रूर नाविक हो सकते थे।'

यह विचार उसके मन में पूरी तरह घर कर गया। उस ओर लोगों की बसावट न होने वाली बातें वह सुन ही नहीं रहा था।

'हाँ, बिलकुल,' वह ख़ुद से बतियाते हुए बोला।

ऐसा विचार उसके मन में अपने आप तो कभी आ ही नहीं सकता था। अगर हेगे ने उसे सिर्फ़ ख़ुश करने के लिए यह सुझाव दिया था तो उसने बिलकुल सही चीज़ का चुनाव किया था। वह एकदम चुप्पी साध ख़यालों में खो गया, रास्ते की सुध-बुध भूल वह ठोकर खाकर झाड़ियों में उलझ गया। हेगे ने कुछ बात करने की कोशिश की, लेकिन माट्टिस से सिर्फ़ हुँ मिली उसे —

'चलो अब घर चलें,' हेगे बोली। 'जहाँ तक मेरा सवाल है मेरी छुट्टी ख़त्म।'

वे तट के साथ-साथ चुपचाप चलते रहे। माट्टिस उसे उस जगह ले आया जहाँ उसकी नाव बँधी थी।

'क्या तुम कुछ देर रुकोगे यहाँ?'

'हाँ, हाँ, तुम चलो,' वह अब व्यस्त था। 'मुझे बहुत काम करना है नाव पर।'

हेगे उसे छोड़कर चल दी। जब वह ढलान पर कुछ ऊपर तक पहुँच गयी, माट्टिस चिल्लाया, उसकी साँस लौट आयी थी आख़िरकार : '*सोचो ज़रा पहले क्यों नहीं बोला!*'

हेगे ने केवल हाथ के इशारे से जवाब दिया। वह जल्दी ही ओझल भी हो गयी। लेकिन सोचो ज़रा पहले क्यों नहीं बोला उसने। वह चतुर थी, या नहीं थी? लेकिन उसकी सभी चिन्ताओं का कितना शानदार अन्त था : वह ऐसा काम करने की राह देखने लगा जो उसके लिए उपयुक्त था।

हम उस बिजली-विजली के बारे में और कुछ नहीं सोचेंगे, उसने मन-ही-मन कहा। हम में से कोई भी नहीं है! और शायद कल तक मुझे कोई मिल ही जाये उस पार ले जाने को।

अब वह नाव को जितना हो सकता था ठीक करने की कोशिश करेगा, बिना एक भी पैसा खर्च किये।

माट्टिस अँधेरा होने तक काम में जुटा रहा। जुलाई के अन्तिम दिन थे और शामें लम्बी थीं। माट्टिस लकड़ी के काम में भी वैसा ही था जैसा अन्य किसी काम में, फिर भी उस दोपहर उसने बड़े प्रेम से नाव पर काम किया—उन बेचारे से औज़ारों के साथ जो उसके पास थे। जब हेगे ने पूछा, उसे पता चला कि वह अगले ही दिन यह काम शुरू करने वाला था। क्या शुरू करने वाला था? जो तुमने कहा था, और क्या! लोगों को झील के पार ले जाना।

'ऐसा ज़ोरदार विचार पहले तुम्हारे मन में कभी नहीं आया!' उसने बात ख़त्म की।

हेगे को उसे सच-सच बताना पड़ा।

'मैंने गम्भीरता से नहीं कहा था, पता है? कोई है ही नहीं पार जाने वाला।'

'तुम ऐसे तो नहीं पेश आने वाली हो न?' वह गुस्सा ख़ाकर बोला। 'क्या तुम मुझे बेवकूफ़ बना रही हो?'

'मैंने *कहा* कोई नहीं है।'

पर फिर उसने विचार किया, और फ़ौरन बोली : 'दरअसल, अब जबकि मैंने सोचकर देखा है, मुझे लगता है कि तुम्हें कोशिश कर देखनी चाहिए। कोई हर्ज नहीं कोशिश करने में। तुम व्यस्त भी हो जाओगे।'

उसके शब्द माट्टिस को दूर की मरमराहट जान पड़े, कुछ ऐसा जिससे उसका कोई वास्ता नहीं था। हेगे नहीं जानती थी वह किस सिलसिले को छेड़ बैठी है। जहाँ तक माट्टिस का सवाल था उसे लगने लगा था कि वह बदलाव की कगार पर पहुँच गया है। उसके सामने एक रास्ता खुलता नज़र आ रहा था।

उसने काम तब बन्द किया जब हथौड़ी की मार ने उसके अँगूठे को सियाह और नीला नहीं कर दिया। तब तक इतना अँधेरा हो चुका था कि उसे कीलों और अपने अँगूठे में कोई फ़र्क दिखायी नहीं दे रहा था।

ढलान से ऊपर आते समय उसने विचार किया कि यह गर्मियाँ अच्छी बीत गयी हैं, हालाँकि वन-कुक्कुट पत्थर के नीचे पड़ा था।

भाग तीन

28

आज के दिन से वह नाविक। इस विचार से माट्टिस के भीतर एक स्निग्ध रोशनी-सी फैल गयी।

झील की सतह आईने जैसी थी और उसकी प्रतीक्षा कर रही थी।

ज़ाहिर था हेगे नाविक वाले विचार पर ग़ौर कर रही थी, तभी तो उसके ओंठों से यह सुझाव अचानक फूट पड़ा था। माट्टिस भी कुछ-कुछ समझ गया था : वह ख़ुश थी कि उसे नकारा माट्टिस को पूरा दिन घर के अन्दर-बाहर घूमते हुए नहीं देखते रहना पड़ेगा। उससे कुछ देर छुटकारा पाकर दरअसल ख़ुश। लेकिन माट्टिस इस विचार के लिए उसके प्रति इतना शुक्रगुज़ार था कि उसकी मंशा को लेकर वह ज़्यादा परेशान नहीं था।

उसने कुछ सैंडविच बनाकर माट्टिस के लिए बाँध दिये।

'सब मेरे लिए?'

'दिन-भर के लिए काफ़ी तो हो, नहीं? या तुम जल्दी ही लौट आने की सोच रहे हो।'

'नहीं, नहीं, क़तई नहीं,' वह बोला। मानो जैसे वह हेगे से वादा कर रहा हो।

हेगे ने उस हर चीज़ के बारे में उसे बताया जो नाविक को काम करते समय ध्यान में रखनी होती है।

'और अगर नाविक को पुकारती हुई कोई सवारी नहीं भी चली आती, तब भी नाविक को प्रतीक्षा और प्रतीक्षा करते रहना पड़ता है।'

माट्टिस ने उसकी ओर देखा, और अचानक उसका चेहरा सुर्ख़ हो आया। वह पकड़ी गयी थी, उस चीज़ में जिसे वह मानना नहीं चाहती थी।

'जहाँ सबसे संकरा है, उसी रास्ते नाव को खेना चाहिए न मुझे?' उसने चलने की तैयारी करने के बाद पूछा।

'हाँ, मुझे लगता है सब यही करते हैं।'

'लेकिन अगर कहीं भी संकरा नहीं होगा? तो फिर मैं क्या कर सकता हूँ?'

'तो फिर यहाँ-वहाँ घूमकर देखते-भर रहना,' हेगे बोली, और इस फ़ैसले से वह ख़ुश हो गया। जाते समय उसके शब्द वही थे जो होने चाहिए थे : 'शाम को मिलते हैं।'

हेगे ने हामी भरी।

सब ठीक-ठाक चल रहा था।

माट्टिस नाव में बैठ गया, उसने चप्पुओं को सही जगह टिका दिया—और अब मुआमला केवल प्रतीक्षा करने का था।

झील के इस ओर तो कोई नहीं था जो पार जाना चाहता हो। लेकिन उसे दोनों तटों पर निगाह रखना थी, इसलिए वह किनारा छोड़ बीच में चला आया। उसे किसी समय-सारणी का ध्यान तो रखना नहीं था और नाव को सुधारने के बाद उसका परीक्षण करना बड़ा रोमाञ्चकारी काम था। और करने को आख़िरकार एक पक्का काम उसे मिल जो गया था, इससे बड़ी राहत मिली उसे। अब उसे किसी फ़ार्म पर किसी की कृपा से काम करने का इन्तज़ार नहीं करना पड़ेगा, न तेज़-तर्रार लोगों के संग काम करने के भयानक दिनों का सामना। और *ऐसी* नौकरी, उसने सोचा, आगे-पीछे झूमकर चप्पुओं को लम्बी तान देना! जैसे ही मैं पर्याप्त पैसा कमा लूँगा मैं नयी नाव ख़रीद लूँगा और इस भारी-भरकम टुटियल नाव को इस्तेमाल नहीं करूँगा। जितनी अच्छी नाव होगी, उसकी सवारी करने की इच्छा ज़्यादा लोगों को होगी। और फिर शायद वे लोग भी आ जायेंगे जिन्हें मैं *सबसे अधिक* सवारी कराना चाहता हूँ।

वह नाव को एकदम सीधे रखे हुए था। उसके विचार भटक नहीं रहे थे। मैं शायद झील पर नाव चलाने के लिए ही पैदा हुआ था, उसने अपने आप से कहा। सोचो तो ज़रा कितना जीवन गुज़ार दिया है मैंने बेकार की कई चीज़ें करते रहने में।

मुझे उसी तट पर चले जाना चाहिए और कुछ देर इन्तज़ार करना चाहिए।

लेकिन जैसे ही वह पश्चिमी तटों की नीली ढलानों के क़रीब पहुँचा, उसने देखा कि वहाँ भी कोई प्रतीक्षा नहीं कर रहा था। ख़ैर, यह तो स्वाभाविक ही था, उसका पहला दिन जो था यह। लोगों को नये नाविक की जानकारी तो होनी चाहिए, इससे पहले कि वे लाइन लगाकर उसकी सेवाओं का लाभ उठाने खड़े होने लगें।

वह तट के किनारे-किनारे धीमे-धीमे नाव को खेता रहा, यह देखने के लिए कि जंगल से भी कोई पगडण्डी इस ओर आ रही है या नहीं। उसे बिना पगडण्डी वाली जगह पर ही रुकना पड़ेगा—कहीं-न-कहीं जहाँ नाव को जैसे-तैसे किनारे लगाया जा सकता था। नाविक को हमेशा इन्तज़ार करना होता है, यही शब्द थे हेगे के।

माट्टिस को अच्छा लग रहा था, वह नाव के तल में चैन से पड़ा था, और सूरज को सीधे अपने चेहरे में चमकने दे रहा था। नाव से डामर की तेज़ गन्ध उठ रही थी, अच्छी लग रही थी यह गन्ध और उन चीथड़ों में व्याप्त थी जो कि पिछली रात ही अपनी-अपनी जगह ठूँस और ठोक दिये गये थे। धूप में सिंके तट की अपनी ही हल्की और सुखद-सी महक थी।

माट्टिस पड़ा रहा, ख़ुश और सन्तुष्ट।

मैं पूरी तरह से काम में भी जुटा हूँ और यहाँ लेटे-लेटा सुस्ता रहा हूँ।

वह ख़ुद को हँसने से रोक नहीं पाया।

जितनी देर चाहता वह लेटा रहता, कोई नहीं आया। उसने फिर से कश्ती को ठेल दिया और अपने तट की ओर निकल पड़ा। हो सकता है वहीं कोई बैठा इन्तज़ार कर रहा हो। समय के चलते जब लोगों का ध्यान जायेगा कि वह एक तट से सीधे दूसरे तट की ओर जाता है तो क़ायदे से नाव के चलने की ख़बर फैल जायेगी।

यह होता है नाविक होना, तुम्हें एक ही समय हर जगह होना होता है—लेकिन यह कैसे कर सकते हैं आप?

वह नाविक शब्द को फुसफुसाते रहना चाहता था—अब वह यही था और इस शब्द की ध्वनि कोई बुरी भी नहीं थी। मैं दावे से यह कह सकता हूँ ऐसा कोई नाविक नहीं है जो नाव को इतनी सीध में चलाता हो। आप सीधे से ज़्यादा सीधे तो चला नहीं सकते। दुःख की बात है कि नाव की जलरेखा इतनी जल्दी मिट जाती है, उसे पानी पर काफ़ी दिन तक बने रहना चाहिए, पानी पर जलरेखाओं का जाल बिछ जाना चाहिए।

जब वह आख़िरकार अपने तट पर लौटा तो वहाँ भी खड़ा कोई प्रतीक्षा नहीं कर रहा था। उसे इस समय पाँच मिनट की छुट्टी लेना अच्छा लगता, ताकि वह चुपके से हेगे से मिलने चला जाता, लेकिन उसने इस इच्छा को दबा दिया। वह तट पर बैठा वफ़ादारी से सैंडविच खाने लगा। हेगे को इस बार उससे ख़फ़ा होने का मौक़ा नहीं मिलना चाहिए, वह उस पर अब बोझ बनकर नहीं रहने वाला था; वह बैठा

था यहाँ, अपने सैंडविच खाता हुआ।

चुप।

वह सुनने लगा।

दरअसल वह पूरा समय कान लगाकर सुनता रहा था। और क्या पश्चिमी पहाड़ियों के उस ओर से कोई पुकार नहीं रहा था? उसने चबाना बन्द कर दिया ताकि अच्छे से सुन सके। लम्बे समय तक मुँह में ब्रेड भरे वह सुनता रहा। इतनी चौड़ी झील के पार से किसी पुकार को कोई सुन भी नहीं सकता था। और फिर भी कोई चिल्ला तो *रहा था*!

माट्टिस ने तुरन्त नाव को खेना शुरू किया। निश्चित ही वह कुछ परिचित-सी पुकार थी। हेगे रही हो सकती है वह, लेकिन यह असम्भव था क्योंकि हेगे तो झील के इसी ओर थी।

हेगे दूसरी ओर से पुकार रही है, वह बुदबुदाया, और अचानक जैसे प्राण ही निकल गये हों उसके, वह रुक गया।

क्या कोई पुकार रहा है?

पहले ही दिन कोई पुकार रहा है। इतनी फैली हुई झील के उस पार से कोई कैसे चिल्ला सकता है, क्यों, मैं तो लगभग डर गया हूँ उससे। लेकिन यह तो हेगे *ही* है —

बकवास।

यह अच्छी बात है कि रात नहीं है। लेकिन शायद नाविकों को आधी रात में भी जाना पड़ता है। लोग पानी के पार से अँधेरे में भी पुकारते हैं और उजाले में भी।

कम-से-कम अब तो रुक गयी थी पुकार। माट्टिस ने चप्पुओं को ज़ोर लगाकर खींचा, इतनी कड़ी धूप में इतना श्रम कर वह पसीने में नहाया हुआ उस ओर पहुँचा। इससे कोई फ़र्क नहीं पड़ता था। वह नाव को खेने का काम ठीक से सम्भाल पा रहा था, असली बात यही थी। उसके विचार चप्पुओं को ठीक जगह रखने में सफल सिद्ध हो रहे थे।

लेकिन वहाँ कोई नहीं था। न कोई दिख रहा था, न कुछ सुनायी पड़ रहा था। उस ओर की पहाड़ियाँ लम्बी, पेड़ों से आच्छादित ढलानें थीं जो बहुत ऊँचाई तक पहुँच रही थीं। वह पूरा इलाक़ा जंगली था, एक भी घर नहीं था। सबसे ऊँची चोटी

के पार भी कोई नहीं रहता था, वहाँ ऊपर सुनसान बंजर भूमि के सिवा कुछ भी नहीं था।

कौन आवाज़ लगाता रहा था?

कोई भी नहीं, बिलकुल, झील के आरपार आवाज़ नहीं लगायी जा सकती, उसने रुखाई से कहा। लेकिन यहाँ कुछ गड़बड़ तो थी। माट्टिस अपनी नाविक वाली नौकरी को इतनी गम्भीरता से ले रहा था कि पहाड़ी से किसी को उतर कर जल्दी नीचे आना ही था। नाविक इसी तरह लोगों से मिलते हैं। पहाड़ी एकदम सुनसान पड़ी थी। कौन था वह जो इतना ऊँचा चिल्लाया था कि आम आवाज़ से कहीं दूर पहुँची थी वह आवाज़?

शायद नाविक को स्वयं ही संकेत देना होता है? वह अपनी सीट से उठा और हाँ में चिल्लाया! ऊँची और भयभीत आवाज़ में। यह कोई आसान काम नहीं था।

सिर्फ अनुगूँज ने जवाब दिया, और किसी ने नहीं।

'यह रहा मैं!' माट्टिस रहस्यमय पहाड़ी पर चिल्लाया जोकि हज़ार रहस्यों को थामे हुए थी।

नहीं, कोई नीचे नहीं आया। झील के इस ओर किसी को सवारी की ज़रूरत नहीं थी।

यह वैसा नहीं था जैसा होना चाहिए था।

हाँ, लेकिन हेगे ने कहा तो था कि प्रतीक्षा और प्रतीक्षा करते रहने का सवाल है यह, उसने ख़ुद को दिलासा देने की कोशिश की।

लेकिन कोई मुझे बुला तो रहा ही था!

वह इतनी एकाग्रता से सुन रहा था कि हर अन्य चीज़ भी जैसे एक एकाग्र फुसफुसाहट में घुलकर ख़त्म हो रही हो!

फिर झील के दूसरी ओर से आवाज़ आयी। उसके अपने तट से। आवाज़ जिसके लिए फ़ासले का कोई अर्थ ही नहीं था। और एक बार फिर यह हेगे की अकेली आवाज़ थी, जोकि नाव को बुला रही थी, या जो भी वह था।

'ठीक है!' वह काँपते स्वर में बोला, अपनी मरियल-सी नाव को झटके से घुमाते हुए। लेकिन रास्ता बहुत लम्बा है!

यह शायद इसलिए है क्योंकि आज मेरा पहला दिन है, उसके चकराये दिमाग़ ने सोचा।

एक बार फिर वह चल पड़ा था। लेकिन वह उतनी तेज़ी से बढ़ नहीं पा रहा था, आख़िर वह हर समय तो रफ़्तार बनाये नहीं रख सकता था। लेकिन हर कोई पार तो पहुँच ही जायेगा, उसने वादा किया।

वह अब भी जलरेखा को सीधा रखे हुए था। उसके खेने में कोई कमी नहीं थी। वह चप्पुओं को झटकता और खींचता रहा; वह अपने तट पर आ पहुँचा और यह देखते ही वह सहम गया कि अब भी वहाँ कोई प्रतीक्षा नहीं कर रहा था। कॉटेज से उतरती ढलान के नीचे उसी परिचित सुनसान तट के सिवा कुछ भी नहीं था। उसने थूक निगला। वह इस मञ्ज़र को देखकर भयभीत हो उठा था। अब करने को एक ही चीज़ बची थी : हेगे के पास घर जाना। वह विश्वास करने को राज़ी नहीं था कि सच में वही उसे बुला रही थी।

माट्टिस ने नाव को बाँधा और जल्दी-जल्दी पहाड़ी चढ़ने लगा। वह पीछे मुड़कर देखना भी नहीं चाहता था।

हेगे एकदम शान्ति से बुनाई कर रही थी। उसे अपने भाई के लौट आने को लेकर ज़रा भी चिढ़ नहीं हुई। वह सिर्फ़ इतना ही बोली : 'अभी से लौट आये!'

'ऐसा नहीं है जैसा तुम सोच रही हो!' वह बोला। 'आज झील पर कोई अजीब चीज़ घट रही है।'

'अजीब?'

'तुम पुकारती रही हो वहाँ नीचे तक!' वह आपे से बाहर था। 'क्या कहना है तुम्हारा इस बारे में?'

'बकवास मत करो, माट्टिस।'

'जैसे ही मैं एक किनारे पर पहुँचता हूँ दूसरे किनारे से आवाज़ आती है। और यह तुम्हारी आवाज़ है। झील के एकदम आरपार। यह है अजीब बात कि नहीं?'

'ऐसी कोई आवाज़ें नहीं है,' वह छूटते ही बोली। वह परेशान थी, यह ज़ाहिर था।

'लेकिन तुम्हें मालूम है मैं कितने अच्छे से सुन सकता हूँ हर चीज़ को,' माट्टिस बोला।

'नहीं, तुम नाव चलाने के काम को बड़ी गम्भीरता से ले रहे हो और कल्पना करते हो कि वह सब तुम्हें सुनायी पड़ रहा है। तुम उन चीज़ों को नहीं सुनोगे जो नहीं हैं, मालूम है? वापिस चले जाओ और जैसा कर रहे थे, करते रहो। झील पर कुछ

भी विचित्र नहीं है।'

उसके शब्दों से माट्टिस को बड़ी शान्ति मिली।

'मैं छोड़ने की सोच भी नहीं रहा था।'

'मुझे मालूम है। अब तुम जाओ।'

चैन महसूस करते हुए वह वापिस झील की ओर उतर चला। लेकिन जैसे ही वह नाव तक पहुँचा उसे फिर से कुछ सुनायी पड़ने लगा। और जल्दी ही उसे कई क़िस्म की अजीबो-ग़रीब आवाज़ें सुनायी पड़ने लगीं। सबसे बुलन्द वह एक ध्वनि थी जो वह सुनना *चाहता* था : नाव को पुकारती ध्वनि, रौबीली, पूछताछ करती ध्वनि, और पहले की ही तरह हेगे की आवाज़ में।

ऐसा इसलिए हो रहा है कि ज़िन्दगी में पहली बार मेरे पास एक पक्की नौकरी है, उसने सोचा। इसीलिए मेरे वश में नहीं है हर तरह की आवाज़ को न सुनना। यही तो हेगे ने भी कहा था।

और अन्ततः नाव को पुकारती आवाज़ को ही वह सुनना चाहता था। वह समझ नहीं पा रहा था कि जो लोग भी पुकार रहे हैं, वे सामने क्यों नहीं आते, लेकिन इस स्थिति में बदलाव आना ज़रूरी भी था।

स्थिति वाक़ई तनाव-पूर्ण थी। पहले ही दिन वे मेरा इम्तिहान लेना चाहते हैं, उसने सोचा। और मैं नाकामयाब नहीं हो सकता!

उसने नाव को घुमा लिया और दूर की पश्चिमी पहाड़ियों की ओर चल दिया, एक और थकाने वाली यात्रा।

अब कोई पुकार रहा था।

आख़िरकार वह दूसरे तट पर पहुँच गया, उसकी बाहें दर्द कर रही थी। वह इस बात के लिए तैयार था कि वह तट एकदम सुनसान होगा और हर तरह का ख़ौफ़ उसकी राह देख रहा होगा। दिन मज़े और हँसी के साथ शुरू हुआ था—और अब तनाव और थकान पैदा कर रहा था। लेकिन इम्तिहान तो फिर इम्तिहान था—नाव झील के तल पर घिसट रही थी, और माट्टिस सीधा खड़ा होकर अपरिचित स्थिति का सामना करने लगा।

वह सुनसान तट के रहस्यों की ओर मुड़ा, इस कोशिश में कि वे ख़ुद को ज़ाहिर कर देंगे।

'अगर तुम हो, तो आवाज़ लगाओ!' वह पहाड़ी के ऊपर की ओर चिल्लाया। वह संशय से थक और पगला गया था, ख़ुद को पञ्जों के बल और पहले की

बनिस्बत सीधा खड़ा किया उसने, चप्पुओं का सहारा ले, वह इस तैयारी में था कि अगर सामने आयी चीज़ बहुत भयावह होगी तो वह फ़ौरन भाग खड़ा होगा।

'बाहर निकलो!' वह बोला।

कोई नहीं आया। वह पहाड़ी उसके सामने फैली थी जिसमें छिपने की हज़ारों जगहें थीं। वह पगला रहा था, चेहरा सफ़ेद पड़ चुका था उसका, और वह डर रहा था क्योंकि कोई आ नहीं रहा था।

'यह रहा मैं!' वह चिल्लाया। उसका कमज़ोर मस्तिष्क इससे अधिक ले नहीं सकता था।

'अच्छा!' आख़िरकार जवाब आ ही गया। पेड़ों से ढकी पहाड़ी के ऊपर से। एक शब्द का जवाब।

माट्टिस उछल पड़ा मानो डसा गया हो। यह हेगे नहीं थी, यह कोई रहस्यपूर्ण आवाज़ नहीं थी—यह ख़ुद उसकी तरह का एक वास्तविक व्यक्ति था, किसी आदमी की आवाज़ थी यह।

मैंने किसे आवाज़ लगायी थी?

ख़ैर, यह कोई सचमुच का व्यक्ति तो है न।

ऊपर अब शान्ति थी, लेकिन एक आदमी ढलान से नीचे आ रहा था।

माट्टिस पहले वाली भंगिमा में खड़ा था, ज़रा-से संकेत पर भाग जाने को तैयार। उसे किसी ने नहीं बताया था कि नाविक इस तरह व्यवहार नहीं करते। उसने नाव को आगे धकेल दिया और चप्पुओं को पानी से बाहर कर नाव में ऊपर-नीचे डोलने लगा।

मुझे यक़ीन है कि नाविकों को अक्सर इसी तरह बैठे रहना पड़ता है, उसने ख़ुद से बहाना बनाते हुए कहा।

उफ़ नहीं! वह बीच-बीच में सोचता रहा। उफ़ नहीं!

इस बीच वह अजनबी वन की ओट में पहाड़ी से उतर रहा था। इतना चिल्लाने के बाद यह बात मनहूस लग सकती थी, हाँलाकि यह स्वाभाविक भी था। लेकिन इसमें कोई शक नहीं था कि यह एक परीक्षा भी थी, और माट्टिस का पक्का इरादा था कि वह असफल नहीं होगा।

'यहाँ!' वह अपनी जगह बताने चिल्लाया।

'ठीक है,' जवाब आया, पहले से कहीं अधिक क़रीब।

किसी आदमी की आवाज़।

वह रहा वह।

अचानक जंगल के छोर से झाड़ियों में से एक आदमी निकल कर बाहर आया और तट से साफ़ दिखायी देने लगा। उसने माट्टिस को देखकर हाथ हिलाया और उसके पास चला आया।

माट्टिस कुछ देर बैठा रहा अपने व्यर्थ के भय को बरसात की तरह टोपी से बह जाने देते हुए। वह किस चीज़ को देखने की उम्मीद लगाये बैठा था?

जो शख़्स उसकी ओर आ रहा था, जितना साधारण वह हो सकता था, उतना था : पीठ पर सैलानी बैग लादे। माट्टिस ने नाव को तट से टकरा जाने दिया, दुम्बाल आगे को, ताकि उस आदमी के लिए चढ़ना आसान हो। पहली बार नाविक होना ग़ज़ब का एहसास था।

'तुम किसी नाविक की तलाश में हो न?' वह जोश में आकर बोला, इससे पहले कि अजनबी एक शब्द भी बोलता। 'इस झील पर यह काम मेरा है।'

अजनबी ख़ुश नज़र आ रहा था।

'हाँ, सब बढ़िया हो रहा है,' वह बोला। 'आज मौसम इतना अच्छा था कि मैं सीधा पहाड़ों पर से होता हुआ चला आया, और मैंने सोचा था कि झील के किनारे-किनारे चलते हुए मैं बसावट तक पहुँच जाऊँगा। फिर मैंने अन्दाज़ा लगाया कि मैं किसी नाविक को पैसा देकर उस ओर जा सकता हूँ। मुझे नहीं मालूम था कि झील का यह तट *इतना* वीरान है, मैं पहले कभी नहीं आया यहाँ।'

'आज से यहाँ अच्छी-ख़ासी नाव की सुविधा उपलब्ध है,' माट्टिस बोला। 'यह मेरा पहला दिन है। और आप मेरी पहली सवारी। क्या आप तुरन्त झील के पार जाना चाहते हैं? मेरा घर यहाँ से एकदम झील के पार है। ख़ैर, और हेगे भी वहीं रहती है, बेशक।'

माट्टिस इतना ख़ुश था कि वह समझाना ही भूल गया कि वह किस चीज़ की बात कर रहा था। उस आदमी को भी कोई ख़ास परवाह नहीं थी।

'मुझे कोई फ़र्क़ नहीं पड़ता,' वह कुछ गुस्से में बोला। 'लेकिन सबसे छोटे रास्ते से ले चलना मुझे। अगर यह नाव दो लोगों को ले जायेगी तो? मुझे नहीं पता ले भी जा सकती है। मैं इसे सवारी की नाव तो नहीं कह सकता।'

नाव के बारे में उलटी-सीधी बात करते हुए भी वह उसमें चढ़ तो गया ही और अपना पीठ वाला बैग उतारने लगा। एक कुल्हाड़ी बाहर झाँक रही थी—वह आदमी

शायद लकड़हारा था और काम से लौट रहा था। शानदार लकड़हारा—ऐसी माँसपेशियाँ कि शायद उसकी आस्तीनों को फाड़े दे रही थीं? दिखने में ऐसा लगता था वह।

'मुझे मौक़ा तो दीजिए,' माट्टिस बोला। 'आप मुझसे यह उम्मीद तो नहीं कर सकते कि मैं इतना पैसा कमा चुका होऊँगा कि नयी नाव ख़रीद सकूँ, अगर्चे आप मेरी पहली सवारी हैं तो। अभी तक तो मैंने एक पैसा नहीं कमाया।'

'फिर गुज़र कैसे होती है तुम्हारी?' आदमी बोला। उत्तर की दरकार उसे नहीं थी, क्योंकि वह माट्टिस से आधी पीठ फेरे बस स्वयं को नाव की सैर करवा रहा था। माट्टिस उसे अच्छे से देख पा रहा था। उसके बात करने के लहजे से यह ज़ाहिर था कि वह कहीं बहुत दूर से आ रहा था। जहाँ तक उम्र का सवाल था तो या तो वह माट्टिस की उम्र का रहा होगा या कि उससे कुछ ही बड़ा। उसका चेहरा न तो सुन्दर था न कुछ और, वह बस था। वह कोई आवारा घूमन्तू आदमी भी नज़र नहीं आ रहा था, उसके कपड़ों से माट्टिस ने अन्दाज़ा लगाया। हर चीज़ वैसी थी जैसी होनी चाहिए। पहली चीज़ जो स्पष्ट थी वह यह थी कि वह ताक़तवर और चतुर-सुजान लोगों में शरीक था—बाक़ी सब की तरह। लेकिन फिर भी माट्टिस नाव चला रहा था और ख़ुश था।

'आपकी उम्र क्या होगी?' उसने पूछा।

'तैंतालीस, क्यों?'

'कुछ नहीं,' माट्टिस बोला, उसे यह बताना अच्छा लगता कि उसकी अपनी उम्र कितनी है, लेकिन दूसरे आदमी के लहजे ने उसे रोक दिया।

'मुझे पता होना चाहिए था!' अजनबी ने एकदम ग़ुस्से में अपने बैग को झपटते हुए कहा जोकि अब पानी के तालाब में पड़ा था। नाव के छेद अभी हाल ही में भरे गये थे लेकिन शायद केवल एक ही व्यक्ति के लिए। दो लोगों के साथ ताज़ी दरारें पानी में डूब गयी थीं, दबाव के बढ़ने से।

माट्टिस की हिम्मत नहीं हुई वह कोई बहाना बनाये। नाव में पानी भरता चला जा रहा था और उस चतुर अजनबी ने समय रहते कुछ करने की सोच ली। माट्टिस ने तेज़ी से विषय बदला और पूछने लगा : 'क्या आप भटक गये थे, क्योंकि आप उस रास्ते से उतर रहे थे जहाँ नीचे कोई सड़क नहीं थी?'

अजनबी यह सब पहले समझ चुका था, लेकिन अब उसने हिक़ारत से जवाब दिया : 'मैं कैसे खो सकता था रास्ता, बोलो, अगर मैं नाव तक पहुँच ही गया था तो?'

क़सम से, यह आदमी तो सचमुच तेज़-तर्रार है। वह फिर कुछ कह रहा था : 'तुम्हारे पास सूपी या वैसा कुछ और है? हम क्या तैर कर जाने वाले हैं?'

माट्टिस ने सिर झुका लिया। नाव सचमुच ही ठीक नहीं थी। उसने सूपी निकाली और आदमी ने उलीचना शुरू कर दिया। बड़े गुस्से में था वह, ऐसा लगता था। माट्टिस बुरी तरह थक चुका था और वह धीमे-धीमे चप्पू चला रहा था, लेकिन वह चल सीध में रहा था।

उन्होंने झील को पार कर लिया था। किनारे पर पहुँचने से पहले आदमी ने फिर से बोलना शुरू कर दिया; बहुत समय से वह कुछ बोला नहीं था।

'क्या तुम मेरे लिए रात बिताने का कोई ठिकाना ढूँढ सकते हो? देखो, मैं बहुत थक गया हूँ और ज़्यादा दूर नहीं जाना चाहता।'

उसके अन्तिम शब्द लगभग शिकायत की तरह लगे—कि माट्टिस ने पार उतारने में इतना समय लगा दिया।

'आप हम लोगों के साथ रह सकते हैं, इतना पानी जो भर गया था नाव में,' माट्टिस ने शर्मिन्दा होते हुए कहा।

'तुम रहते कहाँ हो, तब?'

'यहीं तो रहता हूँ,' माट्टिस ने ऊपर कॉटेज की ओर इशारा किया जिसके नीचे की ज़मीन ज़रा धँसी हुई थी।

'ठीक है,' उस आदमी ने तनिक मैत्रीपूर्ण स्वर में कहा, 'यही सबसे अच्छा हल होगा, अगर मैं रुक सकता हूँ यहाँ।'

'सबसे अच्छा हल?' माट्टिस ने दोहराया। उस आदमी के प्रति माट्टिस का रुख़ एकदम बदल गया।

'मैं यहाँ आया हूँ लकड़ी का काम ढूँढने,' अजनबी बोला। अब भी वह पहले से ज़्यादा दोस्ताना अन्दाज़ में बात कर रहा था।

वे पहुँच गये। समझदार अजनबी को यह भाँपते देर नहीं लगी कि वह कैसा टूटा-फूटा घर था। साथ ही उसने माट्टिस की ओर उड़ती हुई निगाह डाली। हेगे अपना काम लेकर बाहर बैठी थी। उसने उनकी ओर मैत्री-भाव से हैरान होकर देखा।

'मैं इन्हें झील के पार से लाया हूँ,' माट्टिस बोला, 'अपने पहले दिन ही! लेकिन उफ़ कितना थक गया हूँ मैं!'

'गुड ईवनिंग,' अजनबी बोला, 'आपको लगता है यहाँ रात बितायी जा सकती है?'

'मैं पहले ही इनसे वादा कर चुका हूँ,' माट्टिस बोला, जो इसमें शामिल रहना

चाहता था। 'अटारी वाले ख़ाली कमरे में सो सकेंगे न?'

हेगे थोड़ा घबरा-सी गयी। यह नयी चीज़ थी। वह ख़ुश नज़र आ रही थी, जिस निगाह से वह अजनबी को देख रही थी वह मैत्री और कौतूहल से भरी थी।

'मैंने इन्हें खाना खिलाने का वादा भी किया है,' माट्टिस बोला, हालाँकि उसने ऐसा कुछ नहीं किया था।

'क्या तुम लोग एक-दूसरे को जानते हो तब?' हेगे ने अपने भाई से पूछा।

'नहीं,' आदमी बोला।

'नहीं, नाव की सवारी करते समय ये कुछ नहीं बोले,' माट्टिस बोला, 'अपना नाम तक नहीं बताया। पानी उलीचने में ही व्यस्त रहे।'

उस आदमी ने आगे आकर अपना नाम बताया योर्गेन।

'मेरे पास बैग में खाना है,' वह बोला, 'आप लोगों को इसकी चिन्ता करने की ज़रूरत नहीं है।'

'मैंने इन्हें खाना खिलाने का वादा किया था!' माट्टिस ज़िद करते हुए बोला।

कमरा, खाना, शायद यहाँ रहना? हेगे घबरा भी रही थी और रोमाञ्चित भी हो उठी थी। माट्टिस गर्व करने लगा कि इस सबका सबब वह ख़ुद था, वह घर में हेगे के पीछे-पीछे घूमते हुए उसे योर्गेन के बारे में कुछ-और-और बताने लगा : 'वह बड़ा होशियार भी है,' वह उससे बोला। 'तुम नाराज़ तो नहीं हो न मुझसे हेगे?'

माट्टिस प्रशंसा चाहता था, वह अच्छा-भला देख सकता था कि हेगे ज़रा भी नाराज़ नहीं थी। उसे कुछ हो गया था, वह तनाव में थी, वह फ़र्श भी अलग तरह से पार कर रही थी।

'शायद कल कोई और शख़्स मिल जायेगा मुझे पार ले जाने के लिए,' माट्टिस बोला। 'लेकिन बहुत कड़ी मेहनत का काम था यह।'

हेगे सीढ़ी चढ़कर अटारी वाले कमरे को तैयार करने में जुट गयी। माट्टिस योर्गेन के संग नीचे वाले कमरे में बैठ गया। कोई कुछ नहीं बोला। माट्टिस इतना थका हुआ था कि वह सीधा बैठ भी नहीं पा रहा था।

29

हुआ यह कि योर्गेन तुरन्त चला नहीं गया। छूटते ही उसे पास वाले जंगल में काम मिल गया—लिहाज़ा उसने जानना चाहा कि क्या वह अटारी वाले कमरे में रह सकता है। माट्टिस और हेगे बोले हाँ, हैरान और ख़ुश। ख़ासतौर पर हेगे।

हेगे अभी से बदल गयी थी; माट्टिस का ध्यान बरबस इस बात पर गया, और उसने यह भी ग़ौर किया कि वह ख़ुद भी बदल चुका था।

योर्गेन का अपना ही रूखा-सा ढंग था। जंगल से लौटने के बाद वह कुछ देर रसोई में खटर-पटर करता रहता, अपना खाना बनाते हुए। फिर वह सीढ़ी चढ़ अपने कमरे में जाकर आराम करने लगता। उसने उन दोनों के साथ दोस्ती करने की ज़रा भी कोशिश नहीं की। लेकिन बहन और भाई अचरज से उबर ही नहीं पा रहे थे। कोई उनके घर पर था और वह रुकना चाहता था।

अलावा इसके माट्टिस के पास तो नाव वाला काम भी था। वह रोज़ जाता था झील पर। लेकिन पहली सफलता के बाद वैसा कुछ भी नहीं हुआ—वास्तव में कोई था ही नहीं जो पार जाना चाहता हो। कभी-कभी पश्चिमी पहाड़ियों की ओर छकछक करती मोटर-बोट दिख जाया करती थीं और वापिस आकर कहीं और चली जाती थीं, लेकिन यह सब माट्टिस के संसार से बाहर होता था। माट्टिस अच्छा-ख़ासा नाविक था, चप्पुओं वाली नाव का, और भले ही उसे कोई सवारी न मिले, उसके पास काम तो था—और अब उसे काल्पनिक आवाज़ें और चिल्लाहट वग़ैरह नहीं सुनायी देती थी। एक तट पर इन्तज़ार करते समय उसे झपकी लेने की आदत भी हो गयी थी। वह दिन में आरपार के दो चक्कर तो काट ही लेता था बशर्ते कि हवा न हो; और वैसे भी नाव तो केवल एक ही व्यक्ति के लिए ठीक थी, ऐसे में पानी ज़्यादा नहीं भरता था। क्या ग़ज़ब की बात थी कि उसके पास ऐसा काम था जो उसके बस का था, और हेगे को अच्छा भी लगता था। यह उसका क़सूर नहीं था कि कोई उसकी नाव की सवारी करने नहीं आता था।

जो एक चीज़ ठीक नहीं थी वह यह कि नयी नाव ख़रीदने के लिए वह पर्याप्त पैसा नहीं बना रहा था, लेकिन हालात सुधर सकते थे। हर नया दिन ख़ूब सवारियाँ लेकर आ सकता था।

सबसे अहम बात तो यह थी कि योर्गेन ने उनके संग रहना शुरू कर दिया था, और ऐसा लगता था कि उसका इरादा भी यही था कि वह वहीं रुका रहे।

एक दिन माट्टिस बोला : 'अब हम और लोगों की तरह हैं।'

हेगे को यह सुनकर कोई ख़ुशी नहीं हुई।

'मूरखों जैसी बात मत करो! हम बिलकुल और लोगों की तरह हैं और हमेशा से रहे हैं।'

'हाँ,' वह कातर स्वर में बोला।

'मैं ऐसी बातें नहीं सुनना चाहती, माट्टिस।'

हेगे कई मायनों में बदल गयी थी, माट्टिस को लगा। वह उसके साथ पहले जैसी नर्मी से पेश नहीं आती थी। बीच-बीच में वह माट्टिस की ओर कुछ इस तरह से देखती थी कि वह समझ नहीं पाता था।

'उफ़, काश तुम ऐसा न करते;' वह अब अक्सर कहा करती थी, जब भी वह कुछ ऐसा कर बैठता जो अक्लमन्दी का काम नहीं होता था।

'यह आजकल तुम्हें हो क्या गया है?' उसने दुःखी होते हुए पूछा। 'तुम इतनी नाराज़ क्यों रहती हो? मैं तो वैसा ही हूँ जैसे हमेशा होता हूँ, लेकिन तुम नाराज़ रहती हो।'

हेगे ने सिर्फ़ अपने कन्धे झटक दिये।

'बेवकूफ़ी की बात मत करो।'

'मैं तो कुछ और ही चाहता हूँ,' माट्टिस बोला, उसकी ओर एकटक देखते हुए। 'मैं तुमसे नाराज़गी की उम्मीद क़तई नहीं करता, फिर भी।'

'तुम क्या कहना चाहते हो, माट्टिस? मैं समझ नहीं पा रही हूँ तुम्हें।'

'तुम नहीं चाहती न मैं *अभी* कह दूँ?' उसने हिचकते हुए और बड़े संकोच से कहा।

'ठीक है फिर, यह बक-बक बन्द करो।' वे दोनों हट गये।

निश्चित ही माट्टिस देख रहा था हेगे योर्गेन की बहुत ख़ातिर करती है। उस ताक़तवर और चतुर लकड़हारे की। हालाँकि योर्गेन तो पास से गुज़र कर चला जाता था, जंगल की महक लिए और बिना कुछ कहे, या ज़्यादा-से-ज़्यादा वह मौसम पर कुछ टिप्पणी कर देता। शाम के समय वह लौट आता, अपने साथ फिर जंगल की महक लिए। हेगे उससे पूछती कि क्या वह रसोई के किसी काम में उसकी मदद कर सकती है? नहीं, उसे अपना काम ख़ुद करने की आदत थी। और हेगे को तब वहाँ से हट जाना होता था। वह अपने बारे में कहता भी कुछ नहीं था। अगर इस विषय में कोई बात होती तो वह न सुनने का दिखावा करता था। या वह कहता था :

इससे कोई फ़र्क पड़ता है भला? लेकिन तुम चिन्ता मत करो, मैंने कोई ग़लत काम नहीं किया है।

हेगे उसे चोरी-चोरी देखती रहा करती थी। माट्टिस ग़ौर करता था कि कैसे कभी-कभी उसका चेहरा पहचान में ही नहीं आता था, जीवन्त हो उठता था और भावमय—और किसी भी छोटी-से-छोटी चीज़ से उसे चिढ़ होने लगती थी। मैं तो कुछ और ही अपेक्षा करता था, माट्टिस उससे कहा करता था।

30

माट्टिस उसी तरह नाव चलाने के काम में जुटा रहा, दिन-प्रतिदिन। नाव की सवारी करने कभी कोई नहीं आया, लेकिन नाविकों को तो तब भी प्रतीक्षा में अपनी जगह बने रहना पड़ता है।

उसे बुरा नहीं लगता था। जबकि उसे अब अपनी बहन पहले से कम अच्छी लगती थी। हर दिन वह पहले से बदतर होती चली जा रही थी। वह हर समय उस पर नज़र रखे रहती थी। माट्टिस जो कुछ भी कहता या करता वह लगभग ग़लत ही हुआ करता था। जैसे ही वे दोनों अकेले होते वह उसके पीछे पड़ जाती।

'सच में,' वह लगातार कहती रहा करती, 'यह तरीक़ा ठीक नहीं है। मेहरबानी से याद रखने की कोशिश करो।'

वह कपड़े पहनने में पहले से ज़्यादा एहतियात बरतने लगी थी। माट्टिस का ध्यान इस ओर जाता था कि वह हर घड़ी आठ-पत्ती गुलाब पर पिले रहने की बजाय अब अक्सर ख़ुद को सजाती-संवारती भी रहती थी।

उसने इस बात पर भी ग़ौर किया कि अब दिखने में वह पूरी-की-पूरी पहले से सुन्दर और चुस्त थी—और उसे अच्छा भी लगता था। लड़कियाँ *थीं* ही सुन्दर और चुस्त। फिर भी यह बात उसे बेचैन करती थी।

'कहीं जा रही हो?'

वह चौंक गयी, इतनी खोयी हुई थी वह।

'नहीं।'

'फिर इतना सज-सँवर क्यों रही हो?'

'कोई ख़ास वजह नहीं।'

'लेकिन मैं एक कदम तक नहीं उठा सकती बिना तुमसे चोरों की तरह अपना पीछा करवाने के,' उसने बात जारी रखी।

माट्टिस शर्मिन्दा महसूस कर रहा था; वह जो कह रही थी सच था।

लेकिन वह पहले से अधिक ख़ूबसूरत होना चाहती थी, इतना तो ज़ाहिर था। वह ख़ुद को लकड़हारे के लिए सुन्दर बनाना चाहती थी। क्यों? मैं इसके बारे में नहीं सोचूँगा! उसने फ़ैसला किया।

ऐसा नहीं लगता था कि योर्गेन इससे कुछ ख़ास मुतासिर हो रहा हो, माट्टिस यह देख कर ख़ुश था। योर्गेन जंगल में काम करता था और घर पर काम ख़ुद सम्भालता था, और अपने खोल से कभी बाहर नहीं निकलता था।

कोई ख़तरा नहीं है।

नहीं सोचूँगा इसके बारे में।

माट्टिस ने दोनों हाथों से हटा दिया इस विचार को।

एक शनिवार शाम के समय योर्गेन तेज़ी से सीढ़ी उतरकर एकदम माट्टिस के पास आया। माट्टिस हमेशा की तरह पूरा दिन ख़ाली नाव चलाता रहा था। अब रात के अल्पाहार के बाद का समय था। माट्टिस बैठक में था और हेगे अपने सोने के कमरे में। मुझे पक्का पता है वह आईने के सामने खड़ी होगी, माट्टिस कटुता से विचार कर रहा था। बाहर चाँद चमक रहा था। उसी समय असामान्य फुर्ती से योर्गेन खटखट करता अपने कमरे से नीचे उतरा। माट्टिस दम साधे खड़ा था।

योर्गेन उसकी ओर आया : 'मुझे लगता है तुम्हें झील पर जाना होगा।'

माट्टिस उछल पड़ा : 'क्या कोई पुकार रहा है?'

उसी क्षण हेगे भीतर आयी। चुस्त-दुरुस्त।

योर्गेन थोड़ा चकित-सा जान पड़ता था, जैसे कुछ सुनकर असमंजस में पड़ गया हो।

'मैं ठीक से नहीं कह सकता—हाँ मुझे लगता है किसी ने आवाज़ लगायी होगी—कोई शायद पार जाना चाहता है।'

माट्टिस का रोम-रोम जैसे रोमाञ्च से बिंध गया हो।

'तो आख़िर बुलावा आ ही गया,' उसने हौले से कहा।

योर्गेन उसकी ओर देखता खड़ा रहा, फ़ौरन उसे रवाना करने की गर्ज़ से।

आख़िर वह रात का सफ़र आ ही पहुँचा था जिससे माट्टिस भयभीत रहा था और जिसे वह अपने मन में बार-बार चित्रित करता आया था। एक ऐसी चीज़ जिसके लिए हर नाविक को हरदम तैयार रहना चाहिए।

'मुझे लगता है यह ठीक है, जो तुमने सुना है, योर्गेन,' वह बोला, 'मुझे मालूम था मुझे कभी तो रात का सफ़र करना ही पड़ेगा। हेगे ने भी यही बात कही थी।'

हमेशा की तरह उसने आँख उठाकर हेगे की ओर देखा। उसकी पीठ थी माट्टिस की ओर और वह तेज़ी से खिड़की के पास गयी और चाँदनी को देखने लगी।

'हाँ, मुझे भी लगता है, तुम नाविक लोगों को हमेशा बुलावे के लिए तैयार रहना चाहिए,' योर्गेन बोला। 'अगर कोई चिल्लाकर आवाज़ देगा तो तुम्हें जाना ही होगा।'

माट्टिस ने हामी भरी। वह कुछ-कुछ विधिवत तैयार होने लगा, गरम स्वेटर पहन लिया उसने, और दो-एक चीज़ें और । फिर वह योर्गेन के सामने और हेगे की पीठ के सामने खड़ा हो गया : 'आप मेरी आमद की उम्मीद रखिएगा, जब मैं आऊँ, बस इतना ही कह सकता हूँ। लेकिन मुझे लगता है मुझे काफ़ी वक़्त लग जायेगा।'

'हाँ, तुम्हें उस पार जाना पड़ेगा,' योर्गेन बोला, 'अगर इस ओर कोई नहीं भी होगा तो।'

माट्टिस डग भरता चल दिया।

वह डरा हुआ था। लेकिन उसने फ़ैसला किया कि वह योर्गेन के सामने भाग नहीं खड़ा होगा। वह झील पर जायेगा, वह दिखा देगा उसे।

बाहर पतझड़ का रक्तिम चन्द्रमा हरी घास पर चमक रहा था। अनाम सौन्दर्य। माट्टिस ने ग़ौर किया लेकिन अब वह रुक नहीं सकता था, वह सीधे नाव में जाकर बैठ गया। वहाँ कोई नहीं था, और न ही कोई पुकार रहा था—वह सिर्फ़ योर्गेन के कहने पर निकल पड़ा था। लेकिन योर्गेन जैसा चतुर आदमी ग़लत नहीं हो सकता था।

हल्की-सी हवा थी। छोटी-छोटी लहरें कंकरों पर कलकल करती हुई चाँदनी में चमक रही थीं।

लेकिन अगर नाव यह सफ़र न तय कर सकी तो? योर्गेन के समय बाल-बाल बचे थे। तब से मेरे सिवा तो और कोई बैठा ही नहीं नाव में।

उसे भी उलीचना पड़ेगा, मेरी सवारी को, *कोई भी* क्यों न हो वह। और वह कोई मामूली आदमी तो होगा नहीं, उसने सोचा।

आप नहीं जानते वे लोग किस क़िस्म के होंगे जो रात के समय नाव को बुलाते हैं। लेकिन कोई भी हो, मैं *सीधे* ले चलूँगा उसे, दिखा दूँगा उसे। मैं उन सबको दिखा दूँगा! माट्टिस ललकारते हुए बोला, और चल पड़ा।

झील पर लाल चाँद छोटा दिख रहा था। लेकिन यह आलम इस क़दर ख़ूबसूरत था कि आप क़रीबन पूरी उम्र ही रात का नाविक बन जाना चाहते थे जो दिन में सोता रहे।

माट्टिस अपने चप्पुओं के सहारे टिक गया, उनकी चमकती धार को पानी पर तिरने दे रहा था वह। उसने तट की दिशा में सुनने की कोशिश की। तब उसने फिर से खेना शुरू किया। वह धीरे-धीरे खे रहा था, सुनने की प्रतीक्षा कर रहा था कि कहाँ से पुकारने की आवाज़ आ रही है।

कोई नहीं पुकार रहा था। लेकिन ज़रूर पश्चिमी पहाड़ियों के आसपास से ही किसी ने बुलाया होगा, वह ख़ुद से बोला। उसने उसी दिशा में खेना शुरू कर दिया। वक़्त गुज़रने लगा। इससे पहले कि उसे सुध आती पहाड़ी क़रीब-क़रीब उसके ऊपर ही पिल पड़ी। वह बिना कोई आवाज़ सुने झील को पार कर आया था।

ऊपर पहाड़ी को देख उसका दिल बैठने लगा जैसे तूफ़ान की आमद से पहले। लेकिन उसने नाव को ऐन किनारे पर आ लगाया, जब तक वह रेत पर घिसटने न लगी।

मुझे बता देना चाहिए उसे मैं आ गया हूँ।

नहीं, यह करने की हिम्मत नहीं है मुझमें। इतने गहन अन्धकार में नाव को इस पार लेकर चले आना काफ़ी है।

लेकिन सब नाविकों की आवाज़ बोली : मुझे लगता है तुम्हें यह करना होगा, माट्टिस। उसे बता दो तुम आ चुके हो। अब तुम्हीं तो एक नाविक हो यहाँ।

'हो-य!' काँपते स्वर में बोला गया था यह शब्द, और बीच में एक ख़ास तरह का झोल था। उसे ठण्डा-सा पसीना भी आने लगा था। वह सिकुड़ कर नाव में बैठा रहा बजाय मज़बूती से सीधा खड़ा होकर अच्छे से चिल्लाने के।

ऐसे बहुत लोग नहीं होंगे जो मेरी जगह लेना चाहेंगे, उसने सोचा।

पहाड़ी ख़ामोश थी।

एक बार और चिल्लाओ, माट्टिस, या फिर—'ओ-होय!' उसने मरियल-सी आवाज़ लगायी।

पेड़ों के झुरमुट में कोई चिड़िया चिल्ला दी।

माट्टिस की मौजूदा हालत में इतना कर देना उसके लिए काफ़ी था। उसने अपने

चप्पू पानी में डाल दिये और तट से नाव को ले चला, पीछे झाग की लकीर छोड़ते हुए। वह डर के मारे काँप रहा था, अन्धों की तरह नाव को खेता हुआ। जब वह निकल कर काफ़ी आगे पहुँच गया तभी वह रुका, और डर से उबरने की प्रतीक्षा करने लगा। वह कुछ समय बैठकर हाँफता रहा।

बहरहाल, वहाँ कोई नहीं था जिसे नाव की दरकार थी। हम दोनों बेवकूफ़ बन गये हैं, योर्गेन भी और मैं भी, उसने सोचा। लेकिन ऐसा कर कौन रहा है?

वापसी के सफ़र में बड़े धीरज और प्यार से वह नाव को बैठा खेता रहा, असमंजस की स्थिति में और अपने विचारों में मग्न। उसके आसपास रात के सौन्दर्य में कोई कमी नहीं आयी थी।

देर रात की इस घड़ी में भी हेगे सीढ़ियों पर उससे मिलने आयी, अकेली। क्या वह सोयी नहीं थी? क्या चल रहा था? पूरे कपड़े पहने खड़ी थी वह वहाँ।

'कुछ हुआ है क्या, हेगे?'

उसने न में सर हिलाया।

'मुझे ख़ुशी है कि आख़िर तुम लौट आये हो,' वह बोली।

वह बैठी-बैठी उसके बारे में चिन्ता करती रही होगी। एक गर्माहट-सी दौड़ गयी माट्टिस के आरपार।

वह उसके संग बैठक में चला आया जहाँ बत्ती जली हुई थी। और वहाँ वह एकदम अचम्भित हो रुक गया : उसने बाहर चाँदनी में ग़ौर नहीं किया था, लेकिन हेगे के चेहरे पर नग्न आह्लाद का भाव था।

'माट्टिस,' वह बिना किसी ख़ास वजह के बोली।

'क्या बात है?'

'मालूम नहीं,' वह बोली।

माट्टिस को सुख-शान्ति और कृतज्ञता का आभास हुआ, एक अच्छी-सी बहन थी उसकी जो झील के रोमाञ्च से उसके सुरक्षित लौट आने की प्रतीक्षा में बैठी रही थी।

'तुम आराम से सो सकती थीं, मालूम है,' वह बोला, 'इतना ख़तरनाक मुआमला नहीं था जितना लगता था।'

'क्या?' हेगे हकलायी।

'तो अब क्या हुआ है, फिर?' उसने भी पूछा। वह उसकी नज़र बचाकर बड़ी

विचित्र-सी दिखने लगी थी।

'फिर भी मुझे ख़ुशी है कि तुम बैठी मेरी प्रतीक्षा कर रही थीं,' वह कृतज्ञता से बोला।

हेगे ने हामी भरी लेकिन वही विचित्र-सा भाव उसके चेहरे पर बना रहा।

'तुम कभी छोड़ मत देना मुझे!' वह अचानक बोला।

वह कुछ नहीं बोली। माट्टिस को लगा भी नहीं कि इसकी ज़रूरत थी।

31

सुबह माट्टिस ने इस बात का पर ग़ौर किया कि हेगे की आँखें योर्गेन का पीछा कर रही हैं, पहले से ज़्यादा बारीक़ी से। जब योर्गेन कमरे में होता, तो हेगे को कुछ और दिखता ही नहीं। माट्टिस को यह अच्छा नहीं लगा, और जैसे ही लकड़हारा जाने को हुआ वह उसके पास चला आया।

'कल रात तुम्हें ग़लती लगी होगी, मूरख बनकर निकल पड़ा मैं।'

'ओह,' योर्गेन बोला।

और वह जंगल की ओर चल दिया।

मुआमला यहीं ख़त्म हो गया। योर्गेन से जैसे बात ही न की जा सकती हो। हेगे पीछे बैठी थी। उसने स्वेटर बुनना छोड़ रखा था और दोनों आदमियों पर नज़र रखे हुए थी वह। लेकिन जैसे ही योर्गेन घर से निकला उसकी उँगलियाँ अपने काम में पुनः जुट गयीं।

सभी कुछ बिलकुल पहले की तरह था, तब भी पहले की तरह नहीं था। माट्टिस बैठा इसके बारे में सोचता रहा करता था और इस फ़ैसले पर पहुँचा था।

मुझे मीठी गोलियाँ चाहिए, कुछ देर बाद उसके मन में विचार आया।

वह तुरन्त जाना चाहता था, जो कुछ हो गुज़रा था उसके साथ, उसके बाद उन गोलियों की सख़्त ज़रूरत महसूस हो रही थी उसे। लेकिन जब उसने पैसे की और दुकान की बात की, हेगे ने मना कर दिया।

'अब तो सामान ख़रीदने मैं ही जाती हूँ। काफ़ी समय से कर रही हूँ, तुम जानते ही हो।'

हाँ, बात तो ठीक थी, वही जाती थी। वह तो कई दिन से नाव चला रहा था।

'अब तो तुम्हारे पास नाव चलाने का काम है,' हेगे ने बात जारी रखी, 'और इतना बहुत है तुम्हारे लिए। और फिर लोग तरह-तरह के सवाल भी तो पूछते हैं तुमसे जब तुम दुकान पर जाते हो।'

'नहीं पूछते!'

'नहीं पूछते? ख़ैर वे पूछ तो सकते हैं न—और उनका कोई मतलब नहीं है, सवाल पूछने का, सुना तुमने?'

हेगे का लहजा इतना ठोस था कि माट्टिस ने एक शब्द भी नहीं बोला। और कितने विचित्र ढंग से ख़ुश थी वह जब वह गयी रात सुरक्षित घर लौट आया था। सोचो तो, आज भी उसके चेहरे पर ख़ुशी की झलक थी।

कुछ समय बाद हेगे सैंडविच का पैकेट तैयार कर चुकी थी।

'योर्गेन दोपहर का खाना ले जाना भूल गया है,' वह चिन्ता करती हुई बोली। 'मैं देकर आती हूँ।'

'मैं ले जाता हूँ न,' माट्टिस बोला। 'मुझे पता है वह किस जगह काम कर रहा है।'

'नहीं, तुम तो नाव लेकर जाओ,' हेगे बोली। 'काम को ऐसे तो नहीं छोड़ दिया करते न।'

तब माट्टिस ने उस बात को प्रकट कर दिया जो उसके मन में थी : 'कितनी बुरी बात है जैसे तुम योर्गेन से अपनी नज़रें हटा ही नहीं पातीं। एक दिन के लिए भी।'

हेगे क्षण-भर के लिए निश्चल खड़ी रही।

'क्या मतलब है तुम्हारा?' वह समय पाने के लिए बोली।

'मुझे अच्छा नहीं लगता,' माट्टिस ने बात जारी रखी। 'तुम्हें योर्गेन से नज़रें हटानीं चाहिए।'

हेगे हँस पड़ी।

'तुम्हारी नज़रें कहीं नहीं टिकीं तब माट्टिस?' उसने आँख मारते हुए कहा। 'अन्ना और इंगेर के बारे में तुम्हारा क्या ख़याल है?'

'ओह, वो बात अलग है,' वह कहने जा रहा था, लेकिन उसने यह बात और तरह से कही : 'ठीक है, *अगर ऐसी* बात है तो तुम जी भरकर देखा करो योर्गेन को।' उसकी ख़ुशी लौट रही थी। कितनी अच्छी और समझदार है वह, उसने सोचा;

उसने माट्टिस और अन्ना और इंगेर के बारे में सही अनुमान लगाया था।

हेगे सैंडविच लेकर जंगल की ओर निकल गयी और माट्टिस नाव की सुध लेने।

तट पर पहुँच कर माट्टिस के मन में कई नये विचार उठे—पत्थरों के नीचे दबी आँखों के बारे में : ढक्कन पर ढक्कन होता है और पत्थर पर पत्थर, लेकिन इसे छिपाया नहीं जा सकता।

झील की सतह चौड़ी फैली हुई थी। उसने नज़र दौड़ाकर उस पार देखा। कुछ धुँधली-सी सोच : मदद करो माट्टिस की।

क्यों!

वह चौंक उठा।

नहीं, नहीं, वह बेमतलब बुदबुदाया, और चप्पू थाम लिये उसने।

पंखों में सीसा, उसने विचार किया, और आँखों पर पत्थर के ऊपर और पत्थर।

32

योर्गेन कहीं नहीं गया और गनीमत थी कि वह वहाँ बना हुआ था। जंगल में काम कर वह अच्छा कमाता था, और हेगे को भी अच्छा पैसा दिया करता था। माट्टिस ख़ुश भी था और नाख़ुश भी; उसके भीतर कहीं गहरे में डर उसे चीथ रहा था। अच्छी और बुरी दोनों ही चीज़ों के लिए वह ख़ुद ज़िम्मेदार था : क्योंकि लकड़हारे को लाने वाला भी वह ख़ुद ही था। वह सोचता था कि शायद इतवार के रोज़ योर्गेन नीचे आकर उनके संग बैठा करेगा, लेकिन योर्गेन या तो अपनी अटारी में बैठा रहता था, और या तट पर किसी जगह जाकर अकेला बैठा रहा करता था। हेगे उसके पीछे-पीछे नहीं जाती थी, माट्टिस बड़े ध्यान से देखता रहता कि वह जाती है या नहीं।

अगला रविवार आ गया। योर्गेन हमेशा की तरह अपने कमरे में था।

माट्टिस बात करने को बड़ा उतावला था।

'हेगे,' वह लड़खड़ाती-सी आवाज़ में बोला। उसके और योर्गेन के बारे में और पता करना था उसे।

और हेगे ने अच्छी फटकार लगा दी उसे : 'मैं तंग आ गयी हूँ जिस तरह से तुम घूरते रहते हो मुझे!' इस बार उसकी आवाज़ में दरअसल बहुत गुस्सा था। 'मैं एक कदम भी नहीं उठा सकती बिना तुम्हारी घूरती निगाह के!' वह बोली।

उसके शब्द चाकू की तरह माट्टिस को बींध गये। तंग आ गयी थी वह उससे? उसने वाक़ई कह दिया था वह तंग आ चुकी है उससे।

हेगे ने जैसे ही यह कहा उसे पछतावा होने लगा—हमेशा की तरह, जब वह आपे से बाहर हो जाती थी। वह फिर नरम पड़ गयी। 'माट्टिस, मेहरबानी से भूल जाना इस बात को। यह सच नहीं है, मैं तंग नहीं आयी हूँ तुमसे।'

'मैं कैसे भूल सकता हूँ अगर तुमने कहा है तो?' डर के मारे माट्टिस ने जवाब दिया।

हेगे उसके सामने डरी-डरी सी खड़ी थी : 'कभी-कभी आपको लोगों से कहना पड़ता है कि वे उस चीज़ को भूल जायें जो कही गयी है। तुम्हें कभी ऐसा नहीं लगा? मैं नहीं चाहती थी—'

'मुझे मालूम है क्या बात है,' अचानक बोल गया माट्टिस।

'क्या जानते हो तुम? तुम कैसे जान सकते हो जब जानने को कुछ है ही नहीं?' हेगे ने फ़ौरन जवाब दिया। 'मैं तंग नहीं आयी हूँ तुमसे।'

हे ईश्वर! वह सच में तेज़-तर्रार थी, उसने सोचा, लेकिन इस बार वह अधिक तेज़ था, वह योर्गेन के बारे में बात कर रहा था और वह जानती थी, वह उसे बेवकूफ़ नहीं बना सकती थी। पिछले कुछ दिन से वह इस सबको नाव को खेते समय अपने भीतर उलट-पलट कर देख रहा था। अगर वह उससे थक चुकी थी तो यह योर्गेन की वजह से था। और अब उसे पता लगाना था, और कोई चारा न था!

'नीचे उतरो, योर्गेन!' अटारी की ओर मुँह किये वह ऐसी आवाज़ में चिल्लाया जो ख़तरनाक ढंग से ऊँची थी।

हेगे चिल्ला उठी : 'माट्टिस! तुम्हें क्या लगता है, क्या गुल खिला रहे हो तुम?'

'नीचे उतरो, योर्गेन!'

हेगे को लगा उसके भाई का दिमाग़ ख़राब हो गया है, वह झपट कर उसकी बाज़ू पकड़ उसे कमरे से बाहर करने की चेष्टा करने लगी। साथ-साथ वह धीमी, गुस्सैल आवाज़ में उसे धमकाने लगी : 'बकवास बन्द करो! पागल हो गये हो! वह क्या सोचेगा तुम्हारे बारे में? चलो निकलो, हम बाहर चल रहे हैं। क्या तुम उसे शान्ति से बैठे नहीं रहने दोगे!'

'योर्गेन।'

'कुछ नहीं है,' हेगे अटारी की ओर चिल्लायी।

'उसके उतरने की आहट हो रही है अब,' माट्टिस बोला, स्वयं को बाहर घसीट लिए जाने से बचाता हुआ।

हाँ, योर्गेन अब सीढ़ी पर था।

हेगे ने माट्टिस को छोड़ दिया, तेज़ी से अपने कमरे में चली गयी और उसने दरवाज़ा बन्द कर लिया।

योर्गेन भीतर आकर पूछने लगा : 'क्या बात है, माट्टिस, यह रहा मैं।'

योर्गेन अपनी बेहतरीन रविवारी पोशाक पहने था, बढ़िया लग रहा था और ग़ज़ब का लकड़हारा भी था वह। माट्टिस ने उसके प्रश्न का जवाब नहीं दिया, वह अपने उग्र व्यवहार से हतप्रभ खड़ा रह गया वहाँ।

'किस क़िस्म का खेल है यह भई?' योर्गेन ने माट्टिस के क़रीब आते हुए तल्ख़ी से पूछा।

माट्टिस के पास कोई चारा ही नहीं था सिवा इसके कि वह एक और कोशिश कर देखता : 'मुझे लगता है कि तुम अब यहाँ नहीं रह सकते,' माट्टिस बोला और उसके गाल सुर्ख़ हो उठे। इससे पहले कि वह स्थिति का जायज़ा ले पाता, उसके मुँह से वह सब निकल गया था—जो असंख्य बार उसके मन में आता रहा था।

'सच में? तो क्या किया है मैंने?' योर्गेन बोला। वह बहुत गुस्से में भी नहीं था, लगभग जैसे वह मान ही गया हो।

'तुम्हें मेरी बहन को नहीं ले जाना चाहिए!' माट्टिस फूट पड़ा।

योर्गेन को कोई फ़र्क नहीं पड़ रहा था।

'मैं तुम्हारी बहन को कहीं नहीं ले जाने वाला। न मैं घर छोड़कर जा रहा हूँ, अभी-अभी तो टिका हूँ।'

क्षण-भर के लिए माट्टिस को सूझा ही नहीं कि वह क्या कहे।

'हेगे अब पहले जैसी नहीं रही, और यह तुम्हारा किया-धरा है।'

'क्या मतलब? हेगे तुमसे क्या कहती रही है?'

'हेगे अब,'—माट्टिस ने शुरू किया, लेकिन वह रुक गया। वह क़हने जा रहा था : अब उसके मन में करुणा का भाव नहीं है, लेकिन उसने बदले में यह कहा : 'अब वह पहले जैसी नहीं रही, बस।'

लकड़हारा नियन्त्रण खो बैठा, और हँस दिया।

उसकी हँसी ने माट्टिस पर बड़ी तेज़ी से असर किया। वह एकदम आपे से बाहर हो गया, उसके मन में तरह-तरह के विचार आने लगे, इससे पहले कि वह जान पाता कि क्या हो रहा है उसने उस अड़ब शख़्स को खरी-खोटी सुनाना शुरू कर दिया : 'हँसने की कोई ज़रूरत नहीं है तुम्हें। तुम उन चीज़ों के बारे में क्या जानते हो जो *मैं* जानता हूँ? तुम उस परिन्दे के बारे में क्या जानते हो जो यहाँ पगडण्डी पर आया था—इतना ग़ज़ब कि तुम कभी जान ही नहीं सकते! लेकिन वह यहाँ था। और यह हेगे की ख़ातिर था। मैं हेगे के बारे में बहुत कुछ जानता हूँ, बहुत कुछ। और फिर तुम टपक पड़े।'

माट्टिस अपने शब्दों के आवेग से लगभग ख़ुद ही ध्वस्त हो गया, और शायद वे योर्गेन को पूरी तरह दबा देने की ताक़त रखते थे ताकि वह अपना चेहरा फिर यहाँ दिखाने की हिम्मत न करे।

लेकिन ऐसा हुआ नहीं।

'हाँ, फिर मैं आ गया,' योर्गेन ने शान्ति से जवाब दिया। 'लेकिन हेगे कहाँ चली गयी?'

माट्टिस ने उसके दरवाज़े की ओर इशारा किया।

'तुम कर क्या रहे हो,' वह कर्कश स्वर में बोला, यह देख कि योर्गेन सीधे हेगे के कमरे की ओर बढ़ रहा है।

'तुम ज़रा रुको तो, माट्टिस, बेहतर यही है कि हम इस चीज़ के बारे में अच्छी तरह से बात कर लें।'

और यह कहकर योर्गेन हेगे के कमरे में चला गया, और माट्टिस की फटकार एकदम बेकार चली गयी। कमरे के भीतर जल्दी-जल्दी कुछ शब्दों का आदान-प्रदान हुआ—फिर दरवाज़ा खुला और योर्गेन और हेगे दोनों बाहर निकल आये। ज़ाहिर था कि योर्गेन हेगे का रक्षक बना खड़ा था। हेगे इस बार अपने भाई को देख लजा गयी।

योर्गेन ने उसके ठिगने मोटे शरीर को अपनी बाँह से घेर लिया। फिर वह उसे लेकर वहाँ आया जहाँ माट्टिस खड़ा था। माट्टिस मुँह बाये देखने के सिवा कर भी क्या सकता था। हेगे के चेहरे पर सुर्ख़ी दौड़ गयी थी।

'हम अच्छे दोस्त हैं, हेगे और मैं,' योर्गेन बोला, 'अच्छा होगा तुम जान लो।'

हेगे ने विरोध नहीं किया, वह योर्गेन की बाँह से घिरी सन्तुष्ट खड़ी थी वहाँ—एक तरफ़ ख़ुश और दूसरी तरफ़ डरी हुई।

माट्टिस ने बड़ी मुश्किल से पूछा : 'क्या तुम लोग वाक़ई प्रेमी हो?'

हेगे ने आख़िरकार आँख उठाकर देखा। वह कई वर्षों तक माट्टिस को खाना खिलाती रही थी और उसे लगा कि वह कह सकती थी।

'हाँ, हम हैं,' वह उससे बोली। और चाहे उसकी मंशा रही हो या न, उसका चेहरा बड़ी-सी मुस्कान से दमक उठा था, इतनी बड़ी कि माट्टिस ने कभी देखी ही नहीं थी।

फिर वह अलग अदा से मुस्करा दी, और उससे बोली : 'और तुम्हीं थे जो नाव में बिठाकर इसे झील के पार से लिवा लाये थे मेरे पास।'

माट्टिस ने बमुश्किल ही सुना कि वह क्या कह रही है। उसे अचानक एक डर ने जकड़ लिया था। हेगे अब छोड़ चुकी थी उसे।

'कब बने थे प्रेमी तुम लोग, तब?' उसने दुर्बल, फिर भी ज़ोर देते हुए स्वर में पूछा।

'जब तुम नाव चलाते फिर रहे थे हम प्रेम करने लगे थे।'

माट्टिस ने देखा हेगे कितनी ख़ुश थी योर्गेन की बाँह से घिरी हुई। उसका चेहरा पहचान में ही नहीं आ रहा था, थकान और क्रोध का लेश तक नहीं, न चिन्ता की कोई रेखा। इस सबसे वह अभिभूत हो गया, शुरू-शुरू में लगभग ख़ुश होने को था वह, लेकिन फिर यकायक इस बात का पूरा एहसास उसे हुआ : हेगे तो गयी।

नहीं, नहीं।

तुम साफ़ देख सकते हो। वह तो गयी।

'तब पहले क्यों नहीं बताया तुमने मुझे, हेगे?' अन्ततः उसके मुँह से निकला।

'हमें पहले ख़ुद ठीक से जानना था,' हेगे बोली। 'लेकिन अब तुम तो जान ही गये हो न। बड़ी होशियारी से काम लिया है तुमने।'

चापलूसी का यह शब्द सुन वह चौंक गया जिससे हेगे उसे शान्त किया करती थी। उसने वह सवाल पूछा जिस पर सब टिका हुआ था।

'क्या तुम चली जाओगी?'

'ऐसा क्योंकर सोचने लगे तुम?'

'क्योंकि तुम्हारी हिम्मत नहीं हुई मुझे बताने की!'

'नहीं,' हेगे दृढ़ता से बोली, 'हम कहीं नहीं जा रहे। यहाँ भी योर्गेन के रहने लायक जगह है। सब बिलकुल पहले की तरह ही हो जायेगा।'

माट्टिस की हिम्मत नहीं पड़ी विश्वास करने की, उन्होंने इतना कुछ छिपाकर रखा था उससे। तैश में आकर वह बोला : 'काश मुझे नाविक न बना दिया गया होता।'

'चलो, चलो, माट्टिस,' हेगे बोली। 'अच्छा-भला काम है तुम्हारे पास। पूरा दिन उस झील पर नाव खेने का।'

'लेकिन केवल योर्गेन ही को तो लेकर आया हूँ मैं अभी तक! काश मैं न लाया होता।'

योर्गेन पूरा समय चुप रहा था। आख़िरकार उसने अपनी चुप्पी तोड़ी।

'और लोग भी तो आ सकते हैं,' वह बोला।

माट्टिस ने केवल सिर हिला दिया। योर्गेन ने बात जारी रखी : 'आप नहीं जानते झील पर कब क्या नमूदार हो जाने वाला है, मालूम है?'

माट्टिस को लगा कि इस घड़ी वह बड़ी सख़्ती और क्रूरता से पेश आ सकता है : 'काश मैं न लेकर — '

वह आगे नहीं बढ़ पाया, इससे पहले कि वह सब मटियामेट कर देता, हेगे बीच में आ गयी। वह चलकर सीधे अपने भाई के पास आयी और उसने कुछ ऐसा कर दिखाया जो माट्टिस की स्मृति में उसने पहले कभी नहीं किया था : उसने कसकर उसे अपनी बाँहों में ले लिया। उसके चेहरे पर विचित्र-सा भाव था। और फिर वह बोली : 'भला हो, माट्टिस, तुम्हारा कि तुम नाविक बन गये।'

उसने जल्दी ही उसे छोड़ दिया और कुछ शर्मिन्दगी से वह चलती हुई योर्गेन के पास आ गयी।

माट्टिस को ख़ुद से पूछना पड़ा : तो फिर वह मुझसे इतनी नाराज़ क्यों रहती है जब से वह योर्गेन की प्रेमिका बनी है? क्या वह उससे पूछ देखे? नहीं।

'अच्छा तब ज़रूर अलग-अलग तरह के प्रेमी होते होंगे,' जो उसके मन में था उसकी बजाय उसने पूछा, विषय से हटते हुए।

वे उसकी ओर देखने लगे, ज़रा सतर्क थे वे। क्या वह उन्हें मात दे गया था इस बार? वह सोचने लगा। हेगे ने पूछा : 'क्या मतलब है तुम्हारा, अलग-अलग तरह के?'

'सिर्फ़ इतना कि यह पहली बार नहीं है कि मैं प्रेमी-जोड़ों को देख रहा हूँ,' माट्टिस बोला। 'पिछले वसन्त मैं ऐसे एक दम्पति के साथ शलग़मों की निंदाई कर रहा था, और वे अपना काफ़ी समय एक-दूसरे की टाँगों पर चुटकियाँ काट रहे थे।'

हेगे और योर्गेन फिर से ख़ुश हो गये, तनाव से मुक्त।

'वे युवा थे,' हेगे बोली, 'तभी वे चुटकियाँ काटते हैं एक-दूसरे को।'

योर्गेन चुप रहा।

'वे दयालु भी थे,' माट्टिस बोला, 'पूरा समय।'

'हाँ, ज़रूर रहे होंगे,' हेगे बोली।

'लेकिन तुम इतनी नाराज़ किसलिए रहती हो?'

निकल ही गया उसके मुँह से यह, पलटकर, हेगे ने जो कहा था उसकी वजह से। वह उसे वापिस नहीं ले सकता था। दरअसल वह ख़ुश था कि उसने कह डाली थी यह बात।

हेगे ने पलकें झपकायीं, ज़रा चौंक गयी थी वह। फिर उसने मामले को दबाने की कोशिश की जिसमें वह ज़्यादा सफल नहीं रही।

'नाराज़? मैं नाराज़ कहाँ रहती हूँ!'

यह कोई जवाब नहीं था। माट्टिस ने उसे निरुत्तर कर दिया था, वह देख सकता था यह। उसका पलड़ा भारी था और उन्हीं क्षणों का सहारा ले वह बोला : 'मैं नीचे अपनी नाव की ओर जा रहा हूँ। मुझे इस बारे में अभी बहुत कुछ सोचना है।'

'हाँ,' हेगे बोली।

वह तुरन्त निकल पड़ा।

ढलान आधी पार करने पर वह ज़रा रुका, रुककर कुछ सोचने लगा, वह ऊपर लौटने को हुआ, फिर अचानक पलट कर नीचे जाने लगा।

तुम मेरी सबसे वन-कुक्कुटी चिड़िया—यह वाक्यांश अचानक बन निकला उससे।

उसने नाव को पानी में नहीं धकेला, तट पर उसके पास बैठ गया, डामर की सुखद गन्ध में साँस लेता हुआ। लेकिन उसने उसकी ओर हिक़ारत से देखा, और सोचने लगा : योर्गेन की आमद के लिए कौन ज़्यादा ज़िम्मेदार है, नाव या कि वह ख़ुद? उनमें से कोई एक होता तो कैसे अकेला योर्गेन को घर ला पाता।

33

हेगे अब सरेआम शाम के समय योर्गेन के पास चली जाया करती थी जब वह आराम कर रहा होता था। अहम ऐलान के बाद यह पहला बदलाव था। और माट्टिस देख सकता था कि हेगे बहुत ख़ुश है। उसे एहसास था कि उसे भी ख़ुशी से भरे होना

चाहिए, लेकिन उससे बनता नहीं था, वह डरा हुआ था।

उसने हिम्मत बटोरकर पूछ ही लिया : 'तुम लोग क्या करने जा रहे हो? क्या यहीं रहोगे?'

'इस बारे में अभी हम लम्बे समय तक कोई फ़ैसला नहीं करेंगे,' हेगे ने जवाब दिया। 'जैसा है सब वैसा ही रहने देंगे, फ़िलहाल।'

'लेकिन तुम्हें कब पता चलेगा!'

'देखेंगे। तुम चिन्ता करना छोड़ दो।'

क्या उसे इस बात का एहसास नहीं था कि वह कितना डरा हुआ था? जिस दिन वह छोड़ कर जायेगी और यहाँ नहीं रहेगी, उसका क्या होने वाला था? हेगे पूरी उम्र उसके अंग-संग रही आयी थी, इससे अलग उसे कभी कुछ भी नहीं मालूम था।

'और फिर पगडण्डी पर चिड़िया भी तो थी,' उसने कहना शुरू किया लेकिन और नहीं बोल पाया।

'जिसे गोली लगी थी? क्या है तुम्हारे मन में?'

'नहीं, वह केवल सीसे से भर गयी थी।'

'सुनो, माट्टिस, तुम्हें इन परिन्दों के बारे में ज़्यादा नहीं सोचना चाहिए, उन्हें अपने हाल पर छोड़ दो,' हेगे ने हल्के-फुल्के अन्दाज़ में कुछ इस तरह कहा जैसे वह अभी गाना गाने लग जायेगी। लेकिन उसने ऐसा नहीं किया; माट्टिस की आँखों में आये भाव को देखकर वह एकदम रुक गयी।

माट्टिस गम्भीरता से बोला : 'मुझे तुम्हारी बात समझ में नहीं आयी।'

सब गाना-वाना हवा हो गया, हेगे दृढ़ता से बोली : 'बड़ों की तरह पेश आने की कोशिश करो, माट्टिस। अपनी अक़्ल का इस्तेमाल करो, जैसे बड़ों को करना पड़ता है।'

'*बात* क्या है फिर?' उसने कटुता से पूछा।

'दूसरों के बारे में भी कुछ सोचो,' वह बोली। 'बड़े होकर ऐसा करना ही पड़ता है।'

'कौन दूसरे,' निरुपाय माट्टिस ने ख़ौफ़ से भरते हुए हेगे से पूछा। वह कुछ नहीं बोली।

वह कुछ देर नाव की सैर करने को निकल पड़ा। झील से अब जल्दी ही कोई बुलायेगा, पक्की बात है, उसने सोचा। कुछ-न-कुछ तो होने वाला है।

बड़ों की तरह पेश आओ, उसने कहा था। पुराने दिनों में वह कभी इस तरह के शब्दों का इस्तेमाल नहीं करती थी।

वह अपनी नाव के छिद्रों को भर रहा था। हर सुबह उसे डामर पुते टुकड़ों और पैबन्द वाले सुधरे हिस्सों का मुआयना करना पड़ता था। उसकी नयी नाव अब पहले से भी ज़्यादा सपने की चीज़ होकर रह गयी थी, दूर कहीं ओझल होती हुई।

बड़ा हो जाऊँ?

माट्टिस बिना समझे इस माँग को जैसे एकटक देखने लगा।

हेगे ख़ुशी में इतनी धुत थी कि वह इतना भी जान नहीं पाती थी कि वह क्या कह रही है, मुसीबत यही थी।

उसने नाव को अभी तक धकेला नहीं था—और ऐसे में वह कभी पानी में उतारता भी नहीं उसे, क्योंकि उसे हल्की-सी गड़गड़ाहट सुनायी पड़ रही थी।

बादल गरज रहे थे।

बादलों का एक झुण्ड पहाड़ियों पर चढ़ा चला आ रहा था। साथ-साथ कहीं से गरजने की आवाज़ भी आ रही थी।

बहरहाल, अब एक ही चीज़ करने को बची है, वह बोला। आँधी-पानी में मैं किसी को नाव की सवारी नहीं करवा सकता। भगवान का शुक्र है इस नियम का पालन मैं करता आया हूँ।

उसने रस्सी के एक और टुकड़े से नाव को बाँधा, क्योंकि हवा के ज़ोर पकड़ने का ख़तरा था, फिर उसने चप्पुओं को ढाँप कर रख दिया। इसके बाद वह अपने छिपने की जगह की ओर चल दिया, उसके मन में इसके सिवा और कोई विचार नहीं था। गड़गड़ाते हुए तूफ़ान के समय किसी भी रोज़मर्रा समझौते का बन्धन महसूस नहीं होता था उसे। ज़ब वह आधी चढ़ायी पार कर चुका तो उसे हेगे की ज़ोरदार माँग की स्मृति हो आयी : बड़े हो जाओ, माट्टिस! वह रुका और इसके बारे में सोचने लगा।

सर ऊपर उठाकर उसने योर्गेन को घर के अन्दर जाते हुए देखा। कहीं जंगल में कोई हादसा तो नहीं हो गया उसके साथ? ऐसा लग तो नहीं रहा था। योर्गेन अभी जंगल गया ही नहीं था, हेगे के साथ घर ही में बैठा था अभी तक, जबकि उसे काम पर चले जाना चाहिए था।

हालात काफ़ी बिगड़ चुके हैं, माट्टिस ने सोचा। योर्गेन पेड़ नहीं काटता और हेगे स्वेटर नहीं बुनती। कुछ समय बाद मैं ही अकेला बचूँगा काम करने वाला।

गड़गड़ाहट और तेज़ होती चली जा रही थी, और वह पहले से तेज़ चल रहा था। अब अगर वह तूफ़ान के रहते हेगे और योर्गेन के साथ घर में रहे तो? जैसा बड़े करते हैं?

नहीं, हिम्मत नहीं है मुझमें, उसने स्वीकार किया। और वह हस्बे-मामूल उस जगह की तरफ़ चल दिया जो महफ़ूज़ थी। क्या पता तूफ़ान इस बार इतना बुरा न हो जितना पिछली बार था, लेकिन उसका हौसला पस्त कर देने लायक तो होगा ही। वह अन्दर चला गया, दरवाज़ा लगाकर उसने अपनी उँगलियों को कानों में ठूँस लिया।

तूफ़ान का ज़ोर कहीं कम नहीं था। बाहर कहीं कड़कती बिजली गिर चुकी थी और एक भुतही-सी सरसराहट आने लगी थी। माट्टिस उकड़ूँ बैठा रहा।

उसे क्षण-भर के लिए भी नहीं लगा कि उसे बड़ों की तरह पेश आना चाहिए; स्थिति बेहद गम्भीर थी।

लेकिन इस बार उसके छिपने की जगह ने उसकी ठीक से हिफ़ाज़त नहीं की। न तो गड़गड़ाहट और न ही उसकी उँगलियों का शोर योर्गेन के चिल्लाने की आवाज़ को रोक पाया। यह शोर दीवार के उस पार से आ रहा था। सख़्त और धाकड़ आवाज़।

'माट्टिस! बाहर निकलो!'

बाहर? वह पागल तो नहीं हो गया? माट्टिस ने सोचा। माट्टिस अपनी जगह से ज़रा भी नहीं हिला, सिर्फ़ नज़र उठाकर उसने सुनिश्चित किया कि साँकल लगी थी।

बाहर आदेश दोहराया जा रहा था।

'बाहर निकल आओ, माट्टिस।'

माट्टिस को सूझा कि ठीक इसी तरह उसने योर्गेन को अटारी से नीचे बुलाया था।

योर्गेन चिल्लाया : 'क्या मुझे अन्दर आकर तुम्हें *खींचकर* बाहर लाना पड़ेगा! जल्दी निकलो, माट्टिस।'

हो क्या रहा था? योर्गेन पहचान में ही नहीं आ रहा था। खींचकर बाहर लाना पड़ेगा, वह कह रहा था, लिहाज़ा अन्दर बैठे रहना नामुमकिन था। बाहर बिजली इस क़दर गरज रही थी कि माट्टिस का चेहरा पीला पड़ गया और उसकी टाँगें शिथिल, लेकिन बाहर तो उसे निकलना ही पड़ा—नहीं तो उसका कुछ बचता ही नहीं। और यह सब क्योंकि योर्गेन वहाँ खड़ा-खड़ा चिल्ला रहा था।

'मैं आ रहा हूँ!' वह दरवाज़े में से चिल्लाकर बोला।

उसने साँकल खोली और बिजली के कौंधते प्रकाश से वह लगभग अन्धा ही हो

गया, वह भीतर तक घुस गयी महसूस हुई उसे—लेकिन वह दहलीज पार कर घास पर चला आया। ऊपर बिजली भयानक कड़क रही थी। बारिश अभी तक थमी हुई थी।

उसे इस बात का एहसास ही नहीं हुआ कि वह कहाँ था—लेकिन योर्गेन उसके सामने खड़ा था। माट्टिस की नज़र धुँधली पड़ चुकी थी, उसे योर्गेन धुँध के पार दिखायी दे रहा था, और दूर पीछे दरवाज़े में खड़ी हुई हेगे। वह बाहें हिलाकर योर्गेन को इशारे कर रही थी, मानो वह उसे रोक रही हो ताकि माट्टिस को इस यातना में से न गुज़रना पड़े।

'यह रहा मैं!' माट्टिस ने सीधी-सादी घोषणा की, और वह कदम बढ़ाकर आगे आ गया। उसकी टाँगों में ज़रा भी जान नहीं थी। वह चलकर सीधे योर्गेन के पास पहुँचा जो ज़रा पीछे हट गया। बिजली एक बार फिर से चमक उठी।

'तुम मुझसे चाहते क्या हो, योर्गेन?'

योर्गेन प्रतीक्षा में खड़ा रहा, निश्चल और मौन।

माट्टिस बिजली की कौंध और गरज के भीतर चल रहा था। वह ख़ाली झोले की तरह न ही तो ढीला पड़ा और न ही उसने अपनी उँगलियाँ कानों में ठूँस रखी थीं, उसकी आँखें पूरी खुली थीं, और वह जैसे किसी उद्देश्य की पूर्ति में योर्गेन की ओर चल रहा था—वह दिखा देगा उसे!

वह उसके पास पहुँच गया, और पहले की तरह निश्चल खड़ा हुआ योर्गेन उससे मिला।

'अच्छा किया तुमने,' बस इतना ही कहा उसने।

उसकी बात में दम था—माट्टिस को एहसास था। योर्गेन के स्वर में सम्मान की भावना थी।

माट्टिस काँप रहा था, लेकिन उसकी टाँगें उसे गिराये बिना उसे सम्भाले हुए थीं। उसने योर्गेन की ओर देखा, दोस्ताना भाव से और डरते हुए।

'हाँ, लेकिन बात क्या है?' माट्टिस रोमाञ्च से काँपता हुआ बोला। 'बताओ, क्या चाहते हो मुझसे?'

'भीतर आकर हमारे साथ बैठो,' योर्गेन बोला, 'बस इतना ही। यह जगह तुम्हारे लायक नहीं है।'

माट्टिस को अपने भीतर गुस्से की लहर उठती हुई महसूस हुई लेकिन ऐसे मौसम में वह तैश में आने की जुर्रत भी नहीं कर सकता था। उसे थोड़ा संकोच हुआ, लेकिन

अन्ततः वह उसके साथ भीतर चला आया। उसका दिल ज़ोर से धड़क रहा था। तूफ़ान का सबसे बुरा हिस्सा निकल चुका था, और गड़गड़ाहट धीमी पड़ती जा रही थी।

हेगे अभी तक दरवाज़े पर ही खड़ी थी, और यह ज़ाहिर था कि वह माट्टिस को लेकर बेचैन थी।

'मुझे लगता है तुम हमें अन्दर आ लेने दो,' योर्गेन हेगे से बोला।

हेगे ने हामी भरी, लेकिन वह समझ नहीं पा रही थी वह क्या कहे। वह भी उनके साथ भीतर चली आयी, इस तरह अब वे सब एक साथ घर के अन्दर थे। माट्टिस इन ताक़तवर और होशियार लोगों की तरफ़ लाचारगी से देख रहा था। फिर भी वह उनके साथ बैठने की हिम्मत नहीं जुटा पाया, कुछ भी करने की हिम्मत नहीं थी उसमें—इतने रोमाञ्च के बाद अब प्रतिक्रिया शुरू हो चुकी थी। तूफ़ान थम रहा था और वह अपनी बेञ्च पर जाकर लेट गया, आराम की नींद, उसका मन दूर कहीं भटक रहा था।

34

इस प्रसंग के बाद माट्टिस योर्गेन से कुछ और अपेक्षा भी कर रहा था। वह सोच रहा था योर्गेन उससे कुछ और काम भी करवायेगा। कौन कह सकता था योर्गेन जैसे लोग भला क्या गुल खिला दें।

कहीं भीतर माट्टिस तूफ़ान वाली घटना के लिए योर्गेन का शुक्रगुज़ार था। क्षण-भर के लिए वह कुछ बड़ा हो गया था। लेकिन इसके अलावा वह पहले की तरह ही घबराया हुआ था, और आशंका से भरा हुआ। वह इस बात पर ग़ौर कर रहा कि हेगे और योर्गेन साथ रहकर कितने ख़ुश हैं। योर्गेन के वन से लौट आने पर हेगे का चेहरा कैसा खिल उठता था! वह इस चीज़ के कई छोटे-छोटे संकेत देख पा रहा था कि हेगे अपने पुराने जीवन से, और ख़ुद उससे भी कैसे दूर होती जा रही है।

मेरा क्या होने वाला है?

वह उन पर नज़र रखे हुए था :

क्या वे सोचते हैं मैं अपना ध्यान ख़ुद रख सकता हूँ?

मुझे नहीं लगता वे इस चीज़ के बारे में नहीं सोच सकते।

उसने हेगे से साफ़-साफ़ पूछ लिया : 'योर्गेन मुझे तूफ़ान में क्यों घसीट लाया था?'

'वह देखना चाहता था तुम कितना झेल सकते हो,' हेगे ने जवाब दिया। 'और जितना हमने सोचा था उससे ज्यादा झेल गये थे तुम।'

उसके शब्दों से वह काँप उठा। देखना चाहते थे? वह ख़ुश था कि वह परीक्षा में सफल हुआ था। और योर्गेन ने माट्टिस के लिए जो सोच रखा था, यह घटना तो महज़ उसकी इब्तिदा ही थी।

चिन्ता और ऊल-जुलूल मान्यताओं का शिकार वह झील में नाव चलाता रहा। कोई सवारियाँ नहीं थीं; बीच-बीच में कोई मोटर-बोट छपछपाती हुई पास से निकल जाती और अक्सर पश्चिमी पहाड़ियों का रुख़ कर लेती। नाविक माट्टिस की ज़रूरत किसी को भी नहीं थी।

एक ही चीज़ जो अच्छी है वह यह है कि योर्गेन से मैं सीख रहा हूँ कि लड़कियों से मिलने पर क्या करना चाहिए। कितनी चीज़ें ऐसी हैं जो मैं जानता ही नहीं था। आश्चर्य की बात है कि अन्ना और इंगेर के साथ मैं इतने अच्छे से पेश आया था।

वे दिव्य नाम पानी पर कितने क़रीब महसूस होते थे। वह नाव को धीमे-धीमे खेता, और नाव कभी इस ओर डोलती कभी उस ओर।

कुछ ही समय बाद माट्टिस एक बार फिर उन लोगों से पूछने लगा कि उन्होंने क्या फ़ैसला किया है : 'क्या आप लोग अब कुछ और भी जान गये हैं?' उसने हेगे से ऐसे लहजे में पूछा जो ज़रा भी दोस्ताना नहीं था। वह जिस चीज़ की ओर इशारा कर रहा था उसमें शक की कोई गुञ्जाइश नहीं थी।

'नहीं,' हेगे हल्के-फुल्के ढंग से बोली, 'हमें कुछ नहीं मालूम। हम लोग मज़े में हैं, बस। तुम भी मज़े में क्यों नहीं रह सकते?'

हेगे बिलकुल बदल गयी थी, गुज़रे हुए समय को भूल चुकी थी वह। जब वह माट्टिस के पास होती थी, वह देख सकता था वह किस क़दर ख़ुशी से भरी हुई है—एक तरह से वह उसकी ख़ुशी में शिरकत कर सकता था। देखने वाले को वह ख़ुश और निडर मालूम पड़ सकता था, चिन्ता से पूरी तरह मुक्त : 'तुम बता भी तो सकती हो मुझे,' वह बोला।

'क्या बताऊँ तुम्हें?'

'मैं सह सकता हूँ,' वह रहस्यमय ढंग से बोला, हालाँकि भीतर कहीं डर उसे डस रहा था।

हेगे ने उसकी ओर संकोच-भरी दृष्टि से देखा। वह अन्धी थी, देख नहीं सकती थी। फिर उसकी ख़ुशी दोबारा लौट आयी, और वह वहाँ से चली जाना चाहती थी।

'तुम्हें याद है *इससे पहले* सब कैसा हुआ करता था?' उसने कहना शुरू किया, लेकिन वह अपनी बात को जारी नहीं रख पाया, एक शब्द तक नहीं बोला गया उससे। बहुत-सी स्मृतियाँ लौट आयी थीं उसके मन में।

35

एक दिन सुबह-सुबह योर्गेन माट्टिस के पास पहुँच गया। ज़ाहिर था कि उसके मन में कोई ख़ास बात थी। माट्टिस चौंक गयाः ज़रूर कोई नयी परीक्षा ली जाने वाली है। योर्गेन ने बात जिस जगह पिछली बार छोड़ी थी वहीं से शुरुआत होने वाली थी। एक ठण्डी सुबह, सितम्बर के शुरू के दिनों में, जब धुँध के चकत्ते झील पर तैर रहे थे, ऊपर नीला आसमान।

योर्गेन हमेशा की तरह जंगल की ओर रवाना होने की तैयारी कर चुका था, और वह माट्टिस के पास आकर बोला : 'तुम्हें मेरे साथ जंगल चलकर कुछ काम करना होगा।'

'मुझे तो नाव को देखना है न,' माट्टिस ने रुखाई से जवाब दिया।

'पतझड़ के दिनों में कोई सवारी नहीं मिलेगी,' योर्गेन बोला। 'आज तुम मेरे साथ जंगल चल सकते हो।'

लगभग आदेश की तरह था यह, *ऐसा* शख़्स था योर्गेन। माट्टिस ने हेगे को आवाज़ लगायी, और हेगे तुरन्त हाज़िर हो गयी।

'क्या मुझे योर्गेन के साथ जंगल जाना होगा?'

'हाँ, तुम योर्गेन के साथ चले जाओ,' वह बोली। 'अगर तुम्हें पेड़ काटने के बारे में कुछ भी मालूम नहीं, तो वह तुम्हें सिखा देगा। मैं तुरन्त कुछ सैंडविच बना देती हूँ।'

माट्टिस हतप्रभ खड़ा रह गया।

सैंडविचों की समस्या नहीं थी। लकड़हारे के घर में होने से उनके पास खाने-पीने को बहुत कुछ था। माट्टिस को मान जाना पड़ा लेकिन वह इस फ़ैसले से बहुत ख़ुश

नहीं था।

'बहुत अच्छे,' सब तय हो चुकने पर योर्गेन बोला।

'इस सब का क्या मतलब है भला?'

'तुम पेड़ काटना सीख लोगे।'

उसे उस घड़ी का ध्यान आया जब उसे आँधी-पानी में बुलावा आया था। और अब जबकि नाव वाले काम में वह इतनी महारत हासिल कर चुका था और ऐसे काम में लगा था जो उससे बन पड़ता था!

जंगल की ओर जाते हुए वे गाँव के भीतर से गुज़रे। लोगों ने माट्टिस और लकड़हारे को साथ-साथ चलते हुए और माट्टिस को लकड़हारे जैसे कपड़े पहने हुए देखा। यह अच्छा था, हालाँकि साल के इस समय इसका इतना अर्थ नहीं था जितना वसन्त के मौसम में होता। गर्मियों के दौरान बहुत कुछ बदल चुका था।

उसे हँसना पड़ा।

'क्या है?' योर्गेन ने मुस्कारते हुए पूछा।

'कुछ नहीं, बस मुझे याद आ रहा था कि वसन्त के मौसम में कैसे मुझसे शलग़मों की निंदाई करते नहीं बन रही थी।'

'हम्म,' योर्गेन बोला। वह नया-नया आया था और कुछ ख़ास समझ नहीं पा रहा था।

माट्टिस ने इस बात पर ग़ौर किया।

'चट्टानी टापू,' वह बोला।

'मुझे सच में नहीं मालूम इसका क्या अर्थ है,' योर्गेन ईमानदारी से बोला।

'नहीं, शायद नहीं ही होगा,' माट्टिस बोला।

और ख़ुलासा किया भी नहीं गया।

वे उस जगह आ पहुँचे जहाँ योर्गेन पेड़ काटता था। वह जगह किसी रण-भूमि जैसी जान पड़ती थी : हर जगह पेड़ों के तने थे, टूटी-फूटी टहनियों के बीच पसरे हुए। माट्टिस को एक आधे गिरे हुए तने के पास बिठाकर छाल उतारने के लिए कह दिया गया। योर्गेन कुछ ही दूरी पर अपना काम करने लगा।

माट्टिस सब काम, जितने अच्छे से उससे बन पड़ा, कर रहा था, लेकिन यह काम नाव में बैठकर चप्पू चलाने से भिन्न था—यहाँ जंगल में उसके विचार तुरन्त गड़बड़ा गये। और यह पेड़ के तने को देखकर स्पष्ट था, ऐसा लग रहा था मानो उसे किसी

ने चीथ डाला हो। योर्गेन जहाँ था पेड़ धड़ाम से गिर रहे थे, टहनियाँ टूट रही थीं, और धरती काँप उठती थी।

माट्टिस को पसीना आ रहा था। अन्ततः उसने घोषणा की कि काम पूरा हो चुका है।

योर्गेन उसके पास चला आया। उसके कण्ठ से कर्कश-सी घुरघुराहट पैदा हुई। अलावा इसके उसे कोई ख़ास असन्तोष नहीं हुआ। किसी असली लकड़हारे को तने का वह रूप ज़रा भी न सुहाता।

'तुम थोड़ा सुस्ता लो,' योर्गेन ने बस इतना ही कहा, 'और मैं ज़रा-सा बचा-खुचा काम निपटा लेता हूँ।'

माट्टिस बैठ गया। योर्गेन ने तने को अपने छाल उतारने वाले औज़ार से पूरा लील ही लिया, इतना छोटा था वह। माट्टिस के भेजे में एक प्रश्न बार-बार घूम रहा था : मैं यहाँ क्यों हूँ?

'मैं यहाँ क्यों हूँ?'

'सीखने के लिए,' योर्गेन बोला।

'हाँ, लेकिन क्यों?'

'पेड़ काटना सीखने लायक चीज़ है।'

योर्गेन ने इसके बाद कुछ और समझाने की ज़रूरत नहीं समझी। माट्टिस सोचने लगा : यह सब इसलिए क्योंकि ये लोग चले जाने वाले हैं।

'तुमने मुझे आँधी-झक्कड़ में बाहर भी तो बुलाया था।'

'हाँ, और तुमने अच्छे से सम्भाल लिया था स्थिति को। अब हम ज़रा कुछ खा लें, और फिर थोड़ा आराम करें।'

उसने माट्टिस को खाना पकड़ा दिया।

'मैं यह तो नहीं— '

'नहीं, लेकिन ले लो। तुम्हें जीवन में बहुत मिला भी तो नहीं है।'

योर्गेन की ओर से यह मैत्री का एक छोटा-सा संकेत था, लेकिन माट्टिस इस तोहफ़े को स्वीकार नहीं कर पा रहा था।

'तुम मुझे यहाँ किसी ख़ास वजह से लाये हो!'

योर्गेन धीरे-धीरे अपने सैंडविचों को चबा रहा था।

'तुम्हारे ही फ़ायदे की बात हमारे मन में है,' वह बोला, 'इतना वादा तो मैं कर सकता हूँ, माट्टिस।'

और कुछ भी कहने से पहले उसने अपना सैंडविच ख़त्म किया।

'बस हमें पता भर नहीं है हम क्या करें,' वह अचानक बोला और सीधे माट्टिस की ओर देखने लगा।

'मुझे लेकर?' माट्टिस ने इशारा समझते हुए पूछा।

'हाँ, बिलकुल।'

बड़ा लकड़हारा बैठा हेगे के सैंडविच खा रहा था। उसके चेहरे पर करुणा का भाव था। *एक* तरह से माट्टिस उससे डरता नहीं था, लेकिन इसके साथ-साथ जो चीज़ें योर्गेन को पता थीं और वह उसे बताता नहीं था, इससे माट्टिस के प्राण काँप उठते थे।

'लेकिन इसके बारे में हम बाद में बात करेंगे,' योर्गेन बोला। 'अब तुम पेड़ काटना सीख लोगे। जब लोग ऐसा करना सीख जाते हैं, तो वे पैसा कमा सकते हैं, और तब गुज़ारा कर सकते हैं।'

'गुज़ारा तो मैं कर ही रहा हूँ,' माट्टिस के मुँह से निकला।

'हाँ, लेकिन अपने पैरों पर खड़ा होना सबसे अच्छा है,' योर्गेन दोस्ताना लेकिन दृढ़ स्वर में बोला।

इन दिनों की चौकस और सजग मनःस्थिति में माट्टिस को इसका एक ही अर्थ सूझ सकता था : वे लोग उसे छोड़कर चले जाने वाले थे, इसमें कोई शक नहीं था।

'मैं नहीं सीखना चाहता!' उसने गुहार लगायी।

'कभी-कभी हमें ऐसी चीज़ें करनी पड़ती हैं जो हमें अच्छी नहीं लगतीं,' योर्गेन बोला, और यह वही आवाज़ थी जिसने माट्टिस को भयंकर तूफ़ान में बाहर आने का बुलावा दिया था।

माट्टिस को हथियार फेंकने ही पड़ने थे। लेकिन अचानक उसे कुछ सूझ गया। उसने अचानक पूछ लिया : 'क्या मैं घर जा सकता हूँ?'

योर्गेन का मुँह दूसरी ओर था; उसने केवल अपनी पीठ से कुछ इशारा-सा किया, लेकिन यह पर्याप्त उत्तर था।

माट्टिस अपने ही विचार पर मुग्ध था, यह एक कड़कती बिजली-सी तरक़ीब थी।

'तुमने बड़ी मूर्खतापूर्ण बात की है!' वह योर्गेन से बोला।

फिर वह जल्दी से निकल भागा।

36

हेगे ने देखा कि उसका भाई घर की ओर भागा चला आ रहा है। अपने हाथ का काम तुरन्त छोड़कर वह जल्दी से बाहर आयी, फ़ेंस को पार कर उसकी ओर बढ़ी, हीथर की झाड़ियों से ढके उभाड़ों पर से।

'क्या उसे चोट लग गयी है?'

'किसे?'

'*किसे*?'

'नहीं, वह तो पागलों की तरह पेड़ गिरा रहा है।'

'भगवान का शुक्र है,' उसके चेहरे पर राहत की मुस्कान फैल गयी थी। 'तुम जैसे चले आ रहे थे, ऐसा लगता था जैसे जीने-मरने का सवाल हो। जब कोई पेड़ काट रहा हो तो जंगल से इस तरह भागते हुए मत आया करो, नहीं तो हर कोई सोचेगा कोई दुर्घटना हो गयी है।'

'मैं भूल गया,' माट्टिस ने निरीहता से जवाब दिया, 'मैं तो कुछ और ही सोचने में व्यस्त था।'

'क्या बात है फिर? तुम्हीं से कुछ वास्ता है?'

'नहीं, ठीक-ठीक नहीं। मैं तुम्हें *पहले से ही* नहीं बता सकता।'

माट्टिस को लगा उसने बड़े फूहड़ ढंग से इस बात को रखा है।

'मैं भागा-भागा इसलिए आया क्योंकि मुझे तुमसे बात करनी थी, और तुमसे मिलना था।'

कर्कश स्वर में हेगे बोली : 'मुझसे मिलना था। सच में, अब और क्या गुल खिलाओगे तुम! सोचो कैसे डरा दिया तुमने मुझे, मैंने सोचा उसे चोट लग गयी है।'

माट्टिस की बिजली जैसी तरक़ीब की अकल्पनीय शुरुआत थी यह। सोचो ज़रा इतनी फुर्ती से वह मूर्खों की तरह घर चला आया था—यह सोचकर कि वह योर्गेन के घर लौटने से पहले हेगे का विश्वास जीत लेगा। लेकिन अब? हेगे का भेजा ख़ुशी और राहत से हल्का हो चुका था—सिर्फ़ इसलिए कि योर्गेन को चोट नहीं आयी थी।

फिर भी हेगे ने ही उसे मना लिया था, फ़ेंस के पार खड़े थे वे। भागने से माट्टिस हाँफ रहा था—और ख़ुशी के मारे हेगे ने उसे अपनी बाँहों में लेकर एक नन्हे-से उभाड़ पर खींच लिया।

'बैठ जाओ और हाँफना बन्द करो,' वह ख़ुशी-ख़ुशी बोली। 'इतना भागने के बाद कितना पसीना भी तो आ रहा है।'

पृथ्वी के उस नन्हे-से उभाड़ पर वे सटकर बैठ गये—जैसे उन दोनों के सिवा और कोई हो ही न, जैसे कुछ बदला ही न हो।

और माट्टिस के भीतर अब कुछ कौंधा; अब वह जान गया था क्या करना चाहिए था :

पहले तो वह हेगे को देखकर मुस्कराया।

हेगे भी ख़ुश होकर मुस्करा दी।

फिर उसने सिर हिलाया।

हेगे ने भी।

जैसे कोई पुराना खेल हो जो उन्होंने पुनः खोज लिया था।

वह इतना मासूम नहीं था जितना वह सोचती थी, माट्टिस ने मन-ही-मन सोचा। उसे एक तरक़ीब सूझ चुकी थी।

'देखो हम इस उभाड़ पर बैठे हुए हैं,' उसने शुरुआत की।

हेगे ने हामी भरी। उसने बात जारी रखी : 'हम पहले भी उभाड़ों पर बैठा करते थे।'

'हाँ, बिलकुल बैठा करते थे,' हेगे बोली, 'अभी कुछ ही समय पहले तक।'

माट्टिस अपनी सफलता पर हँसा। उसे अब होशियारी से योर्गेन से हेगे को जीत लेना था।

'तुम्हारे साथ उभाड़ पर बैठने जैसा कुछ नहीं है।'

इस पर हेगे ने उसकी ओर देखा, कुछ चकित हो गयी थी वह; माट्टिस को जल्दी से कहना पड़ा : 'मुझे लगता है हमें इससे कहीं ज़्यादा बैठना चाहिए उभाड़ों पर।'

'ओह?'

'तो तुम क्या सोचती हो?'

हेगे ने बस इतना ही कहा : '*तुम* तो बैठ ही सकते हो न, नहीं क्या?'

वह देख रहा था हेगे किस प्रकार उन दोनों के बीच में बाधा खड़ी कर रही थी। वह इतना बदहवास था और हक़ीक़त से वाक़िफ़ होना चाहता था।

'लेकिन तुम नहीं बैठोगी?'

'मैं? मैं तो ख़ैर नहीं ही बैठूँगी,' हेगे बोली। बड़ा दर्दनाक था जिस तरह वह माट्टिस की निगाह से बच रही थी।

'क्यों नहीं?'

'तुम्हें मालूम है मैं किसके संग बैठती हूँ,' वह बोली।

उसने यह बात इतने साफ़-सीधे ढंग से कह दी, और एक ही झटके में माट्टिस की तरक़ीब को मिट्टी में मिला दिया उसने। अब कुछ नहीं बचा था। मानो उसकी सारी तरक़ीबें और सारा जोश किसी छननी से बह गया हो। शुरू करने से पहले ही वह हार चुका था।

'बस इतनी-सी ही बात मैं कहना चाहता था,' उसने अवसाद में डूबते हुए कहा और वह उठ खड़ा हुआ।

हेगे ने जवाब नहीं दिया, न ही उसकी ओर मुँह किया उसने। माट्टिस ने जोड़ा : 'कितनी अजीब बात है कि उभाड़ों से कोई फ़र्क नहीं पड़ता। और मैं सोच रहा था कि योर्गेन के घर लौटने से पहले मैं तुम्हें उससे जीत लूँगा।'

हेगे अब भी नरम-से उभाड़ पर बैठी थी। वह उठ खड़ी हुई और दुखी लहजे में बोली : 'बहरहाल, मुझे मालूम नहीं।'

'क्या?'

'तुम सोचते हो कि हमने तुम्हारे बारे में कोई बात नहीं की?'

'मैं अच्छे से जानता हूँ तुमने की है,' माट्टिस झट से बोला।

'हम वो सब करेंगे जो हम कर सकते हैं,' हेगे बोली। 'तुम्हें मालूम है हम करेंगे, नहीं मालूम?'

माट्टिस बमुश्किल ही हेगे की बात को सुन रहा था। उसने देखा कि वह फ़ेंस में से होती हुई घर के अन्दर जा रही है। वह अपने मन में किसी चीज़ को उलट-पलट कर देख रहा था : बिजली जैसे कौंधते विचार। बिजली जैसे विचारों का मतलब ही क्या था भला, जब बात मुद्दे पर पहुँच जाती थी? कुछ भी नहीं। अगर आप उनका इस्तेमाल करने की कोशिश करते हैं तो वे भूसे की तरह उड़ जाते हैं, जैसे ही चतुर लोग अपना मुँह खोलते हैं। हेगे को बस एक या दो शब्द बोलने की ही ज़रूरत है और आपकी तरक़ीब धरी-की-धरी रह जाती है।

हम वो सब करेंगे जो हम कर सकते हैं, उसने कहा था। वह कुछ भी नहीं समझती।

37

नाव चलाने का अन्त इस प्रकार से हुआ। योर्गेन के फ़ौलादी संकल्प से बच निकलना असम्भव था। योर्गेन रोज़ माट्टिस को अपने साथ जंगल ले जाने लगा था। तुम्हें सीखना चाहिए, योर्गेन कहा करता था, अपने उस रूखे-से ढंग से जिसका विरोध करना सम्भव ही नहीं था। माट्टिस विरोध करता, लेकिन फिर भी योर्गेन के साथ चला जाता।

वह कठिन दिन से थका-मांदा घर लौटता, और हेगे नये क़िस्म का खाना सामने रख देती।

'तुम्हें सीखने के इस दौर से गुज़रना पड़ेगा,' वह बोली।

उसे समझाने का कोई अर्थ नहीं था कि आपके विचार चप्पुओं के साथ तारतम्य में चल सकते हैं, लेकिन कुल्हाड़ी और छाल उतारने वाले औज़ारों के साथ नहीं—वह देख ही नहीं पाती थी।

योर्गेन वन में माट्टिस के प्रति दयालु बना रहता, बात यह नहीं थी। वह माट्टिस के लिए छोटे पेड़ों को चुनता, जिन्हें काट गिराना आसान था—और अक्सर वह बाद में उन पर ख़ुद काम करता था। माट्टिस कोई ख़ास प्रगति नहीं कर पा रहा था, वह पूरा समय योर्गेन से हेगे के बारे में बात करने को मरा जा रहा था।

आख़िरकार आराम से कॉफ़ी पीते समय उसे यह मौक़ा मिल ही गया। वह ख़ुद को थका बैठा था, लेकिन दिखाने को बहुत काम उसके पास नहीं था, वह केवल टहनियों की ढेरियों को उलटता-पलटता रहा था। अब वे दोनों ज़मीन पर लेटे हुए थे, पत्थरों पर सिर टिकाये, अपनी-अपनी दुनिया में खोये, बीच-बीच में ऊँघते हुए।

या तो अभी या फिर कभी नहीं।

एक झटके में आँधी-पानी में बाहर! माट्टिस ने ख़ुद को हिम्मत दिलाने के लिए अचानक सोचा। फिर वह उठ खड़ा हुआ। योर्गेन एकदम चौकस हो उठ बैठा, आत्म-रक्षा में।

'कुछ देर और आराम कर लेते हैं, माट्टिस।'

'नहीं, मैं तुमसे बात करना चाहता हूँ!' माट्टिस ने धमकी के उसी लहजे में घोषणा की जिसमें यह बात की जानी थी।

'तो कहो फिर।'

'क्या तुम देख नहीं सकते कि मेरे लिए यह दिन-ब-दिन और कठिन होता चला

जा रहा है?'

यह सच था। माट्टिस बेहतर महसूस करने की बजाय बदतर स्थिति में था। योर्गेन इस बात को बख़ूबी जानता था, इसलिए उसमें इस बात को माट्टिस से सुनने की हिम्मत नहीं थी।

'हो क्या गया है तुम्हें?' वह बोला और इस बार उसकी आवाज़ में चिढ़ थी।

इस बात से जो हिम्मत माट्टिस को चाहिए थी, वह उसे मिली। ग़ुस्से का स्वर।

'और *तुम्हें* क्या हो गया है? तुम हेगे को मुझसे छीन रहे हो! ऐसे शख़्स को क्या हो गया होगा भला?'

योर्गेन शर्मिन्दा था।

'बस चीज़ें इसी तरह होती चली गयीं,' इतना ही कहा उसने।

वे शान्ति से लेटे रहे। हेगे उन दोनों के बीच कहीं थी,और दोनों में से किसी की नहीं थी।

लेकिन फिर योर्गेन बोला : 'क्या तुम थोड़ा-सा हेगे के बारे में भी सोच सकते हो? क्या *यह* बात तुम्हें ज़रा भी ख़ुशी नहीं देती? तुम्हें क्या लगता है कैसा जीवन बिताया है हेगे ने भला?'

माट्टिस हतप्रभ रह गया, उसे इस नये पहलू से चीज़ों को देखने के लिए समय चाहिए था। शायद योर्गेन सही था, लेकिन तब भी। उसके विचार बेचारगी से फड़फड़ा रहे थे जबकि वह निश्चल बैठा था। दुनिया ऐसी ताक़तों से भरी पड़ी थी जिनके ख़िलाफ़ आप लड़ नहीं सकते थे, जो अचानक घिर आती थीं, और आपको ध्वस्त कर देती थीं। यह केवल हेगे और योर्गेन और अन्य चतुर लोगों की ही बात नहीं थी—नहीं, ये ताक़तें इतनी प्रबल थीं कि वह, माट्टिस, अपने दुर्भाग्य को खेकर झील के इस पार ले आया था, अपनी ही नाव में, और उसे घर के भीतर भी चले आने का न्यौता दे बैठा था। वह कर भी क्या सकता था जब स्थितियाँ ही ऐसी थीं?

'हम इसके बारे में बात करना बन्द करें?' योर्गेन ने सुझाव दिया क्योंकि माट्टिस कोई जवाब नहीं दे रहा था।

माट्टिस डर गया था। वह बोलाः 'अब मैं तुम्हारे बारे में बुरी चीज़ें सोच रहा हूँ।'

'च-च-च-च-च,' योर्गेन बोला, 'इससे ज़्यादा मदद नहीं मिलती।'

'फिर किस चीज़ से मदद मिलती है?'

'इसके बारे में हम अब और बात नहीं करेंगे,' योर्गेन सख़्ती से बोला। 'स्थितियाँ बदलने वाली नहीं हैं।'

'हाँ,' माट्टिस बोला। बुरे विचार उसके मन में अब भी उमड़-घुमड़ रहे थे, लेकिन उसने हाँ कहा और ख़ुद को चुप करा लिया, और दोबारा ज़मीन पर लेट गया।

वे लोग पीठ के बल लेटे रहे। योर्गेन के हाथ में एक छोटी-सी डण्डी थी जिससे उसने अनजाने में ही दो-एक चमकती हुईं लाल खुम्भियों पर निशाना लगा दिया। दोनों आदमी एक खुली जगह आराम कर रहे थे जो पुरानी टहनियों, पेड़ के ठूँठों, घास के गुच्छों और मोटी-मोटी सर्पच्छत्र खुम्भियों से भरी हुई थी। योर्गेन ने विषय बदलने के लिए अचानक उन सुन्दर खुम्भियों के बारे में बात करना शुरू कर दिया।

'इन्हें देखो तो, माट्टिस। अगर इन्हें खा लिया जाये तो सत्यनाश हो जायेगा।'

खुम्भियाँ तनी हुई खड़ी थीं वहाँ, कत्थई परिधान में, योर्गेन की डण्डी से दो टुकड़ों में बँटी हुईं। उनका गूदा सफ़ेद और ताज़ा था, और ज़हर और मृत्यु से भरा हुआ।

माट्टिस चौंक गया, लेकिन खुम्भियों पर आँखें गड़ाये, वह पड़ा रहा वहाँ।

'क्या सच में तुम्हें लगता है?'

'हाँ, ज़हरीली हैं ये,' योर्गेन बोला। 'पुराने ज़माने में जब लोग पागल हो जाना या हत्याएँ करना चाहते थे तो वे शोरबा बना लेते थे इनका।'

माट्टिस खुम्भियों से नज़र नहीं उठा पा रहा था, वह उन विचित्र और भयावह इच्छाओं का शिकार हो चुका था जिन पर उसका कोई बस नहीं था। माट्टिस ने खुम्भियों को देखा और खुम्भियों ने उसे, वे उसके भीतर अहम जगहों में जाकर बस गयी थीं, उसके दिलो-दिमाग़ और शरीर में, उसे सम्मोहित करती हुईं।

'क्या यह सच है?' वह बोला।

'हाँ, इन्हें मत छूना, नहीं तो तुमसे डर जाऊँगा मैं।'

'यह मत कहो,' माट्टिस बोला, लेकिन वह केवल बुदबुदाहट थी। वह खुम्भियों पर मुग्ध उन्हें घूरता रहा, योर्गेन पर एक उड़ती हुई निगाह डाल वह सक्रिय हो उठा। उसे यह बात अचानक ही सूझ गयी थी, जिस दयनीय अवस्था में वह था : मैं खुम्भियों को खा लूँगा। खा लूँगा, वह जो भी कहे। खा लूँगा।

उसका हाथ नीचे पहुँच भी चुका था, इस हैवानी ज़हर को अपने मुँह में ठूँस लेने के लिए।

'रुक जाओ!' योर्गेन बोला। 'सचमुच ज़हरीली हैं ये। क्या तुम्हारा दिमाग़—'

बहुत देर हो चुकी थी। माट्टिस ने ज़्यादा फुर्ती दिखायी थी, कत्थई चमड़ी में लिपटे हुए सफ़ेद गूदे के एक टुकड़े को उठाकर वह अपने मुँह में ठूँस चुका था। उसका स्वाद कैसा था, यह जानने के लिए वह रुका नहीं और एक ही झटके में

निगल गया उसे। उसे लगा जैसे उसके गले में आग लग गयी हो—हालाँकि ऐसा था नहीं। लेकिन वह टुकड़ा तुरन्त टीसने लगा, सो यह कोई आम भोजन नहीं था—और उसने गुस्सैल कुत्ते की तरह ज़रा-सी चीख मारी।

योर्गेन बड़े गुस्से में था।

'तुम क्या करने की कोशिश कर रहे हो, बेवकूफ़!' योर्गेन बोला।

'उलटी करो!' वह चिल्लाया। 'उँगली डालकर बाहर निकालो।'

'अब तो देर हो चुकी,' माट्टिस अवरुद्ध स्वर में बोला। उसका पूरा शरीर बिलकुल अलग महसूस कर रहा था; आधा रोमाञ्च, आधी कल्पना।

'बड़ा-सा टुकड़ा था क्या? जवाब दो! इतने पागल तुम हो चुके हो तब?'

योर्गेन बहुत गुस्से में था।

माट्टिस ने चारों तरफ आँखें नचायीं और देखने की कोशिश करने लगा कि उसका दिमाग़ फिर गया है या नहीं। वह डर गया था, उसका गला जल रहा था। मेरे भीतर सब कुछ अब जल जायेगा, उसे अचानक ऐसा लगा, मुझे जल्दी करनी चाहिए।

उसने योर्गेन को नज़रों से ओझल नहीं होने दिया। खुम्भी को अन्दर फूलता हुआ महसूस कर, वह योर्गेन पर नज़र रखे हुए था, कुछ कर गुज़रने को तत्पर।

योर्गेन गुस्से में था, और डरा भी हुआ था। उसे पता नहीं चल पाया था कि माट्टिस ने कितना खाया है। क्या वह सचमुच तुला हुआ था? बुझ रही आग पर रखे कॉफ़ी के गन्दे-से बर्तन को उठाकर उसने लकड़हारों के लायक बची-खुची तेज़ कॉफ़ी को कप में उँडेला : 'लो! पी लो इसे।'

'बड़ी उम्मीद है तुम्हें!' माट्टिस ने मज़ाक उड़ाया, उसने कप को धकेल कर पूरी कॉफ़ी गिरा दी। वह योर्गेन का विरोध कर डरा हुआ था, लेकिन फ़ख्र भी था उसे। योर्गेन के मज़बूत इरादों के ख़िलाफ़ अड़ बैठा था वह। आख़िर उसने खुम्भी निगल डाली थी! अब योर्गेन की बारी थी—अपने पागलपन में माट्टिस ने निशाना साधा।

जब योर्गेन के हाथ से प्याली गिर गयी तो उसका चेहरा मानो जम गया। उसने माट्टिस की कलाई को पकड़ लिया, और माट्टिस का वार ख़ाली चला गया। लकड़हारे की फ़ौलादी मुट्ठी में उसका हाथ सुन्न पड़ चुका था।

'क्या तुम पागल हो चुके हो?'

माट्टिस ने अपनी आँखें नचायीं।

'छोड़ो मुझे!'

उसने छोड़ दिया लेकिन इसलिए नहीं कि माट्टिस ने कहा था। उसने लपक कर फिर से प्याली उठायी और पास बहते झरने से भर लिया उसे।

'पियो इसे। चलो, चलो। पी लो! गले में उँगली डालकर उलटी करो।'

'जो है उसे मैं रखे रहना चाहता हूँ,' माट्टिस की आवाज़ पहचान.में नहीं आ रही थी। वह कल्पना कर रहा था कि उसका शरीर धीरे-धीरे लपटों में जलकर राख हो रहा था। और उसकी यह इच्छा क़तई नहीं थी वह इस आग को बुझा डाले, वह योर्गेन को पूरी तरह कुचल डालना चाहता था। उसे महसूस हुआ कि उसकी शारीरिक ताक़त और उसका विवेक स्खलित होता चला जा रहा है।

फिर योर्गेन ने अचानक अपने हथकण्डे बदल लिये।

'ठीक है, अगर तुम यही चाहते हो तो,' वह बोला। 'मुझे नहीं लगता तुम्हें चिन्ता करने की ज़रूरत है, खुम्भी के एक ज़रा-से टुकड़े से तुम मर नहीं जाओगे। ज़्यादा तो खाया नहीं है तुमने। बैठ जाओ, कुछ नहीं हुआ है तुम्हें, ठीक-ठाक आदमी की तरह पेश आओ।'

'क्या?' माट्टिस ने खरखराती आवाज़ में कहा।

लेकिन अजीब बात थी कि वह मान गया। बैठकर उसने थोड़ा पानी भी पिया, लेकिन जैसे सपने में कोई करता है। हाँ, अब वह सच में बदल चुका *था*। बदल जाना चाहता था। वह ख़तरनाक चीज़ों को निगल जो गया था।

हाँ, कितना बदला हुआ महसूस कर रहा था वह, हल्का और वायावी, जैसे भी हो गुज़रा था यह। वह यहाँ था भी और नहीं भी था। वह पेड़ों की फुनगियों के भी ऊपर बड़ी सहजता से तैर रहा था। जिस चीज़ के बारे में उसने सबसे पहले सोचा, एकदम तपाक से, वह थी वन-कुक्कुट।

'तुम भी बैठ जाओ, योर्गेन!' वह बोला, आँखें फाड़े और घूरते हुए, 'और मैं तुम्हें उस वन-कुक्कुट के बारे में बताऊँगा जिसके पंख सीसे से भर गये थे और जो पत्थर के नीचे पड़ा है। वह क्यों पड़ा है वहाँ?'

योर्गेन गुर्राया : 'सीसे से भरा! तुम्हारा मतलब है सरफ़िरी बकवास से भरा? अच्छा होगा अगर तुम घर चले जाओ।'

माट्टिस ने सिर्फ़ ख़ुद को और तैयार कियाा : 'बैठ जाओ, मैं कह रहा हूँ न। अब तुम्हें मेरी बात को सुनना पड़ेगा। हाँ, देर-सबेर मेरी बारी भी तो आनी थी।'

योर्गेन आराम से बैठ गया।

'ठीक है, तो फिर बोलो।'

'मुझे लगता है हेगे तुम्हें वन-कुक्कुट के बारे में बता चुकी है?' माट्टिस रुखाई से बोला।

'हमारे पास करने को बहुत-सी बातें थीं, मुझे याद नहीं मैंने वन-कुक्कुट के बारे में सुना है या नहीं।'

माट्टिस ने उसे गहरे अविश्वास से देखा।

'क्या यह सम्भव है कि करने के लिए उसके पास मेरे वन-कुक्कुट से भी ज़्यादा ज़रूरी बातें हैं?'

'हाँ।'

'उसने यह भी नहीं बताया कि वन-कुक्कुट को गोली से मार दिया गया था?'

'ओह, शायद बताया था उसने, मुझे याद नहीं है। इस वन-कुक्कुट के बारे में ख़ास बात क्या है?'

माट्टिस ने बड़ी जंगली निगाह से योर्गेन को घूरा। उसने बिलावजह तो खुम्भी खायी नहीं थी : 'वन-कुक्कुट था और मैं था, जानते हो! और अब वह पत्थर के नीचे पड़ा है—लेकिन इससे कोई फ़र्क नहीं पड़ता, वह घर के ऊपर उड़ रहा है, एक तरह से, *एक* तरह से, तुम्हें पता भी है! एक तरह से वन-कुक्कुट और मैं। हम दोनों एक तरह से यहाँ उड़ते हैं। हम पूरा समय यहाँ उड़ते रहेंगे! कोशिश करके देख—'

वह डरकर चुप हो गया।

'तुम और वन-कुक्कुट। बेशक, तुम और वन-कुक्कुट,' योर्गेन सावधानी से बुदबुदाया, एकदम चौकन्ना।

'तुम ऐसा क्यों कह रहे हो?' माट्टिस ने टोका। उसे अभी तक कुछ अलग-सा महसूस हो रहा था; मानो उसके भीतर भट्ठी सुलग रही हो।

'तब केवल तुम और हेगे ही भीतर होगे, मालूम है!' वह रुखाई से योर्गेन से बोला, 'और तब यह आसान नहीं होगा, देखना। इससे कोई फ़र्क नहीं पड़ता पत्थर के नीचे क्या पड़ा है और क्या नहीं पड़ा है। तब देखना।'

'हाँ,' योर्गेन बोला।

'किस चीज़ के लिए हाँ कह रहे हो तुम?'

योर्गेन घबरा गया।

'नहीं,' वह बोला।

अभी तक उसको घूरते हुए माट्टिस बोला : 'क्या मैं तुमसे कुछ पूछ सकता हूँ, जो मैंने पहले पूछने की जुर्रत नहीं की, योर्गेन?'

योर्गेन ने संकेत दिया कि वह पूछ सकता है।

'मैं और वन-कुक्कुट, एक तरह से! सारी बात यही है। क्या तुम्हें कुछ भी समझ में नहीं आ रहा?'

योर्गेन ने न में सिर हिलाया।

माट्टिस अनजान रास्तों पर भटक रहा था। उसे लग रहा था कुछ होने वाला है। क्या था वह? हो जाने वाला था वह, बस। पागलपन। आग। ध्वंस। उसकी आँखें जल रही थीं और योर्गेन पर टिकी थीं, और योर्गेन तुरन्त लपटों में भस्म हो रहा था। अच्छा सबक मिलेगा उसे।

बकवास। मैंने खायी हैं साँप की छतरियाँ—बात यह है। लेकिन मैं ही योर्गेन पर बुरी नज़र डालने *जा रहा* हूँ। अब मैं बुरी नज़र—

अचानक एक अँधेरा साया उठकर योर्गेन की ओर लपका। फिर बकवास, मैंने खुम्भियाँ ही तो खायी हैं। मैं मर नहीं रहा हूँ। *योर्गेन* मरेगा!

अगले ही क्षण वह योर्गेन से लड़ रहा था। शिकार की तरह वह उस पर झपट पड़ा और जकड़ बैठा उसे।

'ओह, तो तुम मुझे धर-दबोचने वाले हो, ऐसा?' योर्गेन एकदम धीरज और शान्ति से बोला, और उसने माट्टिस को परे हटा दिया। वह माट्टिस को एक बच्चे की तरह पकड़े बैठा था।

'भगवान के लिए होश में आओ, बेवकूफ़।'

योर्गेन ने माट्टिस को गोद में उठाया और कुछ कदम चलकर झरने के पास ले आया। उसने उसके विकृत चेहरे पर पानी डालना शुरू किया। शुरू में माट्टिस ने हाथ-पाँव पटके, लेकिन पतझड़ के ठण्डे पानी ने उसके भीतर धधकती आग को बुझा दिया। उसे शान्ति मिल गयी, और उसके होश लौट आये। और वह फ़ौरन ढह गिरा और शर्म और पश्चाताप के मारे कराहने लगा।

'मैं तुम्हारी हत्या नहीं करना चाहता था।'

'नहीं, यह इतना आसान नहीं है,' योर्गेन बोला।

'हेगे कहाँ है? वह तो मर नहीं गयी?'

योर्गेन लगभग उछल पड़ा : 'बकवास मत करो। कितनी सरफिरी बातें कर रहे हो तुम। मैं इस बकबक को और सहने वाला नहीं हूँ, समझ रहे हो?'

यह ऐसी ध्वनि थी मानो योर्गेन की कुल्हाड़ी बोल रही हो, इतनी सख़्त और तीखी आवाज़ थी उसकी।

माट्टिस का भेजा धीरे-धीरे शान्त होता चला जा रहा था। लेकिन अभी भी घबराये स्वर में उसने पूछा : 'मैं क्या-क्या कर गुज़रा हूँ भला?'

'तुम कोरी कल्पना कर रहे थे। खुम्भियाँ खाकर मूरख बन बैठे थे।'

'इससे क्या फ़र्क पड़ता है भला, ज़िन्दा तो बच रहा न मैं,' अचानक बहुत ख़ुश होकर माट्टिस बोला।

योर्गेन ऐसी चीज़ों से आसानी से सकुचा जाया करता था।

'ठीक है, ठीक है—'

अब माट्टिस पूरी तरह बदल चुका था, उसका रोमाञ्च अब एक अलग मोड़ पर था, उसे सुखद चीज़ों के विचार आ रहे थे, और वह योर्गेन को बताना चाहता था—वह इस बात के लिए शुक्रगुज़ार था कि योर्गेन जीवित था और कि माट्टिस ने सर्पच्छत्रों से सम्मोहित हो उसे जान से मार नहीं डाला था।

'अन्ना और इंगेर,' उसने भरपूर कृतज्ञता से उच्चारित किया, योर्गेन के हाथों में इन नामों को उपहार-स्वरूप रखते हुए। 'क्या तुम्हें कुछ ख़बर है कि *यह* क्या है?'

योर्गेन ने कोई जवाब नहीं दिया, केवल प्रतीक्षा करता रहा।

'मैंने तुम्हें कभी उनके बारे में बताया है, योर्गेन?'

'नहीं। कौन हैं वे?'

'लड़कियाँ,' माट्टिस ने गर्व से उत्तर दिया।

'हाँ, यह तो समझ ही गया था मैं।'

'मैं उन्हें नाव में बिठाकर किनारे लेकर आया था। पिछली गर्मियों की बात है। हम लोग एक छोटे से चट्टानी द्वीप पर थे। जब दुकान के पास नाव पहुँची तो पूरा गाँव हमें देख रहा था।'

'अच्छा है न, सबक तो मिला उन्हें,' योर्गेन बोला।

माट्टिस ने अपनी आँखें अचरज में बन्द कर लीं; योर्गेन ने कितना सही जवाब दिया था। यह वह आदमी था जो समझता था कि किसी पुरुष के लिए कौन-सी बातें मानी रखती हैं।

'मैं तुमसे कुछ पूछ सकता हूँ, योर्गेन?' इसी वजह से उसने कहना शुरू किया।

'तुम कुछ देर पहले कुछ और भी पूछ रहे थे। और मुझे कुछ समझ में नहीं आया। लेकिन पूछो।'

'मैं जानना चाहता हूँ,' कुछ संकोच करते हुए माट्टिस बोला, 'क्या तुम सप्ताह के मध्य में लड़कियों के बारे में सोचते हो?'

योर्गेन हैरान रह गया, लेकिन बिना आँख झपकाये उसने जवाब दिया :

'हाँ, क्यों नहीं।'

'क्या तुमने सोचा है कभी?'

'हाँ तो।'

'ठीक है,' माट्टिस चैन की साँस लेते हुए बोला, 'फिर तो ठीक है।'

'हाँ, यह विचित्र बात है न,' उसने बात को जारी रखते हुए कहा, ऊपर देखते हुए, सब हत्यारी इच्छाओं से मुक्त।

'क्या बात?'

'ओह, मुझे नहीं मालूम—*बहुत-सी चीज़ें*।'

'नहीं, अब हमने बहुत वक्त बरबाद कर लिया है,' योर्गेन अचानक बोला, और क्रुद्ध प्रहारों वे वह वृक्षों को गिराने लगा।

माट्टिस जस-का-तस बैठा रहा; उसकी ज़ेहनी हालत में ख़ुशी और पछतावे का अजीब-सा मिला-जुला भाव था। उसने अपने जूतों के नीचे सर्पच्छत्रों के बचे-खुचे गूदे को कुचल डाला। फिर उसने ख़ुशी के मारे एक ठहाका लगाया। कोरी कल्पना करता रहा हूँ मैं, अपने सख़्त-मिजाज़ स्वामी के शब्द दोहराते हुए वह बोला।

38

लेकिन तब भी इस घटना का माट्टिस पर बड़ा गहर असर हुआ था। इत्मीनान की पहली लहर जब गुज़र गयी, माट्टिस के मन में ख़ौफ़ घिर आया जो जाने को राज़ी ही न था।

मैंने योर्गेन को लगभग मार ही डाला था—कैसे कर गुज़रा मैं यह?

या सिर्फ़ खुम्भी खाने का परिणाम था यह?

वह एक-दो दिन हेगे के पीछे-पीछे घूमता रहा, डाँट खाने की अपेक्षा करता हुआ।

हेगे कुछ नहीं बोली, और अन्त में उसे ख़ुद ही पहल करनी पड़ी।

'योर्गेन ने तुम्हें कुछ नहीं बताया?'

'किस चीज़ के बारे में?'

'मेरे और उसके बारे में, और ऐसी कोई बात—जंगल में ज़हरीली खुम्भी खाने वग़ैरह किसी चीज़ के बारे में?'

'नहीं तो, क्या तुम्हें लगता है उसे करनी चाहिए थी?'

'नहीं।'

'कुछ हो गया था क्या?' हेगे ने पूछा।

'न, कुछ भी नहीं, देख तो रही हो तुम?'

माट्टिस खिसक लिया। वह योर्गेन को लेकर हैरान था।

योर्गेन ने उसे अगले दिन फिर से जंगल चलने का न्यौता दिया था, लेकिन माट्टिस ने जवाब दिया : 'मैं अब कभी वहाँ नहीं जाऊँगा।!'

वह इतना भयभीत था कि योर्गेन ने बात को वहीं छोड़ दिया। माट्टिस का जंगल में उसके साथ होना यूँ भी बड़ी उलझन पैदा करता था, इसलिए शायद योर्गेन को ज़्यादा परवाह भी नहीं थी।

माट्टिस बेञ्च पर बैठा खिड़की से बाहर देखता रहा। हेगे बेचैनी से उसके आसपास घूम रही थी। बेशक उसने योर्गेन से पूछताछ की थी और योर्गेन ने उसे पूरी बात बता भी दी थी। अब वह फूँक-फूँक कर कदम रखती अपने भाई के पास आयी : 'बेहतर होगा तुम फिर से नाव चलाना शुरू कर दो, माट्टिस।'

'शायद।'

'लेकिन तुम ख़ुश तो थे न?'

'हो सकता है अब बात अलग हो,' माट्टिस बोला।

'चलो ठीक है।'

हेगे चलती बनी। आजकल वह जल्दी खिसक लिया करती थी, ख़ासतौर से जब उसका प्रेमी कहीं आसपास होता। वह घर का काम फुर्ती से करने लगी थी, नयी ज़िन्दगी खिल रही थी उसके भीतर। माट्टिस उसके बदले हुए रूप को बख़ूबी समझ रहा था। वह ख़ुद रोज़ एक ही उबाऊ सवाल पूछता था : *मेरा* क्या होने वाला है?

उसने दोबारा नाव चलाना शुरू नहीं किया। कुछ था जो बदल चुका था। वह यूँ ही इधर-उधर टहलता रहता, और एक बार तो फ़ेंस के पास एक चमकदार लाल चीज़ को देखकर वह चौंक गया। एक लाल ज़हरीली खुम्भी तनी हुई थी, छिपे हुए भद्दे क्रोध से भरी हुई। फ़ेंस के एकदम क़रीब जैसे माट्टिस को कनखियों से देख रही हो।

नहीं, नहीं, उसने डर के मारे सोचा, और जिद्दोजहद करने लगा। इससे पहले कि वह मुझे सम्मोहित करे, मैं कुचल डालूँगा उसे।

पास जाकर उसने ज़ोर से खुम्भी को ठोकर मारी और वह लाल और सफ़ेद की जलती हुई ढेरी में बदल गयी।

कुछ देर बाद फ़ेंस के भीतर उसे एक और लाल खुम्भी दिख गयी। उतनी ही सुन्दर। इस बार वार करने की बजाय वह वहाँ से खिसक लिया, गर्मी और चिनमिनाहट महसूस करते हुए। उसे मालूम था इस समय वे हर ओर छायी हैं, ढलानों पर, वन की भूमि पर, और टीलों के बीच।

घर ज़हर से घिरा हुआ था।

क्या गुज़रे हुए सालों में ऐसा ही था? उसने कभी ध्यान नहीं दिया था। कहाँ से टपक पड़ी थीं वे? नज़र के ठीक सामने वे आकार में बड़ी हो जाती थीं।

वह साफ़-साफ़ सोच पा रहा था : इस सब के बीच योर्गेन मर सकता है, वही है जो घिरा हुआ है।

नहीं, नहीं! मैं नहीं चाहता कि वह!

लेकिन यह विचार बिना पाँव के जानवर की तरह लौटता चला आ रहा था। मैं क्या करूँगा, उसने ख़ौफ़ ख़ाते हुए कहा, हिलने-डुलने में अक्षम।

मुझे ज़रूर कुछ करना चाहिए। कुछ ही समय में मैं फिर पिल पड़ूँगा उस पर।

आख़िरकार उसने वही किया जो वह हमेशा करता आया था: होशियार लोगों की पनाह लेना। वह हमेशा की तरह हेगे के पास आया।

'इस बार क्या बीते सालों से ज़्यादा नहीं पनप रही हैं साँप की छतरियाँ?' उसने बिना ख़ुलासा किये हुए पूछा।

'जहाँ तक मुझे लगता है, ऐसा नहीं है,' हेगे बोली। 'सब हमेशा की तरह है,' वह बोली, बिना कुछ समझे। वह जा भी चुकी थी।

39

और जैसे इस बात का संकेत देने कि अब कोई ज़हर से घिरा हुआ नहीं था, एक लड़की पगडण्डी पर चली आ रही थी।

पहले तो माट्टिस को अपनी आँखों पर विश्वास ही नहीं हुआ। वह उसे जानता भी था : यह वही लड़की थी जिसके संग पिछले वसन्त उसने शलग़मों के खेत में काम भी किया था। वही लड़की जिसने अपने प्रेमी को चिकोटी काटी थी, और जिसने मज़ा लेते हुए बदले में कटवायी भी थी। चमत्कार जैसा था उसे ऐसी मनहूस घड़ी में सड़क से उनके घर की ओर आते हुए देखना।

मुझसे मिलने आयी है वह, माट्टिस को तुरन्त सूझा, झील में टापू वाली घटना को याद करते हुए।

ओहो, मैं तो भूल ही गया उसके प्रेमी के बारे में।

कोई लड़की उन लोगों से मिलने आयी हो, वर्षों में ऐसा कुछ नहीं हुआ था। यहाँ तो केवल हेगे ही थी। जैसे ही उसने उसे आते हुए देखा उसे लगा : अन्ना या इंगेर? लेकिन जैसे ही वह पास पहुँची वह समझ गया कि दोनों में से कोई नहीं था। यूँ भी, ऐसा कहीं होता भी है! वह तब भी ख़ुश था, वह लड़की को अच्छी तरह जानता था।

उसके साथ काम कर चुके होने की वजह से माट्टिस को ज़रा भी अचकचाहट महसूस नहीं हो रही थी, और वह आत्म-विश्वास से भरा था। ऐसी ही थी वह लड़की, उसे याद हो आयी। लगता था दोनों को ही वे घड़ियाँ याद थीं, क्योंकि लड़की उसकी ओर देखकर ऐसे मुस्करा दी जैसे वह उसे अच्छे से जानती हो। माट्टिस का ग़म जाता रहा, जंगल अब ज़हर से भरा हुआ नहीं था, दोस्ताना ढकावन की तरह था।

इससे पहले कि लड़की को कुछ कहने का मौक़ा मिलता—इससे पहले कि वह उसके पास पहुँचती, माट्टिस के मुँह से निकला : 'तो उससे टूट चुका है तुम्हारा सम्बन्ध?'

लड़की हँसने लगी।

'किससे?'

'वह और तुम, और कौन? वह जो तुम्हारी बाँहों-टाँगों की चुटकी ले रहा था।'

'तुम्हें कैसे मालूम?' उसने पूछा। 'लोग पूरा समय एक-दूसरे का हाथ थामे थोड़े ही घूमते रहते हैं?'

माट्टिस ने सिर झुका लिया। क्या वह फिर कोई मूर्खता-भरी बात कर बैठा था?

ठीक ही तो कह रही थी वह, माट्टिस ने सोचा। लड़की उसकी अचकचाहट दूर करने के लिए बोली : 'लेकिन तुम ठीक कह रहे हो। ख़त्म हो चुका है सब हमारे बीच।'

माट्टिस को टीस महसूस हुई। या फिर दो : एक ख़ुशी की और दूसरी ग़म की।

'तुम्हें तो दुःख मनाने की ज़रूरत नहीं है न, क्यों?' लड़की बोली।

'नहीं,' वह बुदबुदाया।

'नहीं, ऐसी चीज़ें हमेशा थोड़े ही चला करती हैं। मुझे लगता है तुम तो जानते ही होगे,' उसने माट्टिस को धीरज बँधाते हुए कहा। कितनी दयालु थी वह।

माट्टिस की हिम्मत नहीं हुई कि तपाक से 'हाँ' कहकर झूठ बोल दे, इसलिए संदिग्धार्थक 'हम्म' से ही काम चला दिया उसने। लेकिन कितना शुक्रगुज़ार था वह।

'तो इस वक्त कोई और है?' उसने घबराये स्वर में पूछा। 'कोई नया प्रेमी?'

'नहीं, अभी तो कोई नहीं है,' लड़की ने लापरवाही से सर हिलाते हुए कहा।

'ओह,' माट्टिस बोला।

लड़की एक बार फिर बिलावजह हँसी, लेकिन दुष्टता से नहीं। आख़िरकार उसने अपने आने का प्रयोजन बताया।

'तुम्हारे घर में जो लकड़हारा रहता है, योर्गेन जैसा ही कोई नाम है न उसका? उसके लिए एक संदेश लेकर आयी हूँ, मैं। लेकिन मुझे नहीं लगता इस समय वह घर पर होगा।'

'नहीं, इस समय तो वह जंगल में काम कर रहा होगा,' माट्टिस ने ज़रा गुस्से में जवाब दिया। ऐसा लगता था उसे ग़लतफ़हमी हुई थी, वह योर्गेन से मिलना चाहती थी।

'लेकिन शायद मैं तुम्हीं को बता सकती हूँ। संदेश देने के क़ाबिल तो होगे तुम?' वह बिना सोचे-समझे बोल गयी।

माट्टिस का चेहरा शर्म के मारे ज़रा सुर्ख हो आया। लेकिन लड़की अभी कमसिन थी और बड़ी ख़ुशमिजाज़ और अपनी ही दुनिया में मस्त, इसलिए लापरवाह भी थी।

माट्टिस की हिम्मत नहीं हुई सन्देश लेने की। उससे चूक हो सकती थी। ख़ास तौर पर क्योंकि इसका वास्ता योर्गेन से था।

'तुम चाहो तो मेरी बहन को बता सकती हो, अगर तुम्हें बुरा न लगे तो। वह घर पर है,' वह बोला। यह बात बड़ी कडुवी थी।

लड़की मुस्करा दी।

'अरे हाँ। मैं तो भूल ही गयी।'

वह हलके पाँव भीतर चली गयी। माट्टिस की निगाह उसका पीछा करती रही, वह उसे क्षमा कर भी चुका था। पिछली गर्मियों के बाद से वह काफ़ी बदल चुका था, अन्ना और इंगेर के साथ नाव का सफ़र करने के बाद, तूफ़ान का सामना करने के पश्चात और अच्छा नाविक सिद्ध होने के परिणामस्वरूप। लड़की भले ही अनुचित बातें कर रही थी लेकिन उसे क्षमा करना कठिन नहीं था।

और इसलिए उसके मन में भी अचानक कई योजनाएँ कौंध रही थीं, अतिथि के बारे में योजनाएँ और एक बार फिर उससे बात करने के बारे में। वह पगडण्डी पर एक ऐसी जगह पहुँच कर खड़ा हो गया जो कॉटेज से दिखायी नहीं देती थी, और लड़की की बाट जोहने लगा। वह घर लौटते समय यहीं से गुज़रने वाली थी।

जादू का-सा असर हुआ इस तरक़ीब का। कुछ ही देर में पगडण्डी से होती हुई वह उसके एकदम सामने निकल आयी—जैसे जाल में फँस गयी हो। लेकिन लापरवाही से हँसती हुई।

'तो यहाँ हो तुम। और घात लगाये बैठे हो।'

कितना विचित्र है कि चतुर लोग तुरन्त पूरी बात ताड़ जाते हैं। या लगभग पूरी। वह लड़की की तरह लापरवाही से बात नहीं कर सकता था, उसकी समस्याएँ इतनी संजीदा थीं, वाक़ई। वह एक कदम आगे आया और गम्भीर आवाज़ में पूछने लगा : 'क्या मैं कुछ दूर तुम्हारे साथ चल सकता हूँ? बस सड़क तक?'

'बिलकुल चल सकते हो,' लड़की बोली। यूँ ही बस।

'हाँ, मैंने सोचा ठीक ही तो है, तुम्हारा कोई प्रेमी तो है नहीं,' माट्टिस हक़लाया।

'मैंने यह नहीं कहा था,' लड़की बोली, 'मैंने कहा था मैं *क़रीब-क़रीब* अकेली हूँ। हाँ तो, कोई है तो सही। एक तरह से, ख़ैर जाने दो।'

माट्टिस की आँखें फट-सी आयीं, और उसकी चाल धीमी पड़ गयी। उसके चेहरे पर उदासी छा गयी। वह समझ नहीं पा रहा था।

'तो फिर नहीं चलना चाहते तुम?' वह बोली। 'ठीक है, जैसी तुम्हारी मर्ज़ी।'

'चाहते?' वह समझ नहीं पा रहा था। वह उसके साथ कैसे चल सकता था भला अगर उसका कोई प्रेमी *था*। क्या तुक थी इसमें?

वह जाना चाहती थी लेकिन माट्टिस की बाज़ू की हरक़त ने उसे रोक लिया। ऐसी हरक़त जो किसी चीज को पकड़ने के लिए की जाती है, लेकिन फिर उसने अपनी बाँह नीची कर ली।

रास्ते के किनारे एक बड़ा-सा सपाट पत्थर पड़ा था। उसके पास से निकलते

समय माट्टिस पूरी ज़िन्दगी उसे नज़र-अन्दाज़ करता आया था—लेकिन आज वह पत्थर अपने आसपास की सारी चीज़ों से ख़ुद को अलग-थलग करता हुआ मालूम पड़ा। माट्टिस को लग रहा था उसे जाना चाहिए, लेकिन यहाँ यह पत्थर था—और बिना जाने कि उसे कैसे यह बात झट से सूझ गयी, पत्थर की ओर इशारा करते वह हड़बड़ी में बोला : '*सपाट पत्थर बैठने के लिए होते हैं।*'

यह बात कुछ ऐसे कही थी उसने कि लड़की एकदम बैठ गयी। इससे पहले कि वह कुछ सोच पाता।

पागलपन, उसने सोचा, और वह उसके पास बैठ गया।

पत्थर पर ख़ूब जगह थी। माट्टिस चौकस था कि वह कहीं उसके बहुत क़रीब न बैठ जाये। वह चाहता क्या था? कहना मुश्किल था। शायद वह कुछ सुनना चाहता था। क़रीब रहना चाहता था। लेकिन बिना कुछ कहे उसे वहाँ बैठे नहीं रहना चाहिए था, इस बात का एहसास उसे था। लड़की उसकी ओर कुछ उम्मीद-भरी नज़रों से देख रही थी, इस आग्रह से कि वह कुछ कहे। और इसलिए, कुछ ज़्यादा ही हड़बड़ी में उसने पूछा : 'तुम्हें नहीं लगता मैंने ग़ज़ब की बात कही है?'

लड़की घास के तिनके से अपनी गाल को सहला रही थी। अपने पाँव को ऊपर-नीचे झटकती हुई। बिलकुल भी सहज नहीं थी वह।

'क्या मतलब तुम्हारा?'

'जो बात मैंने सपाट पत्थर को लेकर कही थी, और क्या। बैठने के बारे में।'

लड़की फुनफुनाती हुई उठ खड़ी हुई।

'तुम *ऐसे* सवाल भी पूछते हो?' उसने हताश स्वर में पूछा, जैसे वह तंग आ चुकी हो माट्टिस से।

तंग आ चुकी थी—

'लेकिन कैसे—?' उसने डरते हुए पूछा। वह पत्थर पर बैठा रहा।

लड़की जा रही थी, और माट्टिस की हिम्मत नहीं हो रही थी कि वह ज़रा भी हिले-डुले।

'मुझे नहीं पता था यह ग़लत है,' वह बोला।

'नहीं, लेकिन, मेरे पास इस सब के लिए समय नहीं है।'

'देखो—'

लड़की ने उसे टोका : 'अब बस भी करें हम। कोई ज़रूरी बात तो है नहीं यह; तुम्हें या मुझे कोई फ़र्क पड़ता है भला, क्यों?'

लड़की ने चलना शुरू कर दिया। पहले उसने सिर हिलाया, दोस्ताना ढंग से, कुछ शर्मसार-सी थी वह। लेकिन वह जा रही थी।

माट्टिस ने एक स्मृति का सहारा लिया : 'बाक़ी तो ऐसी न थीं!' वह बोला। 'और मैंने उनसे ख़ूब बातें भी की थीं।'

लड़की एकदम रुक गयी।

'बाक़ी? कौन हैं वे?'

'बाक़ी से मेरा आशय है अन्ना और इंगेर,' वह धीमी आवाज़ में बोला। 'तुमने उनके बारे में सुन रखा है न?'

'हाँ, मैंने—बिलकुल सुन रखा है।'

'हम लोग झील पर थे, और पूरा दिन गप करते रहे थे। वे तो ऐसी नहीं थीं।'

लड़की माट्टिस के पास सरक आयी, और सीधे उसकी आँखों में झाँकने लगी, अपने कहे पर पछता रही थी वह। माट्टिस आँखें फाड़े देखने लगा। वह क्या चाहता था? उसे ख़ुद भी मालूम नहीं था। लेकिन वह प्रतीक्षा कर रहा था।

'सुनो, माट्टिस।'

वह काँप रहा था।

'हाँ?'

लड़की को पता नहीं था वह उससे क्या कहे। वह उसकी आँखों में देख रही थी। 'नहीं, मैं—' उसने कहना शुरू किया। 'उफ़, तुमसे *क्या* कहा जाये, यह जानना नामुमकिन है।'

बात करते हुए उसने हौले से माट्टिस क़ी गाल को अपनी उँगलियों से छू लिया, और फिर वह सच में चली गयी फुर्ती से, हल्के पाँव, एक पल में नज़र से ओझल हो गयी थी वह।

माट्टिस ने कोशिश नहीं की वह अपनी भावनाओं का जायज़ा ले, लेकिन सब ठीक हो चुका था, और इससे भी ज़्यादा। ख़ुशी में लड़की वह कर गुज़री थी जो अन्ना या इंगेर तक ने नहीं किया था—और यूँ उसने माट्टिस के दिल में जगह बना ली।

वह काफ़ी समय तक पत्थर पर बैठा रहा।

40

फिर यह हुआ। बिलकुल ही कुछ और : उसकी समस्याएँ जैसे बिजली की एक कौंध ने सुलझा डाली हों। अचानक और बिना किसी चेतावनी के उसे सब साफ़-साफ़ समझ में आ गया। और कठिन था यह।

वह सपाट पत्थर से उछल कर उठ खड़ा हुआ।

बिजली की ऐसी झलक कि आँखें ही जाती रहें। लेकिन इस बार यह सब उसके भीतर ही था, और सभी कुछ प्रकाश में आ चुका था।

क्या! उसने ख़ौफ़ खाते हुए सोचा। यह नहीं कर सकता मैं।

वह लड़की को भूल चुका था। वह बैठा उन सुखद घड़ियों के बारे में सोच रहा था जो उसे मिली थीं उससे और तभी यह बिजली-सी झलक। *एक तरक़ीब*—शुरू से आखिर तक पूरी तरह बनी-बनायी—एक झलक में।

अचानक और बड़ी क्रूरता से उसके आसपास घिरी हुई सारी समस्याएँ कट गिरीं। उसे बिना सवाल पूछे और बिना डरे स्वीकार करना था इसे—हालाँकि इसका अञ्जाम तबाही मचा देने वाला था। वह समझ गया उसे क्या करना है, और उसने भावशून्य होकर स्वीकार कर लिया।

और इस तरह उसके मन में यह योजना बन पड़ी—पत्थर पर बैठे-बैठे जैसे बिजली-सी कौंध गयी हो, पत्थर जो अब इतना प्यारा लगने लगा था उसे। उन सब कठिनाइयों से बच निकलने का रास्ता जो उसे सता रही थीं। हेगे और योर्गेन और मैं, उसने सोचा। वन-कुक्कुट इस बार शामिल नहीं था, वह कहीं और था।

वह बिना कुछ सोचे फिर से बैठ गया।

'यह कठिन होगा,' वह ख़ाली हवा में ऊँचे स्वर से बोला। लेकिन कोई सुन नहीं रहा था। कितना दर्दनाक साबित हुआ था होशियार लोगों की पाँत में शामिल होना।

41

योजना बिलकुल गोपनीय थी। हर चीज़ उसे अत्यधिक सतर्कता से करनी थी। वह हेगे को भी नहीं बता सकता था—वह तुरन्त हस्तक्षेप करती और उसे रोक देती।

लेकिन क्योंकि उसकी बनायी हुई योजना कठिन थी, उसे एक अन्तिम कोशिश

कर देखनी चाहिए थी कि कम भुगतना पड़े, अब जबकि रोमाञ्च की पहली लहर शान्त हो चुकी थी।

इसलिए अगले रोज़ उसने योर्गेन के जंगल को निकल जाने का इन्तज़ार किया, और फिर कुछ औपचारिक ढंग से हेगे से अपनी बात कहने की कोशिश की। वह अपने स्वेटरों के बीच बैठी एक नन्ही-सी धुन गुनगुना रही थी।

'क्या बात है माट्टिस?' उसने पूछा और गुनगुनाना बन्द कर दिया। माट्टिस के चेहरे से साफ़ ज़ाहिर था कि उसके मन में कोई गम्भीर बात थी।

'यह बात ज़रूरी है,' उसने जवाब दिया, 'जितना एहसास होगा तुम्हें, उससे कहीं ज़्यादा।'

'तो फिर फ़ौरन बता डालो न मुझे,' हेगे ने कुछ बेसब्री से कहा।

माट्टिस का गला सूखी आवाज़ कर रहा था : 'तुम्हें इसी वक्त फ़ैसला करना होगा तुम योर्गेन के साथ रहोगी या मेरे साथ,' वह सीधे विषय पर आते हुए बोला।

हेगे को ख़ुलासे की कोई ज़रूरत नहीं थी। उसे सोचने की ज़रूरत भी नहीं थी, जहाँ तक वह समझ रहा था।

'जहाँ तक मेरा सवाल है, कुछ भी नहीं बदला,' हेगे ने निस्संकोच उत्तर दिया। 'तुम्हें पता ही होगा मैं किसके संग रहूँगी—अब से।'

'हाँ,' माट्टिस लड़खड़ाती आवाज़ में बोला, 'लेकिन तब तो—' उसने बात अधूरी छोड़ दी, वह लगभग ज़्यादा बोल गया था।

हेगे ने समस्या को अपने नज़रिये से समझाने की कोशिश की : 'सोचो ज़रा, क्या तुम्हें यह ज़्यादा स्वाभाविक नहीं लगता?'

सोचने पर उसे मानना पड़ा कि वह ठीक कह रही थी। लेकिन तब भी। और स्थिति बदल भी तो सकती थी। इस मद्धिम-सी उम्मीद को थाम लिया उसने। मैंने सुना है वे ऐसा कर सकते हैं। ऐसी चीज़ें बिलकुल ख़त्म भी हो जाया करती हैं। वे जो एक-दूसरे को चिकोटियाँ काटते फिरते थे, उनके साथ भी तो यही हुआ था।

अपने अगले सवाल पर उसने बहुत कुछ दाँव पर लगा दियाः 'और क्या तुम्हें पक्का पता है यह स्थिति कभी नहीं बदलेगी, हेगे?'

'जितना पक्का मुझे इस बात का पता है कि मैं यहाँ बैठी हुई हूँ,' हेगे ने उत्तर दिया। 'और ख़ुदा का शुक्र है इस सब के लिए।'

माट्टिस ने सिर झुका लिया।

'ठीक है, तब तो।'

ज़ाहिर था हेगे जानती थी कि वह क्या कह रही है। उसे क़तई कोई शक नहीं था। उसे पुनः जीत लेने की कोई उम्मीद नहीं थी माट्टिस को।

'यह चतुर और कठिन काम है,' वह बोला। 'आसानी से हो नहीं पायेगा।'

'क्या नहीं हो पायेगा?' उसने पूछा, 'तुम्हें लगता है योर्गेन के साथ मेरा आसानी से चल नहीं पायेगा?'

वह हतप्रभ रह गया। वह कुछ भी नहीं समझती थी। लेकिन फिर उसने मुआमले का निपटारा करते हुए कहा : 'माट्टिस, तुम्हें ज़्यादा उदार होना चाहिए इस बात को लेकर।'

धड़ाम। दरवाज़ा बन्द हो चुका था।

'उदार,' वह बोला।

रास्ता उसका बन्द हो चुका था; वह और कुछ भी नहीं कह सकता था।

'कुछ और भी चाहते थे तुम?' हेगे ने दोस्ताना ढंग से पूछा, क्योंकि माट्टिस बिना कुछ कहे वहाँ खड़ा था।

माट्टिस ने न में सिर हिला दिया। हेगे एकदम दो टूक थी, जितना आप चाहते, उतनी ही स्पष्ट। तो चीज़ें अब क़रीब-क़रीब तय हो चुकी थीं। उसे अपनी बड़ी योजना पर काम शुरू कर देना चाहिए, उसने सोचा। कुछ समय तक वह जहाँ खड़ा था वहीं खड़ा रहा।

42

बहुत साल से लकड़ी के कुछ बेढब कटे हुए टुकड़े काठ-घर में पड़े हुए थे, ऐसा लगता था वे किसी दिन चप्पू में बदल जायेंगे। माट्टिस ने अब उन अधूरे चप्पुओं को बाहर निकाल लिया और रन्दे से उन्हें छील कर मुलायम करने में जुट गया।

यह मनसूबा उसके दिलो-दिमाग़ पर इस क़दर हावी हो चुका था कि वह लकड़ी के इन टुकड़ों को भी इसका हिस्सा समझने लगा। हाँ, इस बार तो मेरा दिमाग़ ठीक काम कर रहा है! उसके शरीर में एक विचित्र-सी सनसनी पैदा हो रही थी। उसे लगा कि वह पूरी तरह से किसी ग़ैबी ताक़त के हाथ में था।

योर्गेन ने जंगल से लौटकर देखा कि माट्टिस रन्दे से कुछ काम कर रहा है। यह कोई साधारण दृश्य नहीं था।

'क्या तुम नये चप्पू बना रहे हो?'

'हाँ, काफ़ी समय से सोच रहा था मैं,' माट्टिस बोला।

'तो फिर से नाव चलाना शुरू करने वाले हो क्या?' योर्गेन ने उसे इस काम के लिए राज़ी करने की गर्ज़ से पूछा।

'हो सकता है।'

माट्टिस ने बिना ऊपर देखे जवाब दिया। वह पूरा सच नहीं कह सकता था — नहीं तो उसका सोचा हुआ सब बेकार चला जाता, और उसे रोक दिया जाता। शायद वे उसे रस्सी से बाँध देंगे।

'ठीक है,' योर्गेन बोला, 'बेकार रहना किसी के लिए भी अच्छा नहीं होता।'

और वह खाना खाने भीतर हेगे के पास चला आया।

चप्पू बहुत बड़े और मोटे थे, लेकिन माट्टिस ने उन्हें सिर्फ़ उतना ही छीला कि वे कुछ सफ़ेद और मुलायम हो जायें, ताकि पहले से कुछ कम अनगढ़ दिखें। वे तब भी लकड़ी के बेढब टुकड़ों जैसे ही थे—और वे इसी तरह इस्तेमाल में लाये जाने वाले थे। इन चप्पुओं के सहारे या तो वह सुरक्षित ज़मीन पर पहुँच जाने वाला था, या उनके नीचे डूब दृष्टि से ओझल। उसकी योजना का सबसे ज़रूरी हिस्सा यही था।

फिर मैं जान लूँगा मुझे क्या करना है। पता लगाऊँगा मैं।

झील के बिलकुल बीचों-बीच नाव में पानी भरने लगेगा, वह डूब जायेगी। इतनी सड़ चुकी है वह, कि वह ज़रूर डूबेगी। और *मैं* तैरना नहीं जानता। लेकिन यह मोटे चप्पू मुझे झेल कर वापस ले आयेंगे—मेरे लौट आने में कोई *अर्थ अगर है* और पुनः इन लोगों के साथ रहने में।

लेकिन यह फ़ैसला मेरा नहीं होगा।

पर यह कठिन है, उसने सोचा।

जब चप्पू सफ़ेद और मुलायम दिखने लगे, माट्टिस सोने चला गया। अब जबकि पूरी तैयारी हो चुकी थी, माट्टिस एक अजीब एहसास से घिर गया। अब सिर्फ़ करने को एक ही चीज़ बाक़ी बची थी।

लेकिन कल नहीं, उसने सोचा।

क्यों नहीं? एक आवाज़ प्रश्न पूछती मालूम पड़ी, बार-बार और बेसब्री से।

ऐसा ही है, बस उसने जवाब दिया। इसी से काम चलना चाहिए।

वह अपनी बेञ्च पर लेटा था, खिड़की की ओर देखता हुआ। बाहर रात्रि से एक मुद्धिम-सी रोशनी भीतर आ रही थी।

जब वह शाम के समय भीतर आया तो हेगे और योर्गेन नहीं थे, लेकिन अटारी से दबे-सुरों में कुछ सुनायी पड़ रहा था। बहुत सम्भावना थी कि वे ख़ुशी के स्वर थे—ऐसी बातें जिन्हें सुनने की उसे उत्कट अभिलाषा थी। लेकिन उसके ख़ुद के बारे में भी बात चल रही होगी, और फिर वे ख़ुश नहीं होंगे—उन्हें ज़रूर लगता होगा माट्टिस उन पर बोझ के समान है।

लेकिन अब तो चप्पू तैयार हैं, तो जल्दी पता चल जायेगा मुझे।

उसने इस विचार को मन से हटा दिया, वह इसका सामना नहीं करना चाहता था। एक क्षण बाद वह ख़ुद से बोला : मुझे लगता है कड़कती बिजली का सामना करने जैसा ही होगा यह।

उसे ऊपर से अब भी मरमराहट सुनायी दे रही थी। हँसी की आवाज़ भी आयी, जो ज़मीन पर भागते कंचे की तरह अचानक रुक गयी। तो हेगे ख़ुशी में इस प्रकार हँस सकती थी। क्या उसे यह पहले से मालूम नहीं था?

लेकिन अब वे शायद फिर से उसके बारे में बात कर रहे होंगे। अब हँसी की आवाज़ बन्द हो चुकी थी।

'वाह, सुनो तो!' वह अचानक बेञ्च पर उठकर बैठते हुए ख़ुशी में ऊँची आवाज़ में बोला।

बाहर हवा का झोंका था।

अचानक पतझड़ की हवा बह निकली।

हवा ने जैसे ही पुरानी जर्जर दीवारों को भेदना शुरू किया घर धीमे-धीमे कराहने लगा, और पेड़ों में दूर से आती हुई ठण्डी साँस फैल गयी; झील में लहरें उठ रही होंगी।

ग़ज़ब।

उसे चैन महसूस हुआ, गहरी शान्ति।

तब तो कल तेज़ हवा चलेगी। और इसका मतलब है कल मैं कुछ नहीं कर पाऊँगा। नाव तभी ले जा सकता हूँ जब हवा शान्त होगी। अब मैं सो सकता हूँ।

43

शान्त दिन, पानी पर हवा के झोंके न हों—यही शर्तें थीं उसकीं। झील को दर्पण की तरह होना चाहिए, जब वह परीक्षण करेगा, नहीं तो कोई मतलब नहीं रहेगा। फिर यह देखना होगा कि हवा *बह निकलती* है या नहीं।

यह तो शर्त एकदम स्पष्ट थी, उसने सोचा।

हवा कई दिन तक बहती रही।

चप्पू तैयार थे और नाव तैयार थी—और माट्टिस हर सुबह धड़कते हुए बेचैन दिल से उठ बैठता था : क्या झील शान्त थी?

लेकिन हर सुबह हवा बह रही होती थी। यह देखकर उसके सीने की ऐंठन ढीली पड़ जाया करती थी।

एक और दिन, उसने सोचा। और किसी को मालूम नहीं! यह बात विचित्र नहीं थी क्या?

कुछ समय बाद उसे याद आया : ऐसे ही तो होता है सब।

वह इधर-उधर टहलता रहा। योर्गेन ने न तो उससे नाव चलाने के बारे में कुछ पूछा, न ही जंगल में काम करने के बारे में।

दहकती लाल खुम्भियाँ अब भी हर जगह थीं, लेकिन अब माट्टिस को उनसे ख़ौफ नहीं आता था। उनसे कोई फ़र्क पड़ने वाला नहीं था।

और किसी को कुछ पता नहीं है। हेगे और योर्गेन नये चप्पुओं की एक जोड़ी देख रहे हैं जो ज़रूरत से ज़्यादा बड़े हैं, और उन्हें कुछ पता नहीं चलता। उन्हें तो बस यही लगता है कि मैं इन्हें छोटे नहीं कर पा रहा हूँ।

क्या अब मैं *वाक़ई* होशियार हो चुका हूँ?

अब यह हो ही गुज़रना चाहिए बस, उसने सोचा।

एक सुबह और हुई। वह ख़ुद को इस बात को सुनने के झटके के लिए तैयार कर रहा था जो रसोई में हेगे योर्गेन से कहने वाली थी : 'झील आज दर्पण जैसी है।'

लेकिन वह क्षण जब अन्ततः आता, झटका तो लगता ही।

वह सोचने लगा हेगे और किस-किस तरह से यही बात कर सकती है : 'आज तो हवा का एक भी झोंका नहीं है,' वह कह सकती थी। 'इतनी शान्ति है आज, इसका कोई तो अर्थ होगा,' वह यह भी कह सकती थी।

हेगे ने ऐसा कुछ भी नहीं कहा। बेशक योर्गेन के साथ चर्चा के लिए उसके पास

मौसम से ज़्यादा अहम बातें थीं। मौसम से उनमें से किसी को भी ख़ास फ़र्क पड़ने वाला नहीं था। बारिश हो, या धूप चमक रही हो, योर्गेन तो पेड़ों को काट ही गिराता था।

तो हो सकता है झील तालाब-सी शान्त हो हालाँकि हेगे ने इस विषय में कुछ कहा नहीं है, वह बेञ्च पर लेटे-लेटे सोच रहा था। और जब वह उठा तो उसे अपना जिस्म दोगुना भारी जान पड़ा। उसे ख़ुद जाकर देखना था।

ओह!

हवा अभी थी, साफ़ आसमान तले झील नीली लहरों से ढँकी थी। विचित्र था उसे देखना, अब इस बात का अर्थ भी तो इतना था। एक दिन और टल चुका था मुआमला।

जब वह खाना खा रहा था तो उसने ग़ौर किया कि हेगे उसे देख रही थी। उसकी भूख एकदम मिट गयी और वह उठकर बाहर चला आया। क्या दिख रहा है यह सब उन्हें, अन्ततः? उसने कुछ औज़ार निकाले, वह दरवाज़े तक वापिस आया और बोला कि वह नाव को सुधारने जा रहा है।

'ठीक है, तुम जाकर नाव को सुधारो,' हेगे ख़ुश होकर बोली। 'फिर मुझे पता रहेगा तुम कहाँ हो।'

'हाँ, तब तुम खिड़की में बैठ मुझ पर नज़र रख सकती हो,' माट्टिस उकसाते स्वर में बोला।

'क्यों करूँगी मैं ऐसा?'

'क्यों, नहीं करती तुम?'

वह चल दिया, जोड़-तोड़ बिठाते हुए उसने कुछ-कुछ नाव को सुधारा। उसी समय नाव के तल में एक वाक़ई सड़े-गले टुकड़े पर उसकी नज़र गयी, उन तख़्तों के नीचे जिन पर वह चल फिर रहा था। अगर वह ज़ोर से ठोकर मारता तो उसका पाँव पूरा धँस सकता था। और उसे लगा कि निश्चित ही उसमें इस समय अच्छा-ख़ासा दम है, ज़रूरत से ज़्यादा।

सपाट पत्थर बैठने के लिए होते हैं, वह काम करते-करते बुदबुदाया। *अच्छी* बात कही थी उसने, लेकिन लड़की ने उसकी बात को सराहा तक नहीं था। ख़ैर, इस बात की कोई चिन्ता भी नहीं है मुझे, ऐसी किसी भी बात की।

वह नाव के पास बैठ गया, झील पर बहती हवा की ओर अपना रुख किये।

बहती रहो, हवा! यह भीतर दबी हुई इच्छा थी उसकी।

बहुत-सी चीज़ों के बारे में सोचना था उसे।

हर आँख के ऊपर एक पत्थर, वह बिना किसी ख़ास वजह के बोला।

अन्ना और इंगेर और सब कुछ, वह बोला।

वह हर दरख़्त जिस पर पक्षी बैठते रहे हैं, वह बोला।

वह हर पगडण्डी जिस पर मेरी बहन हेगे टहलती रही है।

लेकिन उसके लिए यही बहुत अधिक था, उसकी हिम्मत नहीं थी कि वह किसी और चीज़ का ज़िक्र करे।

नाव से हमेशा की तरह डामर की गन्ध उठ रही थी, और उन सड़े-गले तख़्तों की जो धूप में तप रहे थे। माट्टिस ने झील की ओर देखा; हवा सतह पर गहरी जलरेखाएँ खोद रही थी, उसके पैरों में लहरें गरगरा रही थीं।

लेकिन शीघ्र ही मौसम का शान्त हो जाना निश्चित था। हवा आख़िर कितनी देर बहती रह सकती है। मैं और वन-कुक्कुट, एक तरह से, वह टूटे-फूटे शब्दों में बुदबुदाया।

44

जब नाव के साथ और कुछ भी नहीं किया जा सकता था, वह हेगे के पास लौट आया।

'क्या नाव पानी में जाने के लिए तैयार है?' उसने योर्गेन की तरह माट्टिस पर दबाव डालते हुए पूछा।

'हाँ, सब तैयार है अब। कल से मैं पहले की तरह नाव चलाना शुरू करने वाला हूँ,' माट्टिस बोला।

उसने अपनी बहन से नज़रें नहीं मिलायीं।

'कल? हाँ, बिलकुल,' हेगे ने दृढ़ता से कहा। 'यही ठीक है, माट्टिस।'

तट पर बैठा-बैठा वह सोच रहा था कि क्या कहना चाहिए। और बातचीत ठीक वैसी ही चल रही थी जैसी वह चाहता था।

‘यह सब अगर हवा बहुत तेज़ न चल रही हुई तो,’ वह बात को जारी रखते हुए बोला। ‘लेकिन नाव एकदम सड़-गल चुकी है, और उसे तेज़ हवा में चलाने की हिम्मत नहीं कर सकता मैं। ग़लत जगह पाँव पड़ने पर तल के पार चला जायेगा।’

इस बात को लापरवाही से कहना कठिन था, लेकिन वह किसी तरह कह गया। हेगे क्षण-भर अपने सरोकारों को भूल कर केवल अपने भाई की सुरक्षा के बारे में सोचने लगी। वह बोली : ‘तब तो शान्त मौसम में भी नाव को ले जाना ख़तरनाक होगा, नहीं? इस हालत में नाव ले जाने की इजाज़त नहीं मिलनी चाहिए तुम्हें।’

माट्टिस फुनफुनाया।

‘अपनी नाव को भला मैं नहीं जानता!’

‘पक्का पता है तुम्हें? मैं नहीं चाहती कि तुम पानी में धँस जाओ।’

‘बकवास बात।’

मन-ही-मन अपने इस मनसूबे को अञ्जाम देते हुए वह काफ़ी परेशान था। लेकिन हर चीज़ ठीक से चल रही थी, वह काफ़ी समझदार बातें कर रहा था, बातें जिन्हें कह देना ख़तरे से ख़ाली था, और उसे अच्छी तरह पता था कि यह कौन-सी बातें थीं। क्या यह अजीब नहीं है, उसने सोचा, कि जब तक आप चतुर-सुजान बनते हैं बहुत देर हो चुकी होती है?

‘दरअसल जब मौसम शान्त होगा मैं पूरा दिन झील में ही रहा करूँगा,’ वह बोला। ‘तुम्हें चिन्ता करने की ज़रूरत नहीं है, हेगे , मुझे मालूम है मैं क्या कर सकता हूँ और क्या नहीं। और कि मुझे कहाँ पाँव रखना है और कहाँ नहीं।’

‘ठीक है फिर, लेकिन सावधान रहना तुम,’ हेगे यह कहकर झट से चली गयी। लेकिन वह तुरन्त ही लौट आयी और बोली : ‘मुझे लगता है योर्गेन को बुलाकर पूछ लेना चाहिए—कि नाव ख़तरनाक है या नहीं। योर्गेन इन चीज़ों को समझता है। अगर वह कहता है कि नाव किसी काम की नहीं है, तुम उसे इस्तेमाल नहीं करोगे।’

‘योर्गेन!’ माट्टिस के मुँह से निकला।

यही एक बात थी जिसमें योर्गेन का नाम क़तई नहीं आना चाहिए, ऐसा क्षण जिसका योर्गेन से कुछ लेना-देना नहीं था। माट्टिस बदहवासी में फूट पड़ा : ‘मैं योर्गेन के बिना काम चला सकता हूँ! हर बात में! अगर तुम योर्गेन को इसमें लाओगी तो मैं कुछ भयानक कर गुज़रूँगा।’

वह पीछे हट गयी।

‘लेकिन माट्टिस—’

'ख़बरदार जो योर्गेन को बीच में लायीं! नहीं तो उसे एकाध सबक सिखाकर ही छोड़ूँगा!'

'अब बस करो,' हेगे बोली। 'योर्गेन को सबक सिखाने की कोई ज़रूरत नहीं है। योर्गेन अच्छा आदमी है और उसने तुम्हारा कुछ भी नहीं बिगाड़ा।'

लेकिन माट्टिस रुक नहीं पा रहा था : 'अब तो मौसम पर निर्भर करता है!' वह बदहवासी में बोल गया।

'मौसम पर?'

'हाँ, सुन रही हो तुम? हवा और मौसम पर। क्या तुम समझती हो, मैं *सोचता* नहीं रहा हूँ इसके बारे में?'

यह शब्द जो वे माट्टिस की ख़ातिर इस्तेमाल करने से बचते रहे थे—और वह ख़ुद कहे दे रहा था, जैसे दीवार में कील गाड़ रहा हो, यह सोचकर वह ख़ुश था कि वह अपनी मंशा को पूरी तरह ज़ाहिर न होने देने में सफल था।

हेगे ज़रा पीछे हट गयी।

'मैं अच्छे-से जानती हूँ तुम बहुत कुछ सोचते रहे हो,' वह बोली। 'जो हुआ था उसके बाद हम सभी को बहुत कुछ सोचना पड़ेगा।'

'जो हुआ था'—लगता है बस हेगे सिर्फ़ इतना ही जानती है। वह उसके सामने खड़ा था, उदास और निराश। वह पहले जैसी नहीं थी। वह योर्गेन का एक अंश भर थी। आधी योर्गेन।

'तुम ऐसी कैसे हो गयीं?' उसने पूछा।

'ऐसी मतलब?'

'जैसी—जैसी तुम हो, बेशक! बड़ी मुश्किल से पहचान पाता हूँ तुम्हें, जैसी अब तुम हो। क्या हो गया है तुम्हें?'

'क्या हो गया है मुझे? तुम्हें तो ख़ैर पता ही है। मैं बता चुकी हूँ तुम्हें। मैं ख़ुश हूँ।'

इस बात की आश्वस्ति हेगे को एक लहर की तरह भिगोती हुई चली गयी।

'और एक बार मैंने तुम्हें इसीलिए तो गले लगा लिया था, माट्टिस, याद नहीं तुम्हें?'

ऐसा था मानो जब वह यह सब बोल रही थी योर्गेन उसके पास खड़ा हो, लेकिन बावजूद इसके हेगे के शब्दों से माट्टिस की उग्रता शान्त हो गयी। वह सिर्फ़ धीमे से इतना ही कह पाया : 'तब चली जाओ ऊपर, योर्गेन के पास।'

हेगे को कोई आश्चर्य नहीं हुआ।

'वहीं तो जा रही हूँ,' वह बोली, और चली गयी।

माट्टिस वहीं-का-वहीं बैठा रह गया। बाहर उसे हवा का दोस्ताना स्वर सुनायी पड़ रहा था। शाम ढल रही थी। वह एक विशेष ढंग से आसपास देखने लगा। न चाहकर भी। ऊपर अटारी में उसे हेगे और योर्गेन की अन्तहीन फुसफुसाहट सुनायी पड़ रही थी।

अब पूरी तैयारी हो चुकी है, उसने सोचा। मैं कितने अच्छे से बता पाया उसे नाव के बारे में। अब हवा बहे या न बहे, मैं और कुछ भी नहीं कर सकता।

हेगे के साथ इस तीखी मुठभेड़ और दिन-भर की सोच-विचार के बाद अब वह निढाल हो वक़्त से पहले ही बिस्तर में दुबक गया।

ऊपर अटारी में बातचीत अब बन्द हो चुकी थी—माट्टिस यह जानकर ख़ुश था और उदास भी। बाहर हवा बह रही थी और अपने होने को सैकड़ों तरह से बयान कर रही थी, यह कहती हुई कि वह कल भी बहेगी।

45

लेकिन अब हवा बन्द हो चुकी है।

माट्टिस उसी रात किसी वक़्त उठा, और पूरा जाग जाने से पहले ही उसे इस बात का एहसास हुआ। हवा रुक चुकी थी, सच नहीं बोला था हवा ने। पेड़ों में न कोई सरसराहट थी, न खुसर-पुसर। माट्टिस को एकदम सूझा : रात में नहीं! मैंने कभी नहीं कहा था मैं रात में कोशिश करूँगा।

कल सुबह फिर से हवा चल निकली तो? भले ही वह इस वक़्त थम गयी है। रात में हवा अक्सर थम ही जाती है।

खिड़की में चाँदनी चमक रही थी। उस रात से जब वह नाव लेकर गया था, एक नया बड़ा-सा चाँद निकल आया था।

एक बार फिर उसने ख़ुद से कहा कि हवा रात में थम जाती है। लेकिन कोई फ़ायदा नहीं था; इस बार हवा पहले की तरह नहीं थमी थी। बकवास! बिस्तर में सोये-सोये आप भला कैसे कह सकते हैं?

घर में कोई आहट नहीं थी।

क्या हेगे अपने कमरे में थी? यह मेरी समस्या नहीं है, उसने ख़ुद से सख़्ती से पेश आते हुए कहा। मेरे लिए इतना काफ़ी है कि हवा थम चुकी है।

वह अब ज़्यादा देर वहाँ लेटा हुआ नहीं रह सकता था, उसे बाहर निकल कर देखना था। उस ख़ामोश और चुप पड़े घर में बिना कोई आहट किये उसने कपड़े पहन लिये। वह चल दिया।

पानी के आरपार चाँदनी की पट्टी हमेशा की तरह पसरी थी। और झील की सतह पर हवा की एक भी साँस नहीं थी। झील का पाट पहले से कहीं ज़्यादा फैला हुआ जान पड़ता था—माट्टिस मन्त्रमुग्ध देखता रह गया।

उसने जंगल को भी देखा, घास के मैदान को भी, और उस झरने को भी जिसके किनारों पर पौधे थे। झरने से पानी पी सकना, उसे अचानक सूझा।

ओस में से चलते हुए वह उस गड्ढे तक पहुँचा जहाँ झरना बह रहा था। वह एक छोटा-सा झरना भर था और माट्टिस से मुख़ातिब भी नहीं था, लेकिन फिर भी पानी के भीतर एक नन्हा तालाब बन आया था।

माट्टिस तालाब तक उतरना नहीं चाहता था, अपने चेहरे की झलक नहीं देखना चाहता था, इतना असहज और सख़्त महसूस हो रहा था उसे, और वह यह बख़ूबी जानता था कि चाँदनी में उसे अपने चेहरे की परछाईं दिख ही जानी थी।

जब वह निस्पन्द झील को निहार रहा था, एक स्पष्ट आवाज़ उसके भीतर से उसे पूछ रही थी : क्या चाहते हो तुम? नाव में क्या हो गुज़रेगा, कोई नहीं जानता।

वह इसके बारे में कुछ सोचना नहीं चाहता था। सोच भी नहीं सकता था। चेहरा ऊपर उठाकर, जैसे वह तेज़ चमकते हुए चाँद से ही मुख़ातिब हो, वह ऊँचे और रूखे स्वर में बोल उठा : 'अब इसका मुझसे कोई वास्ता नहीं है, यह सब अब दूसरों के हाथ में है।'

चाँद से उसने यही शब्द कहे। वह खुले मैदान को लड़खड़ाकर पार करते हुए, फ़ेंस और टीलों तक गया और ऐसी और कई चीज़ों तक जो विचित्र और अवर्णनीय थीं, हमेशा की तरह। मेरा पूरा जीवन, उसने अचानक सोचा, लेकिन इस विचार को भी उसने परे धकेल दिया। ऐसी चीज़ों को दूर ही रखो!

फिर भी वह एक छोटे-से टीले पर बैठ गया। ऐसे कई टीले थे, और वह सब दोस्ताना और रहमदिल जान पड़ते थे, उसे कुछ देर के लिए रुकने का निमन्त्रण देते हुए। पूरी चाँदनी में वह अपनी छाया के साथ सटा हुआ बिलकुल बेजान होता हुआ जान पड़ता था, उस रहस्यमय खेल का हिस्सा जो चन्द्रमा और छायाओं के

बीच चल रहा था।

कुछ ही समय बाद वह ठण्ड के मारे काँपने लगा, और मैदान के रास्ते घर को हो लिया। जाकर बिस्तर में दुबक गया। नींद असम्भव थी।

गहराइयाँ, उसने सोचा। उसकी बेचैन सोच उसे अन्ततः इस मोड़ पर ले आयी थी। लेकिन बहुत-सी थीं वे : खरपतवार-भरी गहराइयाँ, उसने सोचा। रेतीली गहराइयाँ। फिसलन। पथरीली गहराइयाँ। शिलाएँ और चट्टानें। ऐसी गहराइयाँ जिन्हें किसी ने स्वप्न में भी न देखा हो।

लेकिन फिर यह *दूसरी* चीज़ भी तो थी, उसने घबराते हुए सोचा, जिस सीमा तक वह सोच सकता था। फिर आप तमाम गहराइयों में से उबरकर ऊपर आ जाते हैं।

वहीं तो जा रहा हूँ न मैं अन्त में, है न? वह सपनाते हुए बोला, इस सोच को पकड़े हुए।

हाँ, वहीं तो जा रहा हूँ मैं, वह बात को दोहराते हुए बोला।

वह सो नहीं पा रहा था। हवा थमी हुई थी।

46

सुबह के आसपास कभी माट्टिस की आँख लग गयी होगी। उसने ध्यान नहीं दिया कि हेगे उसके पास से निकल कर रसोई में गयी थी। ऐसे ही योर्गेन भी। जब वह बिस्तर से उठा तो वे दोनों रसोई में थे। उसने कपों को खनखनाते हुए सुना—और फिर ऐसी बात जिससे एक झटके में उसकी नींद टूट गयी : 'आज मौसम इतना शान्त है, कि लगभग—'

यह बात योर्गेन से कही गयी थी, यूँ ही, शायद जब वह सैंडविच तैयार कर रही थी या कॉफी उँडेल रही थी उसके कप में।

'हाँ, है न,' योर्गेन ने लापरवाही से जवाब दिया।

'तो फिर आज वह झील में नाव ले जा सकता है,' हेगे बोली।

माट्टिस सुन नहीं पाया कि योर्गेन ने इस बात का कोई उत्तर दिया या नहीं। पूरे शरीर में एक कँपकँपी उसे दौड़ती महसूस हुई। चहुँ ओर से विचार उस पर पिल

पड़े और वह लगभग पूरी तरह उनसे घिर गया। लेकिन जैसे-तैसे उसे उन विचारों को अपनी सामर्थ्य अनुसार दबा देना पड़ा, उसने ख़ुद को सम्भाल लिया और अब उसे सामान्य व्यवहार करना था।

अब तुम वहीं बनी रहो जहाँ तुम हो, उसने अपनी सोच से कहा, और फिर वह कपड़े पहनकर तैयार हो गया।

खिड़की से वह झील को देख सकता था। उतनी ही शान्त जितनी वह रात के समय थी जब वह बाहर था। धुँध की पतली पर्तों के सिवा कुछ भी स्पन्दन में नहीं था—पतझड़ की सुहानी सुबह थी वह। सूरज अभी उगा नहीं था, लेकिन जल्दी ही वह अपनी सम्पूर्ण आभा के साथ निकल कर धुँध के बचे-खुचे टुकड़ों को जला देने वाला था।

जब माट्टिस रसोई में आया तो वह अपने विचारों के साथ बड़ी तल्ख़ी से झगड़ रहा था। साफ़ नज़र आ रहा था। हेगे अकेली थी वहाँ। योर्गेन जा चुका था, माट्टिस ने कृतज्ञ भाव से ग़ौर किया।

'क्या बात है?' हेगे ने छूटते ही पूछा। उसने देखा कि यह कोई साधारण सुबह नहीं थी।

'बताओ मुझे,' उसने सख़्ती से पूछा, वह अपने भाई को जानती जो थी, और एक हद तक वह उसकी बात मान जाया करता था।

माट्टिस ने जवाब में केवल सिर हिला दिया।

'मैं सोच-सोच कर लगभग मर ही जाऊँगा,' उसने सच बोल दिया।

'ओह, बस इतनी-सी बात है,' हेगे बोली।

वह चौंक गया।

'चलो नाश्ता कर लो,' वह बोली।

माट्टिस ने कुछ निवाले निगलने की कोशिश की। उसके जवाब से हेगे सन्तुष्ट थी और उसने और कोई सवाल नहीं पूछा। माट्टिस अपनी नज़रों से उसका पीछा करता रहा और अन्त में उसने घोषणा थी : 'तो आज से नाव शुरू हो जायेगी।'

ज़ाहिर था हेगे ख़ुश थी।

'हाँ, ठीक है, माट्टिस। बहुत बढ़िया विचार है।'

क्या वह इतनी उत्सुकता से प्रतीक्षा कर रही थी? लेकिन तभी उसे उस ख़तरनाक नाव की याद हो आयी।

'लेकिन असल में—तुमने एक बार कहा था कि नाव थोड़ा गल चुकी है। अब

भी ऐसा ही है क्या?'

'नहीं, इतनी भी बुरी हालत में नहीं है वह।'

'अच्छे से देख लेना, और अगर कोई ख़तरा...'

'शान्त मौसम में कुछ नहीं होगा। मेरा मतलब था जब हवा चलेगी।'

'ख़ैर, नज़र तो रखना ही नाव पर,' वह बोली, और इतना कहकर जाने को हुई। 'तुम्हारे लिए मैं आज सैंडविच नहीं काटूँगी। जब भूख लगेगी ऊपर आ जाना।'

'हाँ,' मात्टिस बोला।

अब वह तैयार था, जाना ही था उसे। वह फ़र्श के बीचों-बीच खड़ा रहा। अन्त में हेगे ने पूछा : 'कुछ चाहिए तुम्हें?'

'नहीं,' वह बोला।

और इसी के साथ उसे जाना था। वह बहुत-सी बातें कह सकता था अब, लेकिन यह ठीक न होता। जब बहुत कुछ अनकहा रहा आया हो, जाना आसान नहीं होता।

जब वह नीचे उतर रहा था, सूरज ढलान के शिखर पर चढ़ आया था। उसकी किरणों में पतझड़ का हल्का-सा गुनगुनापन था जिससे दृश्य एकदम पारदर्शी हो उठा था, और चमकती हरी-कच्च वनस्पति के भीतर से गुज़रना आसान था। फिर भी क़तई आसान नहीं था।

मात्टिस ने देखने की कोशिश की कि भला दिन क्या आकार ले रहा है। ढलान कठिन और लम्बी जान पड़ती थी, सो वह ऊँची और अड़ियल आवाज़ में बोल उठाः 'आज तो नाव चलाने का मज़ा आ जायेगा।'

कुछ और कदम नीचे आकर वह बोला : 'आज शायद बहुत से लोग नाव की सवारी करने आयेंगे।'

फिर कुछ और नीचे उतकर : 'और, *यह* अच्छी बात है।'

इन विचारों के साथ उसने वह नन्हा-सा पथ पार कर लिया जो उसे बहुत अच्छा लगता था, और फिर तट और नाव तक का रास्ता। डामर की गन्ध ने उसका ध्यान खींचा जो सुबह के सूरज से जीवित हो उठी थी। बड़े-से नये चप्पू आल्डर के गुच्छों के सहारे टिके थे, उनकी सफ़ेद लकड़ी चमक रही थी।

और अब कुछ भी बाक़ी नहीं है।

उसका क्या करना—?

नहीं—

अब उसे सब तेज़ी से करना है। जल्दी ठेलो नाव को। उसने नाव को धकाया।

पर फिर उसने बदहवासी में आसपास नज़र दौड़ायी, नाव को वापिस खींचा और कंकरों पर तेज़ी से चलते हुए वह भूर्ज और आल्डर के झुरमुटों तक आया जो तट की गोलाई पर वैसे ही अच्छे से उगे थे जैसा उन्हें होना चाहिए था। वह एक धूसर शाखा की ओर भागता हुआ आया और उसकी छाल में अपने दाँत गड़ा दिये उसने, यूँ कि कड़ुवा टीसने लगा। यह एक ऐसी चीज़ थी जिसे किसी को देखना नहीं चाहिए था, और पल-भर में ही ख़त्म हो चुकी थी यह घटना। इस बदहवास क्षण में वह अकड़ा हुआ-सा खड़ा रहा, फिर उसने लकड़ी का एक टुकड़ा तोड़ा और लगभग भागता हुआ नाव के पास लौट आया—इस दौरान उसके दाँतों के निशान छाल पर लाल होना शुरू हो गये।

अब क्या?

और कुछ नहीं।

वह तट से आगे की ओर सरक गया। वह नाव को खे रहा था और जो चीज़ें पीछे छूटी चली जा रही थीं वे लगातार दिख रही थीं।

47

झील पर एक मोटरबोट के अलावा कुछ नहीं था जो छक-छक करती हुई छोटी से और छोटी नज़र आने लगी थी। जो माट्टिस को कर गुज़रना था उसमें किसी की दख़लअन्दाज़ी नहीं होनी चाहिए थी। हर चीज़ से इस वक़्त झटके से ख़ुद को अलग करना काफ़ी तनावपूर्ण था—लेकिन फिर भी दायें और बायें चप्पू पर हमेशा की तरह अपना ध्यान केन्द्रित करने में वह बिना गड़बड़ाये सफल रहा। किसी सामान्य दिन की तरह वह एकसार नाव को खेता रहा। इस बार तट पर किसी एक चीज़ को लक्ष्य कर सीधा चलने की उसे कोई ज़रूरत भी नहीं थी, फिर भी आदतन वह सीधा ही लिये जा रहा था नाव को।

नाव के अगले हिस्से का रुख़ पश्चिम की सूनी ढलानों की तरफ़ था, लेकिन नाविक उनकी ओर पीठ किये बैठा था। फ़ासला ज्यों-ज्यों बढ़ता, उसे तट का विस्तार और-से-और फैलता दीख पड़ रहा था। जो कुछ भी नज़र आ रहा था उसे दोस्ताना और अपनी ओर बुलाता जान पड़ता था।

बीच-बीच में वह सोचता था : मत देखो उस ओर।

लेकिन उसकी सोच उसके बस में नहीं थी। *एक व्यक्ति ऐसा है, और दूसरा वैसा है,* उसने सोचा। इससे ज़्यादा इस सोच के क़रीब आने की हिम्मत नहीं थी उसमें। उसे कहीं तो हदें बाँधनी थीं, अगर उसे अपने सोचे हुए पर अमल करने की ताक़त जुटाना थी।

बस यह फ़ैसला मेरा नहीं है, मैंने इसे किसी और चीज़ के सुपुर्द कर दिया है।

मोटे-मोटे चप्पू नाव के पिछले हिस्से पर पड़े थे, ज़मीन की दिशा में। शान्त मौसम में वे उसे डूबने से बचा सकते थे, नाव अगर उसके नीचे डूब भी जाती। वह एक पल भी तैर नहीं सकता था, और अब सब कुछ ठीक वैसा ही था जैसा होना चाहिए था—अगर उसे तैरना आता, तो यह इम्तिहान नामुमकिन होता।

उसे हर तरह की चीज़ बुरी तरह लुभा रही थी—पतझड़ की साफ़ हवा और पीले पड़ते हुए दरख़्त। वह झटक कर हर चीज़ से पीछा छुड़ा रहा था, कैसा भी रूप धरे वह सामने आती।

बहुत दूर। वह आख़िर जा कहाँ रहा था? अगर खेतों में काम करने वालों में से कोई उसे देख लेता तो शायद उसे रोकने भागा चला आता। उसे हर फ़ार्म से और तट से दूर चले जाना था, बहुत दूर।

अँधेरी गहराइयों पर होना है यह सब, वहीं फ़ैसला होना है इसका, मुझे बहुत दूर निकल जाना चाहिए—

और उसे ऐसा लग रहा था मानो वह अब वहीं नाव चला रहा हो।

मैं पहले कभी इस जगह नहीं आया, उसने ख़ुद से कहना शुरू किया।

वह डोलता रहा, जैसे किसी अनजानी जगह, हालाँकि आसपास की हर चीज़ उसे परिचित लगनी चाहिए थी।

अचानक उसने चप्पू उठा लिये। उसके माथे पर पसीने की बड़ी-बड़ी बूँदें उभर आयी थीं। क्या था यह? *यहीं*। यही जगह थी वह। यहाँ वह हर तट से छिप चुका था, अब कोई बहाना नहीं बना सकता था वह। ठीक यहीं। कुछ नहीं सोचना चाहिए।

उसने खेना शुरू किया। चप्पुओं पर खेलता पानी धूप में चिलक रहा था। नाव कुछ दूर तक तैरती चली गयी, फिर एकदम निश्चल।

'तो समय आ गया है, हेगे,' उसने झील की सतह के पार कहा।

वह इस बात को ऊँचे और दृढ़ स्वर में कहना चाहता था, लेकिन वह सफल नहीं हुआ। फिर भी वह बिना किसी कष्ट के अपने इरादे को पूरा करने में सफल रहा था। सुन्न पड़ी उँगलियों से उसने नाव के वध्य-स्थल से तख़्ते को हटा दिया। उसका पाँव भी सुन्न था लेकिन उसने सड़े-गले तख़्ते को पूरे दम से पीटा, और वह तुरन्त टूट गया। उसने पाँव को यूँ पीछे हटाया मानो किसी ने डंक मार दिया हो। पानी छेद में से हहराता हुआ नाव में भरने लगा। उन विशाल चप्पुओं को अपनी काँखों में दबाये काँपता हुआ वह नीचे बैठ गया।

लेकिन मेरा शरीर कहाँ है? उसने सोचा। यह कौन है जो यह सब कर रहा है? यह मैं नहीं हूँ। अब देखते हैं क्या होना बदा है।

नाव जल्दी ही भर गयी। पानी जैसे ही ऊपर तक पहुँचा नाव चुपचाप उसके नीचे पानी में समा गयी। इससे पहले कि वह जान पाता कि हुआ क्या है वह चप्पुओं के सहारे तैर रहा था। जैसा कि वह चाहता था।

पानी ठण्डा नहीं था। उसमें गर्मियों का हल्का-सा ताप बच रहा था। लेकिन काली गहराइयाँ उसके पाँवों पर टूट पड़ी थीं, और माट्टिस को झटका लगा। सतह पर अब केवल उसका सिर था। उसने हाथ-पाँव मारना शुरू किया, बाँहों को गोल-गोल घुमाते हुए वह तट की ओर ख़ुद को धकियाने की कोशिश करने लगा। ऐसा करने की इजाज़त थी उसे, उसकी तरक़ीब का हिस्सा था यह। वह पागलों की तरह हाथ-पाँव मार रहा था, विचित्र छपछपाहट करते हुए, और वह ज़रा-सा आगे बढ़ने में सफल भी हुआ था। झील एक दर्पण थी, आसमान और ज़मीन औंधे पड़े हुए थे।

माट्टिस ख़ुद को आगे की ओर धकिया रहा था, पश्चिमी ढलानों पर एक बिन्दु को लगातार घूरते हुए। सबसे क़रीबी बिन्दु को। जितनी ताक़त वह जुटा सकता था उसके बल-बूते पर उसे पानी को जोतकर पार करना था—उसके सोचे हुए का हिस्सा था यह।

कुछ ही समय बाद झील पर हवा की एक लहर दौड़ गयी मानो किसी ने साँस छोड़ी हो। यहाँ-वहाँ सतह पर एक छाया-सी उतर आयी, लेकिन माट्टिस ने ग़ौर नहीं किया। वह उखड़ी साँस से हवा के लिए संघर्ष करते हुए उसी दिशा में धीमे-धीमे बढ़ रहा था। इसी बीच क्षितिज पर बादलों का एक झुण्ड उमड़ आया—लेकिन माट्टिस ने इस बार भी ग़ौर नहीं किया।

उसे अब कुछ भी नहीं दिख रहा था, इतना ही काफ़ी था कि वह चप्पुओं से

फिसले बिना आगे बढ़ता रहे। उसका शरीर उसे विचित्र और सुन्न जान पड़ा रहा था और सीसे जैसा भारी भी। जितना फ़ासला उसने तय किया था उस फ़ासले की तुलना में कुछ भी नहीं था जो उसे अभी तय करना था। अब वह तट से क़रीबन उतनी दूरी पर था जहाँ से उसने शुरू किया था।

'हेगे!' वह अचानक चिल्ला उठा—उसने हवा की आमद को देख लिया था। तो आख़िर हवा आ ही पहुँची। हल्की-सी साँस अब तेज़ हवा में बदल चुकी थी। सुदूर पानी की सतह पर एक गहरे नीले रंग की रेखा फैल रही थी। वह तेज़ी से क़रीब आती चली जा रही थी। नीली और प्रचण्ड हवा उसके पीछे बने बादलों से बहती चली आ रही थी—अब जल्दी ही झील में उथल-पुथल मच जाने वाली थी।

अभी से हवा लहरों पर सफ़ेद शिखर फेंटने को हो रही थी; वे माट्टिस के मुँह को पानी से भर उसकी साँस ले उड़ने वाले थे। जल्दी ही चप्पू भी खो बैठने वाला था वह।

'माट्टिस!' वह चिल्ला उठा, एकदम निरुपाय और घबराया हुआ। सूने पानी के विस्तार पर उसकी चीख किसी विचित्र पक्षी की पुकार जैसी सुनायी दी। वह पक्षी कितना बड़ा या छोटा था, कोई कह नहीं सकता था।

●●